2016年度国家社会科学基金青年项目
"冲绳闽人三十六姓后裔的历史记忆与文化认同研究"
（编号：16CMZ013）中期研究成果

冲绳久米村文化研究

李凤娟　著

中国纺织出版社有限公司

内 容 提 要

本书从历史学和文化人类学的交叉视角出发，是全面考察和审视冲绳久米村历史文化的开拓性研究成果。该成果充分利用历史学和人类学学科交叉所能运用的方法上的互补优势，从久米村的历史、民俗文化、精神信仰、社会组织及其功能、民族身份认同等几个方面对久米村文化进行了较全面的历史描述和分析，力图客观而清晰地展示久米村文化的全貌和基本特征。

图书在版编目（CIP）数据

冲绳久米村文化研究 / 李凤娟著 . -- 北京：中国纺织出版社有限公司，2020.10

ISBN 978-7-5180-7790-8

Ⅰ．①冲… Ⅱ．①李… Ⅲ．①中日关系—文化交流—文化史—研究 Ⅳ．①K203 ②K313.03

中国版本图书馆 CIP 数据核字（2020）第 156573 号

策划编辑：宗 静　　责任编辑：宗 静　华长印
责任校对：寇晨晨　　责任印制：何 建

中国纺织出版社有限公司出版发行
地址：北京市朝阳区百子湾东里 A407 号楼　邮政编码：100124
销售电话：010 — 67004422　传真：010 — 87155801
http://www.c-textilep.com
中国纺织出版社天猫旗舰店
官方微博 http://weibo.com/2119887771
北京华联印刷有限公司印刷　各地新华书店经销
2020 年 10 月第 1 版第 1 次印刷
开本：710×1000　1/16　印张：15.25
字数：216 千字　定价：88.00 元

凡购本书，如有缺页、倒页、脱页，由本社图书营销中心调换

序

中日两国是一衣带水的邻邦,历史上近邻间交往频繁,两国的政治、经济、文化关系极为密切,影响深远。因此,无论在中国,还是在日本,有关中日关系史料的记载与研究,都有着悠久的历史。而在中日关系研究领域,琉球问题有其特殊性,因而时至今日仍备受各界关注,时常成为两国学界研究和争议的焦点。

历史上,琉球这一地域是"缚竹为筏,不驾舟楫","地无货殖,商贾不通"的极为落后的东瀛群岛。据文献记载,1372年,琉球中山王察度向明朝朝贡,为便于贡使往来和防范倭寇,明洪武帝遣福建舟工三十六户赴琉球,定居在那霸港的一个浮岛上,并建立起了自己的村落,称为"唐营"或"唐荣",后改为"久米村"。这些闽人及其后裔不仅在中琉交往中扮演了重要的角色,而且还积极适应当地的自然和社会环境,与琉球民众互通有无,结下了深厚情谊,可谓水乳交融。可以说,他们为琉球社会的发展和进步起到了极为重要的作用。而在这一过程中,久米村人及其后裔逐步开创出的琉球独有的"久米文明"形态,时至今日已然成为中国大陆文化在冲绳的代表性符号。

李凤娟博士较早开始关注琉球文化及其相关问题,并展开了一系列的研究活动。一般而言,中国学者研究中国和琉球关系史和琉球文化,不但容易受制于本国的资料,也容易受制于日本的资料,而后者的制约可能会更大。李凤娟博士多次深入冲绳诸岛的历史现场,认真仔细踏查历史遗迹,特别关注"闽人三十六姓"相关的历史文化,广泛收集久米村历史文献和民俗资料,同时利用各种机会开展问卷调查和走街串巷的人文探访。经过四年的艰苦努力,终于在2014年夏完成了《冲绳久米村文化研究》的博士论文,获得了中日两国学术界的高度评价。

《冲绳久米村文化研究》,是第一部从历史学和文化人类学的交叉视角出发,是全面考察和审视冲绳久米村历史文化的开拓性研究成果。该成果充分利用历史学和人类学学科交叉所能运用的方法上的互补优势,从久米村的历史、民俗文化、精神信仰、社会组织及其功能、民族身份认同等几个方面对久米村文化进行了较全面的历史描述和分析，力图客观而清晰地展示久米村文化的全貌和基本特征。

具体而言，李凤娟博士的久米村文化研究是一种带有比较视角和文化相对主义意识的学术研究活动。该研究聚焦于久米村社会历史文化事实本身，全面而系统地考察了中国明代大陆文化在移植到琉球文化区域内流变过程之中，不同阶段的各种信仰形态、仪式和象征制度以及身份认同等一系列问题，从而建立起自己对冲绳久米村文化的全面而系统的解读。而这种解读证明了作者的理论视点的解释力，能够揭示过去的久米村历史文化研究中往往忽略了的一些更为深层次的历史、文化以及心理现象。因此，这一研究成果不仅是对久米村历史文化研究的一个新的开拓，而且还具有理论与研究方法的创新意义。在此，拟就这一研究成果中，作者在对大量历史文本和调研事实的梳理过程中的一系列独特发现和一些较重要的学术主张做一简要评介，以飨读者。

首先，作者结合中琉贸易关系及琉球的历史发展脉络，系统考察了久米村的历史形成及发展过程，探讨了久米村人在琉球的历史地位和在中琉关系中的作用。中日两国学界围绕中琉关系史的研究成果不在少数，但值得关注的是，作者经过细密的历史文献分析，论证出闽人三十六姓是明朝的"政治移民"，从而否定了一些学者主张的闽人三十六姓移居琉球"无异于东南亚其他国家的华侨集团"的论点。作者的分析不仅详实有据，而且其论断和态度坚决有力，发人深省。

如前所述，中日学界有关久米村历史文化研究成果尚较少，因此，作者多次赴日大量查阅和收集相关史料，并以实地调查资料为依据，清晰地勾画出冲绳时期久米村文化"传统"保留的基本状况，并分析其文化"传统"变异及其重新建构的脉络。作者将冲绳时期的久米村分为三个发展阶段来加以考察：①日本吞并琉球至第二次世界大战前，这一时期的久米村经历了解体、抗争，最终在日本的同化政策下难逃日本化的命运，久米村文化传统也因此受到重创；②美军统治时期，在相对自由的环境下，久米村的传统文化有所复兴；③冲绳复归日本以后，在琉球传统文化复兴的大潮中，久米村人也进入了复兴和重塑"传统"的活跃期。作者通过描述久米文化在冲绳时期的曲折发展的生命轨迹，佐证了文化人类学中"传统可以为现实的需要而被发明和建构"的主张。也就是说，一种文化"传统"被解构后常常在特定条件下以固有文化为基础加以重新建构，而所重新建构的"传统"尽管文化表现不尽相同，却常常能再次强化族群认同。在此基础上，加强了的族群纽带和新的文化表现将进一步促使新的文化传统的确立。正是这种文化生产和再生产的人类文明发展过程，使其"传统"得以"复活"，从而得以传承和延续下去。

经过漫长历史的磨砺，久米村文化已非简单而孤立存在的一个文化形态。它的存在不仅深植于冲绳地域文化的传统之中，而且已经成为这一地域的社会文化中最传统且最具有延续性和活态性的文化事象之一。然而，长期以来中日的民俗学界和人类学界较热衷于冲绳离岛及农村的民俗文化研究，而忽略了研究像久米村这样的在都市环境中依然得以传承的民俗文化、外来文化。作者通过对中琉文献史料的全面梳理，从中提取出了有关久米村人生活习俗的记载，并结合多次实地调查采访的丰富而有价值的第一手资料，分别从饮食起居、年中节庆、人生仪礼和风水习俗四个方面加以整理，从整体上把握了久米村民俗文化的大陆文化特征，以及在当地的历史发展脉络及演变过程中多元文化交融的情况，为今后进一步全面而深入开展久米村文化研究提供了丰富而宝贵的资料。

久米村文化研究中，久米村人的精神信仰生活是极为重要的研究事项，也是研究的难点之一。作者分别从祖先崇拜、道教和佛教三个方面入手，探讨了久米村人精神信仰的多个层面及演变过程，从而将移居琉球的闽人及其后裔的精神信仰的内在结构展现于读者面前。作者投入大量的时间和精力对久米村人的清明祭祖活动进行了详细的个案考察。作者认为，明代移民琉球的闽人及其后裔的精神生活中依旧保持着祖先信仰传统，而且，现代久米村人清明祭祖的活动，表明了传统的祖先崇拜至今依然占据着久米村人精神信仰生活的核心。

对中国的读者而言，这是再熟悉不过的光景。时至今日，中国广大乡土社会中注重"根"的观念依旧深入人心，特别是在祭祀仪式中，先辈的功绩被不断重复和演绎，家族的祖先被奉祀于祠堂，享受后辈子孙的香火与尊崇。当然，作者在此基础上进一步将研究触角伸向了久米村人精神信仰生活与琉球及日本本土精神信仰习俗的交融问题，并展开了深入的讨论。作者指出久米村人的精神文化深受中国大陆、琉球和日本本土文化的影响，其内在结构业已显现出了多元复合性特征。从分析和论证过程来看，此一结论言之有据、言之成理，既客观又颇具学术创意。

作者在研究过程中敏锐地发现，久米村文化之所以能够长时期拥有自己的文化传统并传承至今，能够始终保持牢靠的身份认同和坚实的情感纽带，关键就在长期植根于久米村的社会组织及其功能。长期以来，久米村拥有久米崇圣会和门中会两种社会组织。久米崇圣会在"公"的领域内有效地统合了整个久米三十六姓后裔的力量，也是至今久米村人自我认同和归属之所，其成员均为各门中会的代表；而门中会作为"私"的领域，凝聚了属于各族群的每一位成员，是以血缘为纽带的精神和情感之依托。概而言之，门中会把同门家族成员凝聚在一起，而久米崇圣会则进一步将各门中统合在了一起。通过这一发现，作者认为一个文化传统的传承与延续不仅需要拥有成为核心的文化基因，同时也需要与之交融的社会保障组织。一般来说，如果一个移民社会内部的秩序只是由亲属关系、婚姻和血缘这些普遍存在的因素整合而成，那么随着时间的流逝，在各种思潮和价值观念的冲击下，既有的社会形态很可能会失去它的凝聚力，以至于走向解体。但久米村的事例告知我们，通过具有同一精神信念和牢靠的血缘门中组织，以及强有力的共同体意识的久米崇圣会组织的分层而有效运作，确保了移民社会和文化的内在生命力，并得以长期延续下去。

对于本族群文化传统的诉求和坚持，在文化人类学视野中通常称之为"文化自觉"，而这种文化自觉往往受到内生性和外在性双重因素的影响。作者通过冲绳人、日本人、中国人的多重视角，分析了外界对久米村人的多样性认识和定位。特别是根据历史义献和现有的访谈记录、问卷调查，作者深入探讨了"琉球王国"时期久米村人身份认同的内涵及变化过程，较为准确地把握住了现代久米村人多重身份认同的内涵及其基本特征。作者为了深入挖掘身份认同的文化心理依据，考察了久米崇圣会的理念和运作情况。久米崇圣会通过孔子庙和释奠，努力复兴与历史一脉相承的儒教文化，将精神文化的传承以有形的社会文化方式展示给世人。他们顺应时代潮流，借用"孔子"这一中华文化通用的文化符号，重塑久米村人作为儒教传人的形象，进而明确精神文化的定位、强化文化符号的辐射力。当然，作者的研究视域始终关注冲绳的多元文化背景，作者认为，久米村人并非一味主张复兴自己的传统文化，而是不断结合社会文化背景对历史传统进行改革创新，试图构建新的久米文化。他们对释奠仪礼进行了一系列的复原和改造，在融合中国和冲绳传统文化的基础上，孕育出了一种不同于中国大陆、中国台湾、日本本土等地的独特的带有久米特色的儒教文化。他们有意识地强化这些"久米特色"，以此来增强久米村人的族群连带感和认同感，进而寻求不同于冲绳、日本和中国大陆文化的特色。

有关久米村人的身份认同研究，时间上跨越了久米村人在冲绳600余年的发展历程，作为"他者"的作者努力对其身份认同内涵和变迁整体加以把握，并分析其独有的诸多特征。该研究的另一个重要特点是在客观论述中注入了作者自己的主体生命感受。作者深入久米村与"自者"面对面地开展大量的访谈活动，身临其境，感同身受，用心灵去体悟"自者"的生存困境，深入思考现代久米村人的文化自觉与身份认同取向。这种以生命体验来观照研究对象的现实生存状态的研究，确实为日趋苍白与空洞化的学院派学术研究注入了新鲜的生命活力。

在现代社会，人们越来越需要学会尊重他人的文化，越来越需要知道每一种生活方式都有它独特的存在价值。如何才能在继承传统中发展传统？如何在其他文明交往借鉴时吸取有价值的东西又不迷失自我？我相信这本书，不仅会唤起学界更多的人对久米村文化的关注，同时，也会对我们如何保持民族文化传统有意义的启发。随着人类社会的发展，民族间的接触越来越多，文化传播的手段越来越高明，文化的变迁速度也越来越快。世界上所有的民族都面临着越来越强烈的各类文化冲击，各民族的文化传承与新文化的适应能力受到前所未有的考验。李凤娟博士这一研究给予我们的重要的思想启发是，我们在倡导和鼓励人们积极适应现代文明的同时，应关注文化多样性和维护这种多样性问题，更应尊重和倡导充满人性的适应性变迁。

当然，该研究尚有一些需要进一步探讨和深化的问题。作为刚刚迈入学界的年轻学者，希望李凤娟博士虚心听取和吸收专家学者以及广大读者的批评和意见，以作今后进一步提高和研究之有益参考。

在图书出版之际，李凤娟博士希望我为新书面世写几句话，我作为她的博士阶段指导教师，这是义不容辞的事。因此，在此略叙原委，把这部具有重要学术价值且具有较强可读性的学术著作推荐给学界同行和广大读者。在当今中日关系的背景下，了解和认识日本的历史和文化，特别是琉球问题对我们具有特殊重要的意义，而本书就是深入了解中日关系中琉球历史文化问题的最佳读物之一！

北京大学外国语学院日本语言文化系教授　金勋

2020 年元旦

目录

绪 论 ………………………………………………………… 1

    第一节　研究课题的确立及意义 ……………………………… 2
    第二节　先行研究综述 ………………………………………… 6
    第三节　研究方法及基本结构 ………………………………… 18

第一章　琉球时期的久米村 …………………………………… 23

    第一节　中琉历史关系简述 …………………………………… 24
    第二节　久米村的形成和发展 ………………………………… 31
    第三节　久米村的历史地位和作用 …………………………… 41

第二章　冲绳时期的久米村 …………………………………… 53

    第一节　日本吞并琉球至第二次世界大战前——纠葛的时代 …… 54
    第二节　美军统治期——文化复兴的黎明期 ………………… 62
    第三节　美军结束占领以后——文化复兴的活跃期 ………… 68

第三章　久米村的民俗文化 …………………………………… 75

    第一节　饮食起居 ……………………………………………… 76
    第二节　年中节庆 ……………………………………………… 78
    第三节　人生仪礼 ……………………………………………… 82
    第四节　风水习俗 ……………………………………………… 85

第四章　久米村的精神信仰 …… 97

第一节　久米村的信仰 …… 98
第二节　久米村对琉球、日本信仰的吸收 …… 126

第五章　久米村的社会组织及其功能 …… 135

第一节　久米崇圣会 …… 136
第二节　久米系门中会 …… 157

第六章　久米村人的身份认同 …… 181

第一节　外界对久米村人的认识 …… 182
第二节　久米村人的多重身份认同 …… 194

结　语 …… 213

参考文献 …… 220

附　录 …… 226

附录1　琉球王国（久米村）位阶制度表 …… 226
附录2　久米村相关记事年表 …… 227

后　记 …… 233

绪 论

第一节　研究课题的确立及意义

一、课题的确立

冲绳，其前身为琉球，在"琉球处分"❶之前是一个独立的王国。从地理位置来看，冲绳是位于日本列岛西南端的边陲离岛，但从东亚及太平洋区域的国际视野来看，却是中国、朝鲜半岛及日本本土所环绕的东海域的中心点，自古以来便是东亚世界的重要成员之一。独特的地理位置，使得冲绳的历史发展兼具海洋性和国际性的双重性格。

自明洪武五年（1372）明朝与琉球建立正式的邦交关系起，到清光绪五年（1879）琉球被日本占据为止，中国与琉球持续了五百余年的友好交流关系。在中国与琉球的历史关系中，有两件事尤其值得令人注目，一个是明清时期中国对琉球的册封共达23次，记述之完整是同时期与中国所交往的任何一个国家都无可比拟的；另一个就是明朝向琉球派遣"闽人三十六姓"，这是古代中国第一次由官方正式向海外派遣移民，是史无前例的，在我国移民史上具有重要的意义。❷

洪武年间，明太祖为方便两国往来，派遣闽人三十六姓向琉球国传授造船技术、航海术，帮助琉球顺利进行朝贡。闽人三十六姓移居那霸后，其聚居地逐渐形成"久米村"，久米村人自称"唐营""唐荣"或"营中"。久米村人在琉球历史上经历了跌宕起伏的发展过程。在琉球海外贸易繁盛时期，久米村人主要从事翻译、航海指南、外交文书的起草等职业，是中琉贸易的灵魂人物，推动了久米村的繁荣发展。16世纪中叶，由于中琉贸易及东南亚贸易的衰退，久米村亦陷入衰微的境地。1609年日本萨摩藩入侵琉球后，为了自身的经济利益，萨摩维持并强化琉球与明朝的贸易关系，久米村人再次身居要职，地位显

---

❶ 琉球处分，指1879年明治政府废除琉球藩、设置冲绳县，把琉球强行纳入日本近代国家的政治改革。广义来说，是指从1872年设置琉球藩开始，经1879年废藩置县，到1880年明治政府与清政府的外交问题即分岛事件为止的一连串的政治过程（即琉球归属问题）。参照『日本大百科全書』24，小学館，1988年，第102页。
❷ 谢必震，胡新：《中琉关系史料与研究》，北京，海洋出版社，2010年，第78页。

赫。1879年琉球被日本吞并，成为日本的冲绳县，琉球与中国的朝贡贸易关系被终止，久米村人的社会地位急转直下，被迫接受日本本土化的命运。由于第二次世界大战冲绳岛战役的影响，包括久米村在内的那霸大部分地区被夷为平地，久米村人也因战争四处逃散。战后美国托管冲绳，兴建起现代化的街区，昔日的久米村在地域上相当于区域划分后的那霸市久米一带，这一时期的久米村人忙着重建家园，无暇顾他，但也有不少有识之士为复兴传统的久米文化而四处奔走。1972年冲绳"复归"日本后，复兴琉球传统文化、振兴乡土语言的风潮日起。在重新评价琉球传统文化时，对琉球的社会发展有卓越贡献的久米村人再度受到肯定，久米村人进入了复兴传统文化并对传统文化再创造的新时期。

总而言之，久米村人自渡琉以来，在时代剧变、政权更迭中几经沉浮，但他们对琉球所做的巨大贡献是不容忽视的。久米村人积极从事琉球的海外贸易活动，不仅加速了琉球社会的发展，密切了中国与琉球的友好往来，而且使琉球与东南亚诸国，与朝鲜、日本都发生了密切的贸易往来。久米村人担任琉球外交文书的制作、出使中国的外交官、翻译、领航员等职务，还把中国的先进文化和技术源源不断地带到琉球，是中国文化在琉球的传播者，对琉球文化产生了深远的影响，使之渐渐"风俗淳美""易而为衣冠礼仪之乡"，为琉球王国成为"守礼之邦"和"万国津梁"发挥了重要作用。久米村人除了担任琉球海外贸易的官职外，其势力还渗透到琉球王国的政治层面，在王府中担任要职，在治理国家等方面也做出了卓越贡献。

但是，在肯定久米村人历史作用的同时需要清楚地认识到，久米村人在琉球漫长的历史发展过程中，与琉球民族相融合，很大程度上已为当地社会所同化，久米村人辉煌的历史淹没于时代的洪流之中，这一特殊民族集团的存在逐渐被大多数人所遗忘。那么，在这样的时代背景下，久米村人已经完全等同于冲绳人、久米村的传统文化已经销声匿迹了么？事实上并非如此。久米村人并没有忘记自己的祖先来自中国，他们至今依然保持着自己的宗族组织"门中会"，通过重编家谱、清明节祭祀来缅怀祖先，凝聚宗族团结。他们成立孔子庙的管理委员会"久米崇圣会"，举办释奠祭礼，开设"孔子塾"讲座，举办久米历史文化展等，通过这些活动来强化久米意识，复兴久米文化。久米村人以孔子庙为中心积极展开对外交流，他们还到福建寻根访祖，与当地宗亲进行密切的交流。久米村人以自己的实际行动，继续为中国与冲绳之间的文化交流做出自己的贡献。

由此可见，久米村人虽然已完全融入当地社会，但是在瞬息万变的时代大潮中，仍然努力保持着祖先遗留下来的传统文化。在现代冲绳社会，久米村人依旧是一个特殊的存在，他们的祖先来自中国福建，具有中国血统，不同于普通的冲绳人。但是，经过几百年的同化与演变，在语言、生活习惯等方面已经成为地道的冲绳人，特殊的历史发展使得他们在身份认同上具有多重性。久米村人在中国与琉球关系中的重要性及特殊性，促使笔者确立该研究课题。通过对久米村历史发展过程的考察，可以对中国与琉球的历史关系及文化交流有更深层的认识；通过对久米村民俗文化、精神信仰及社会组织的研究，全面深入地探讨久米村人的精神文化内涵和特征；通过对史料的挖掘和田野调查，分析久米村人身份认同的变化和多样性。笔者希望通过对久米村历史文化的研究，可以明确久米村对于中国、对于琉球（冲绳）、对于日本的重要历史意义和现实意义。

二、本课题的研究意义

久米村人是中国与琉球友好交流五百余年的历史见证人，他们为琉球社会的进步和中国与琉球历史关系的发展做出了卓越的贡献。久米村人牢记祖先的丰功伟绩，在力图保持久米村传统文化的同时，顺应时代潮流，对传统文化进行再创造，并为冲绳与中国的友好交流继续贡献着自己的力量。因此，研究久米村的历史文化对于中国、对于冲绳以及日本都具有重要的学术价值和现实意义。

首先，加深对于中国与琉球历史关系及文化交流的理解，对整体把握中国、琉球、日本的关系具有重要意义。通过解读久米村在琉球的发展轨迹，有助于理清中国与琉球历史关系的发展和变化，进一步了解萨摩入侵琉球后中国、琉球、日本错综复杂的历史关系。

其次，通过对久米村文化的考察，可以了解久米村人的历史和现状，了解他们的精神世界及其在冲绳社会的特殊性，在铭记历史的同时，把握现在，开拓未来。如前所述，久米村人是一个特殊的群体，他们虽是冲绳人，但又不同于普通的冲绳人；他们虽具有中国血统，对中国怀有特殊的情感，但又不同于华侨、华人。通过本书的研究，可以揭开这些特殊性，更深刻更立体地认识久米村人是一个怎样的民族集团。

再次，对于处理现代中日关系具有重要的现实意义。近年来，中日关系因历史、地区等因素，处于极度敏感时期，如何消除两国间的矛盾冲突、促进两国间的跨文化交流和相互理解，实现中日关系朝向良好状态发展，已经成为刻不容缓的重大课题。不管在历史上还是在现代社会，久米村人都是中国与琉球、中日间友好交流的桥梁，他们为中日两国的相互理解和正确处理两国关系提供了有益借鉴。

本书的学术价值主要体现在以下几个方面：

第一，弥补了国内外学术界有关久米村研究的不足。近年来，中国学界刚开始涉及琉球久米村人的研究，但更多的是注重中国与琉球历史关系及贸易关系的研究，对久米村人的研究停留在历史文献分析的阶段，角度还局限于历史问题的研究，对久米村文化的研究则是凤毛麟角。而在日本学术界，大多也是在研究琉球历史的过程中涉及久米村研究，以及在研究冲绳民俗文化过程中涉及的久米村家谱、门中研究，缺乏对于久米村历史文化的系统性研究。笔者希望通过本书的研究，能够弥补这一领域的研究不足，为中日两国的学术界略尽绵薄之力。

第二，把历史学和文化人类学的视角结合起来，更全面地把握久米村的历史文化，是中国与琉球关系史研究上的有益补充。在现代冲绳社会，久米村人进入了新的发展时期，继续为冲绳与中国特别是与福建的友好交流起着重要的桥梁作用。由于复杂多变的历史背景和发展过程，使得久米村人具有复杂的自我认识和归属意识，考察他们的身份认同是研究久米村文化中不可或缺的部分，也是先行研究中极少涉及的内容。因此，把历史学与人类学结合起来的研究视角，拓宽和深化了中国与琉球历史关系研究的领域，也为中日文化交流的研究提供了一个新的视角。

第三，资料新颖，采用大量的田野调查资料。本书结合中日双方有关琉球的文献史料，站在客观的立场，对久米村人的历史作用和地位做出客观的分析和评价。在资料方面，笔者收集了国内有关琉球历史及中国与琉球历史关系的诸多原始资料和基本文献，并多次到冲绳县立图书馆、琉球大学、冲绳国际大学、法政大学冲绳文化研究所、日本国立国会图书馆等地查阅文献史料，搜集了大量的一手资料。笔者还曾数次赴冲绳进行实地考察，对久米村人及其社会组织进行多次调查采访，获得了许多未正式出版的内部资料，并参与他们的文化活动和祭祀活动，如历史文化讲座、清明祭祖、孔子庙的迁座仪式、祭孔大典等，从而为本书的撰写提供了极大的启发和帮助。除此之外，笔者还赴福建省调查琉球相关历史遗迹，采访福建当地的宗族，调查久米村人寻根访祖的情况，了解福建宗族对"闽人子孙"的认识和看法，获得了大量的一手田野调查资料，为从多方位多视角深入探讨久米村文化奠定了坚实的基础。

总而言之，通过本研究，可以弥补这一领域的研究不足，使中日两国的学术界进一步认识和了解久米村的历史文化，并以久米村为媒介，对中国与琉球历史关系、福建与冲绳的友好交流及展望有更全面深刻的认识和把握。同时促进中日两国在中国与琉球关系、中日关系研究方面的交流和发展，并为中日两国文化的相互理解和友好交流贡献微薄之力。

第二节　先行研究综述

一、日本学者的研究

笔者根据琉球、冲绳时代背景的变化，结合冲绳研究的脉络，将日本学界有关久米村的研究分为三个阶段：第一阶段是从琉球处分到第二次世界大战结束（1879—1945），第二阶段是从第二次世界大战后到冲绳"复归"日本（1945—1972），第三阶段是从1972年至今。

1. 第一阶段（1879—1945）

第一阶段是从琉球处分到第二次世界大战结束。琉球经过废藩置县变为日本的冲绳县，冲绳于是成为学术研究的处女地，以有"冲绳学之父"美称的伊波普猷和历史学家东恩纳宽惇为代表的研究者辈出。就笔者调查的情况来看，有关久米村的研究始于该阶段的末期，即20世纪40年代。1941年，东恩纳宽惇以1932年被发现的琉球外交文书《历代宝案》为基础，作《黎明期的海外交通史》一书，其中有一章"三十六姓移民的渡来"[1]，对闽人三十六姓的渡琉目的、性质、姓氏、居留地、生活状况、道教信仰等进行了概括性考察。东恩纳宽惇指出，明朝为了使琉球顺利进行朝贡而派遣三十六姓作为技能集团，从事航海技术指导、朝贡礼仪、往来文书制作及翻译等与朝贡相关的事务；他们可以看作是南洋华侨的先驱，但不同的是他们在琉球有着优

[1] 東恩納寬惇：『黎明期の海外交通史』，帝国教育会出版部，1941年，第354-399页。

厚的待遇，不必从事商业活动；他们在交通贸易、思想文化等方面给琉球带来的巨大影响是不容轻视的。东恩纳宽惇还对琉球正史《中山世鉴》中有关"久米村凋谢"的记录提出了质疑，认为不是久米村的人口减少了，而是多数久米村人从航海者变成了学问者，即从事航海指南者减少的缘故。笔者认为，东恩纳宽惇的该观点至今都非常新颖，他为后人开启了重要的研究课题。这一阶段有关久米村的研究，除了东恩纳的研究之外，笔者尚未发现其他研究成果。

2. 第二阶段（1945—1972）

第二阶段是从第二次世界大战后到1972年冲绳复归日本，该期间冲绳由美国托管，冲绳研究的焦点也集中在了"冲绳问题"上，出现了以比嘉春潮、仲原善忠、我部政明为代表的研究者。与之相比，有关久米村的研究则显得微乎其微。1957年东恩纳宽惇在《琉球的历史》[1]一书中对久米村人有所涉及，但内容不脱1941年的研究，并未出现新的进展。1968年宫城荣昌在《冲绳的历史》"留学生的派遣和中国人的归化"[2]一节中，用寥寥数笔指出久米村人把儒教带到冲绳，他们给冲绳的思想、文化和海外贸易带来了深远影响。同年，小叶田淳在《中世南岛交通贸易史的研究》"船员的构成"[3]一节中，指出《中山世鉴》《球阳》以及《大明会典》等史料中有关闽人三十六姓渡来时间的记载并不可信，他通过对《明实录》中有关中国与琉球来往的记载，推断出在中国与琉球建交之初就有一部分闽人来琉，在中国与琉球贸易中担任要职，小叶田淳的观点为此后学者的研究提供了重要参考。

3. 第三阶段（1972至今）

第三阶段是从冲绳复归日本至今。1972年冲绳复归日本以后，日本学界掀起了一股冲绳研究的热潮。同年，冲绳出身的学者外间守善在法政大学创立"冲绳文化研究所"，成为日本研究冲绳文化的中心地。该阶段冲绳研究的成果可谓是汗牛充栋，与此同时，越来越多的历史学者、人类学者也开始关注久米村人这样一个特殊群体，有关久米村的研究出现了前所未有的多元化成果。

（1）历史研究

历史学界对久米村的研究焦点集中在闽人三十六姓是否为明朝廷所"下赐"

---

[1] 東恩納寬淳：『琉球の歴史』，至文堂，1957年，第43-46页。
[2] 宮城榮昌：『沖縄の歴史』，日本放送出版協会，1968年，第50-53页。
[3] 小葉田淳：『中世南島通交貿易史の研究』，刀江書院，1968年，第180-197页。

及久米村人的历史定位上。富岛壮英以《明实录》中无派遣三十六姓的相关记录为由，认为久米三十六姓并非由明朝廷一次性派遣，而是在洪武、永乐年间陆续渡来的中国移民，并对久米三十六姓的职务名称作了考证；❶此外，富岛还考察了明末时期久米村的衰退及琉球王府采取的振兴政策。❷同样忠实于《明实录》研究的嘉手纳宗德对"赐三十六姓"提出了质疑，他认为历史上并不存在"赐三十六姓"一事，久米村人都是通过自由贸易移居而来的。❸真荣平房昭认为，久米村是14~17世纪中国与东南亚海上贸易体系下自然形成的华侨社会，其性质与东南亚各地的华侨相同，并非朝廷下赐；❹他还考察了久米村华侨社会的形成、近世的再编、近世久米村的官人组织及仪礼，并指出除了在海外贸易方面之外，久米村华侨子孙的势力还渗透到了琉球王府内部。❺高濑恭子根据《历代宝案》的记载，对久米村人的人数，以及担任火长、通事、长史、正议大夫的人数加以考证，论述了朝贡贸易中久米村人的作用及其势力的兴衰。❻ 与历史学家相对，以与世山茂为代表的久米村人则坚持认为久米三十六姓是由明太祖一个一个地赐给琉球的，三十六是实际的数字而非概数。❼这就是所谓的历史学者与闽人三十六姓后裔之间的"下赐闽人之争"。

　　致力于冲绳历史研究的田名真之、高良仓吉对久米村的研究也有所涉及。田名真之对闽人三十六姓渡琉的年代、"三十六"数字的虚实，以及明太祖下赐的有无进行了探讨，认为三十六姓是在洪武、永乐年间（1368-1424）分数批渡琉的，而"三十六"究竟是约数，还是具体的三十六人、三十六姓、三十六家，尚存争议，但他强调不论是受皇帝下赐而来还是受福建地方官之命随官船而来，闽人三十六姓及其后裔在琉球形成了居住地久米村是不争的事实，他们在琉球王府中担任长史、通事等职，协助王府处理政务，并因善于操舟成为琉球进贡

---

❶ 富岛壮英:「久米三十六姓とは何か」,『青い海』110, 1982年, 第44-51页。
❷ 富岛壮英:「明末における久米村の衰退と振興策について」,《第一届中琉历史关系国际学术会议论文集》, 联合报文化基金会国学文献馆出版, 1987年, 第469-490页。
❸ 嘉手纳宗德:『琉球史の再考察』, 冲绳あき書房, 1987年。
❹ 真荣平房昭:「琉球＝東南アジア貿易の展開と華僑社会」,『九州史学』76, 九州史学研究会, 1983年, 第29-56页。
❺ 真荣平房昭:「対外関係における華僑と国家—琉球の閩人三十六姓をめぐって—」, 荒野泰典・石井正敏・村井章介編『海上の道　アジアのなかの日本史』, 東京大学出版社, 1992年, 第245-264页。
❻ 高濑恭子:「明代琉球国の「久米村人」の勢力について—『歴代宝案』による—」, 南島史学会編『南島—その歴史と文化—5』, 第一書房, 1985年, 第153-177页。
❼ 與世山茂:「明太祖と久米三十六賜姓考」,『新沖縄文学』83, 沖縄タイムス社, 1990年, 第137页。

使团的主要成员，他们为传播中国的技术文化做出了杰出贡献。❶ 此外，田名通过对史料和琉球时代背景的分析，考察了近世久米村所面临的存亡危机及久米村的强化复兴，并指出近世久米村人对琉球的儒学教育具有重要的推动作用。❷

高良仓吉认为，久米村是技术先进国出身者的居住区，久米村人是支撑琉球海外贸易的中坚力量，他们在从事朝贡贸易的同时，也进行着谋取个人利益的私人贸易、民间贸易；虽然久米村人对琉球王国做出了卓越贡献，但归根到底久米村人是琉球海外贸易的"承办集团"，是受雇者，而琉球海外贸易的主宰者仍是琉球人。❸ 高良还指出，琉球与中国的朝贡贸易创造出了一个遍及东南亚的网络，久米村人的性质无异于东南亚的华侨。❹ 浜下武志从亚洲各地域间的关系网络的新视角，重新审视琉球的历史，认为久米村与东南亚其他港市国家一样，是中国系集团在海外形成的居留地，他们从事与中国的贸易事务，在琉球王国积蓄了雄厚的经济和政治力量。❺ 丰见山和行也认为，琉球的华人社会久米村，是在海外贸易过程中自然形成的，是东亚及东南亚各地华人的居留地之一。❻

此外，久米村的历史名人也成为学者们研究的对象，如琉球历史上的儒学大师程顺则和名相蔡温。相关研究成果主要有：真荣田义见《名护亲方程顺则评传》（1982），当真嗣彦《近世久米村教育的组织化过程和学问特质——从程顺则的〈廟学纪略〉来看》（1987），崎原丽霞《程顺则及其家谱记载著作中的儒学思想》（2008）、《从程顺则生平著作看儒学在琉球过的传播》（2010）；崎浜秀明《蔡温全集》（1984）、佐久间正《琉球王国和儒教——以蔡温为中心》（2009）、久米国鼎会出版的《久米村出身的人物和琉球王国》（2017）等。

1992年值闽人三十六姓移居琉球600周年之际，久米村人组织各领域专家学者对久米村的成立、政治职能、官生派遣、风水思想、历史人物等做了概括性研究和探讨，后出版《久米村——历史和人物》（1993）一书，可以说是有关久米村研究的较为详细全面的资料。2014年久米崇圣会成立100周年之际，出版了《久

---

❶ 田名真之：「古琉球の久米村」，『新琉球史・古琉球編』，琉球新報社，1991年，第223-257頁。

❷ 田名真之：「近世久米村の成立と展開」，『新琉球史・近世編』上，琉球新報社，1989年，第205-230頁。

❸ 高良倉吉：『琉球王国』，岩波書店，1993年，第90-94頁。

❹ 高良倉吉：『琉球王国の構造』，吉川弘文館，1987年；『アジアのなかの琉球王国』，吉川弘文館，1993年。

❺ 浜下武志：『沖縄入門——アジアをつなぐ海域構想』，筑摩書房，2000年，第132頁。

❻ 入間田宣夫、豊見山和行：『北の平泉、南の琉球』，中央公論新社，2002年，第209-210頁。

米村崇圣会100周年纪念史》，为研究近代以来的久米村提供了重要资料。

（2）门中、家谱研究

20世纪70年代后期起，有关久米村的研究不再拘泥于历史学界，民俗学、文化人类学方面的研究成果相继问世，其中以久米村的门中和家谱研究为中心。

1980年由那霸市政府编辑出版的《那霸市史·久米村系家谱》，收录了王、魏、金、阮、红、蔡、周、曾、孙、陈、程、郑、毛、梁、林共15姓51册家谱，是研究久米村的珍贵的原始文献。此外还有《那霸市史·那霸的民俗》（1979），其中有一节专门涉及久米村，包括久米村的概况、信仰、祭祀、岁时节庆等，但内容浅显，多为概述性内容。

比嘉政夫在其研究中指出，日本学界对冲绳门中的研究偏向于农村，忽视了对那霸、首里等士族门中的研究。比嘉通过对首里·那霸系和久米村系的家谱史料的分析，认为近世冲绳士族阶层的"同姓不婚"的观念是受到中国宗族思想的影响，而久米村系比首里·那霸系更严守"同姓不婚"的婚姻制度，并指出久米村系士族虽然遵循"异姓不养"的原则，但在现实中也有从其他门中过继养子的例子。❶1983年比嘉政夫再度指出久米村人的婚姻制度、社会结构与日本本土相异，主张结合历史学与人类学的研究方法，以家谱史料为基础，对门中作更细致的调查研究。❷但是，比嘉的研究仅止于问题点的提出，对于久米村系家谱还未能作充分的利用和研究。

1986年田名真之以久米村系家谱为研究对象，论述了琉球家谱的成立、家谱和姓氏、家谱的书写方式、由家谱看家系继承上的禁忌等，他指出18世纪以后琉球家谱逐渐受到中国的宗谱、宗族理论的影响，由日本式向中国式转变，并且融入了儒教的伦理思想。但是另一方面，琉球在接受中国宗族观念及儒教伦理思想的时候，也是根据自身的需要而有所取舍。❸田名还指出了久米村系家谱不同于首里那霸系家谱的特征：在形式上，久米村系家谱中设置官爵、勋位等项目，在这些项目内按照编年体的形式记载，久米村系家谱分册较少；在内容

---

❶ 比嘉政夫：「家譜から見た門中Ⅰ——「姓」と婚姻」，『琉球大学法文学部紀要·社会学篇』21，1979年；「家譜から見た門中Ⅱ——久米村における婚姻と養取慣行」，『琉球大学法文学部紀要·社会学篇』23，1980年。

❷ 比嘉政夫：『沖縄の門中と村落祭祀』，三一書房，1983年；「沖縄の中国系社会における婚姻と社会構造—歴史と現状—」，窪徳忠編『わが国華人社会の宗教文化に関する調査研究報告書』，琉球大学，1983年，第69-77頁。

❸ 田名真之：「琉球家譜に見る中国文化思想の影響」，《第一届中琉历史关系国际学术会议论文集》，联合报文化基金会国学文献馆出版，1987年，第265-288页。

上，受中国宗族制度文化、儒家思想的影响较大等。另外，他还指出了久米村系家谱作为研究琉球历史的史料价值和意义。❶

1999 年小熊诚以久米村系士族与首里士族作个案比较，指出要研究中国文化在冲绳的传播、接受及变化过程，必须从历史和文化比较的角度切入。❷ 小熊诚致力于冲绳家谱的研究、冲绳与中国文化的比较研究，家谱方面的研究成果还有：《记录的系谱和记忆的系谱——冲绳门中组织的变迁》（2001）、《冲绳的家谱》（2004）等。

这些人类学者的有关门中及家谱的先驱性研究，从社会组织上揭示了久米村人与其他冲绳人、日本人的差异。除了上述学者的研究成果之外，久米村各门中也热衷于门中资料和家谱的编撰，主要有：梁氏门中的《祈祷吴江会的永久发展》（1990），王氏门中的《久米村王氏门中资料》（1-4）（1991—2001），金氏门中的具志坚以德著有《唐荣＝久米村　金氏年代记》（1995），阮氏门中编的《久米阮氏纪念志》（1998）、《阮国公诞生 450 年纪念志》（2016），毛氏门中编的《久米毛氏四百年纪念志——鼎》（2008）等。另外，久米崇圣会也出版了一些有关久米村的资料，如：《蔡温具志头亲方文若颂德碑　程顺则名户亲方宠文颂德碑》（1969）、《久米至圣庙沿革概要》（1975）、《久米村的民俗》（1989）、《六谕衍义大意　翻译本》（2002）、《久米村地图》（2008）、《久米村人物志1——蔡氏》（2008）、《久米村人物志 2——郑氏》（2009）、《久米明伦堂沿革概要——冲绳最初的学校》（2010）、《至圣庙 1—8》（崇圣会"久米孔子塾"讲座集、2011—2019）等。

除了门中和家谱研究之外，还有一些关于久米村孔子庙、天尊庙的研究论文，如：野口铁郎《那霸久米村的天妃庙》（1985），小林和彦《那霸孔子庙——冲绳的儒教素描》（2000），系数兼治《琉球孔子祭祀的受容和学校》（2003），二阶堂善弘《那霸久米村的天尊庙》（2008），伊藤阳寿《久米村孔子庙创建的历史意义——从 17 世纪后期的政治史的视点来看》（2010）、石垣直《琉球・冲绳的释奠历史与现在——以久米至圣庙为中心》（2019）。

（3）有关近代以来的久米村的研究

本书的研究重点是琉球处分以后即近代以来的久米村文化，但是日本学界

---

❶ 田名真之：『沖縄近世史の諸相』，ひるぎ社，1992 年，第 187-196 页。
❷ 小熊誠：「近世士族門中における姓の受容と同姓不婚」，末成道男編『中原と周縁——人類学的フィールドからの视点』，風響社，1999 年，第 263-284 页。

的相关研究屈指可数。如前节所述，致力于冲绳与福建文化比较研究的小熊诚指出，久米村系门中虽已同化于冲绳社会，但是他们带有强烈的"祖先来自中国"的意识，并以此为荣。在中国改革开放以后，伴随着福建省宗族活动的复兴，久米系门中代表从1986年起陆续到福建"寻根"，小熊认为这种"寻根"行为是对中国身份认同的强化，而祖源地福建省则相应地设立了"福建省姓氏源流研究会"。❶

宫下克也指出，在现代冲绳社会，伴随着都市化、产业化的发展，传统的纽带逐步走向衰弱，以祖先祭祀为主的父系亲族集团——门中，为了能持续发展采取了法人化的战略，创造出了新的门中惯例和体系。❷他以久米系门中的久米国鼎会、阮氏我华会为例，来说明门中为了适应社会发展的需要，以日本的近代法为基础成为法人组织。

内间贵士以久米孔子庙为着眼点，论述了孔子庙对久米村人的意义，他还对那霸市政府、普通冲绳县民对孔子庙的印象做了调查分析，从多角度考察了孔子庙在现代冲绳的存在意义。❸但是，内间仅从久米崇圣会的角度来考察久米村人的状况，忽略了对现代久米人来说意义重大的门中会的研究，显得不够全面。

除了上述研究成果外，还有以现代久米村人为采访对象的访谈记录。1979年，户谷修、重松伸司以"冲绳的战后文化与文化摩擦"和"冲绳的传统文化和中国文化的融合及其过程"为主题，对现在定居冲绳的中国系住民的生活意识进行了调查采访。❹访谈对象包括闽人三十六姓的后裔和第二次世界大战后在引进外资、技术政策下从中国台湾迁来的新移民。前者即为久米村人，受访对象有蔡氏、梁氏、金氏和郑氏门中的代表，平均年龄在70岁左右。访谈所涉及的内容广泛，包括三十六姓子孙的现状、语言使用的变化、崇圣会、孔子庙祭典、门中祭祀和共有财产、门中会的组织状况、家系继承、文化传承出现的断层现象、与中国的往来、宗教信仰、生活习俗、互助会、久米村地理位置的变化等。在大量史料毁于冲绳战的客观情况下，该访谈记录对了解战前及战后久

---

❶ 小熊誠:「現代福建における宗族の復興—伝統の再生と創造—」,『第九回中琉歴史関係国際学術会議論文集』, 2002年, 第198-205页。
❷ 宮下克也:「法人化する門中—ポストモダン社会における親族組織の戦略—」,『アジア遊学』53, 2003年, 第121-129页。
❸ 内間貴士:「現代沖縄の孔子廟をめぐる多角的な視線—社団法人久米崇聖会の活動を中心に—」,『沖縄県立芸術大学紀要』第15号, 2007年, 第61-75页。
❹ 戸谷修、重松伸司:『在沖縄中国系住民の生活意識——文化接触の視点から』, インタヴュー記録, E.日中文化摩擦, 1979年。

米村人的状况提供了有益参考。以此次调查为基础，户谷修从比较文化论的角度出发，主张在进行冲绳研究时应把视野拓宽到东南亚诸区域，通过比较调查研究，从中探求出冲绳社会和文化的独特性。他认为可以将冲绳的久米村人的后裔，与马来西亚等地的同样经历几百年演变过程的华人后裔进行比较，来探究各区域文化的特质。❶ 虽然仅限于问题的提出，但是户谷的比较文化论的观点为后人开启了重要的研究课题。

2003 年，参与过 1979 年调查采访的重松伸司组织一批中日学者，以"在日华人系知识人的生活意识"为主题，对冲绳久米崇圣会的孔子祭及久米三十六姓后裔的现状进行了调查。调查报告中除了对久米崇圣会的访问记录外，还包括对日本其他孔子庙，如多久圣庙、长崎孔子庙的调查研究。❷ 但是这份调查报告内容较少，采取逐字记录的方式，从所设定的访谈问题及内容来看，该报告的学术价值不及 1979 年的采访记录。

二、中西学者的研究

1. 中国学者的研究

（1）中国大陆学者的研究

中国大陆方面有关久米村的研究起步较晚，到 20 世纪 80 年代末期才出现几篇相关论文，而且清一色是历史研究，主要论点和题材局限在闽人三十六姓是否为明朝廷下赐以及三十六姓移居琉球的作用。代表学者有谢必震、方宝川、米庆余、孙薇、赖正维等。

谢必震对下赐闽人持肯定态度，认为洪武二十五年（1392）明代赐琉球闽人三十六姓的记载是符合历史事实的；他从相关史籍资料中辑录四十一个闽人姓氏，认为其中梁、郑、金、蔡、毛、陈、程、洪、阮、王、周、曾、孙、魏、林十五个姓氏为朝廷赐给琉球，余下二十六姓也多为闽籍人士；明赐闽人三十六姓主要有四个原因：一是以利朝贡，二是变民用为官用，将私人贸易合法化，三是"用夏变夷"传统思想的影响，四是保护弱小邻邦。他还从航海贸易、治理

---

❶ 戶谷修：「東南アジアの中の「久米三十六姓」——久米三十六姓をとおしてみた沖縄研究の視座」，『青い海』110，1982 年，第 26-33 頁。
❷ 重松伸司ほか：『在日華人系知識人の生活意識調査—沖縄・久米崇聖会孔子祭の儀礼・慣行調査および沖縄・久米崇聖会生活慣行の聞き取り調査—』，2003 年度追手門学院大学共同研究助成研究成果報告書，2004 年。

国政、传播中国文化、农业生产技术以及烹饪技术等方面论述了闽人三十六姓在琉球历史上的重要作用。❶谢必震是国内研究中琉历史关系的先驱人物，其主要研究论文还有：《闽人移居琉球的历史作用》（1986）、《关于明赐琉球闽人三十六姓的若干问题》（1991）、《福建文化在琉球的传播与影响》（1996），著作有《中国与琉球》（1996）、《明清中琉航海贸易研究》（2004）、《中琉关系史料与研究》（2010）等。

与之相对，方宝川则对下赐闽人持否定态度，他通过对相关古代文献的分析，对下赐闽人三十六姓提出了质疑，认为下赐之说很可能源于琉球，其推测理由是琉球先住居民有名无姓，且琉球国泛属岛三十六，"三十六"意指数量之多，所以琉球人统称那些来自明朝并冠以汉姓的闽人为"三十六姓"；他还主张史料中的赐闽人三十六姓并非发生在某特定一年，而是指明初闽人移居琉球的历史。❷

米庆余对下赐闽人之事虽未置可否，但他给予闽人三十六姓很高的评价，认为他们"不仅加速了琉球的社会发展，密切了中琉两国的友好往来，而且对中琉历史上形成的册封关系，赋予了强韧的纽带，产生了积极的影响。"❸此外，他还以梳理历史文献的方式，对古代琉球的社会发展、琉球王国的形成、近世中琉日三国的关系等进行了论述。❹

孙薇认为，明赐闽人是明朝廷对琉政策的一环，主张闽人三十六姓并非像东南亚国家的华侨那样是因为经济因素而移居海外，而是为协助琉球朝贡才被派到琉球的，里面包含着政治因素。❺赖正维充分肯定了闽人三十六姓在中琉朝贡贸易中的重要作用，❻并对福州与琉球之间的历史交流进行了详细论述。❼

近年来，琉球家谱资料的公开及再编为研究者提供了新的资料，国内有关久米村的研究也扩展到了家谱方面。先驱性研究论文主要有：杨国桢的《琉球

---

❶ 谢必震：《明赐琉球闽人三十六姓考述》，《华侨华人研究》1991年第1期，第38-45页。
❷ 方宝川：《明代闽人移居琉球史实考辨》，《福建师范大学学报》哲学社会科学版，1988年第8期，第119-123页；《关于明初闽人移居琉球若干问题的再思考》，《第5届中琉历史关系国际学术会议论文集》，福建教育出版社，1995年，第563-575页。
❸ 米庆余：《明代中琉之间的册封关系》，《日本学刊》1997年第4期，第123页。
❹ 米庆余：《琉球历史研究》，天津人民出版社，1998年。
❺ 孙薇：「閩人三十六姓と明初の対琉政策」，『沖縄文化研究』26，法政大学冲绳文化研究所，2000年，第111-136页。
❻ 赖正维：《东海海域移民与汉文化的传播——以闽人三十六姓为中心》，社会科学文献出版社，2016年。
❼ 赖正维：《福州与琉球》，福建人民出版社，2018年。

家谱与中华文化的传播》(1989)、《唐荣诸姓宗族的整合与中华文化在琉球的传播》(1991)，方宝川的《福建家谱与琉球久米村系家谱的比较及其思考》(2000)，谢必震的《琉球闽人家谱及其史料价值》(2010)。

此外，李国庆曾对三位久米村人后裔进行了访谈，调查了闽人三十六姓的状况及各个时代社会地位的变化，指出现代久米村人对中国仍有较强的文化意识，并在摸索与中国进行文化交流的途径；[1]他还考察了闽人三十六姓的历史、在中琉贸易中的作用、17世纪初渡琉的阮、毛两氏的历史及其门中会，[2]在论述久米村历史的同时，对久米村人也有一个简单的概观，但是内容尚不充分，对久米村人的精神意识及身份认同没有进行详细的考述。

总体来说，大陆方面的研究特点是以福建出身的学者为中心的中琉历史关系及贸易关系的研究，而对久米村文化的研究才刚刚起步，而且多为历史学研究，缺乏文化人类学的研究视角。

（2）中国台湾学者的研究

中国台湾方面早在20世纪50年代就开始了久米村人的研究，由于资料限制，关于中国台湾学者的早期研究主要参考了吕青华的研究成果[3]。1954年宋漱石强调，冲绳人与久米村人通婚，不仅具有了中国血统，文化思想方面也因久米村人的媒介而富有中国色彩，他还将久米村人定位为教化琉球人的教育者，认为冲绳不应复归日本。[4]在冲绳复归日本之前的早期研究，其立场是把久米村作为中国与琉球历史渊源深厚的证据，认为琉球应归属中国，具有较强的政治意图。琉球归属成为定论后，一些学者采用文献史料的分析方法，强调久米村人在册封体系下对琉球王国的历史贡献，代表人物是持开化・贡献论观点的杨仲揆、吴蔼华。杨仲揆认为，闽人三十六姓是中国以国家的力量形成的集体性移民，扮演了开化琉球的角色；他还特别指出，直到20世纪初，闽人三十六姓的后代仍保持着以久米村后裔为荣的认同感。[5]其研究成果还有《琉球古今

---

[1] 李国庆：「ビン人三十六姓の生活史」，『基地の返還・移設・跡地利用と沖縄振興問題—その2—2001年度研究報告』東京国際大学人間社会学部社会学研究室，2002年，第282-286頁。
[2] 李国庆：「福建人の日本移住歴史の深層—「閩人三十六姓」の精神構造—」，『基地の返還・移設・跡地利用と沖縄振興問題—その4-2003-4年度研究報告』，東京国際大学人間社会学部・社会学研究室，2005年，第276-295頁。
[3] 吕青华：《久米村人的研究史》，政治大学民族学系编《政大民族学报》25，2006年，第272-273页。
[4] 宋漱石：《琉球归属问题》，中央文物供应社，1954年。
[5] 杨仲揆：《中国・琉球・钓鱼台》，友联研究所，1972年。

谈》（1990）等。吴蔼华继承了杨仲揆的观点，认为久米村人在政治、朝贡、文化、思想、工艺等方面对琉球王国都有巨大贡献，久米村人在中国册封琉球过程中扮演了支配性和主导性角色。其研究论文主要有：《琉球历史上的久米村》（1985）、《十四至十九世纪琉球久米村人与琉球对外关系之研究》（1991）、《久米村人在中国册封琉球王过程中所扮演之角色》（1993）等。20世纪90年代以后，一些学者转向以家谱为素材，进行不具政治性质的中琉历史关系与文化研究，如陈捷先的《琉球久米系家谱研究》（1991）、陈龙贵的《琉球久米系家谱与中琉文化关系——以"通事"为中心的考察》（2001）等。

吕青华以民族学的视角，从姓氏、职业、语言、宗教信仰等方面入手，论述了久米村人在五百余年的历史发展与演变过程中民族性的变化和维持，并通过田野调查考察了久米村人的现状。❶吕青华是中国学界对久米村人作系统研究的先驱性学者，其研究成果具有较高的学术价值，给本文提供了极大的启发和重要的参考价值。

2. 西方学者的研究

第二次世界大战后美军托管冲绳，以美国为代表的西方学者关心的是战后冲绳的军事基地以及由此衍生出来的问题。相对而言，对于冲绳历史文化的研究数量较少，而有关久米村的研究更是屈指可数。从笔者收集到的资料来看，相关研究主要有：美国历史学家George H. Kerr的《琉球：王国和1945年以前的冲绳》和《冲绳：岛民的历史》，❷Alan H. Smith的《琉球的文化和社会》，❸以及William P. Lebra的《冲绳的宗教和社会构造》❹等。其中George H. Kerr以"中国移民部落·久米村的建立"为题，用寥寥千余字道出了闽人三十六姓的渡琉目的、特殊待遇、社会作用等。他认为"三十六"不是具体的数字，不能按照字面意思来理解。他在文中写道："久米村的建立，在琉球历史上是划时代的大事，从当时直至今日（20世纪50年代），'久米村'三个字仍然弥漫着外来语的氛围，就像提起首里的住宅就会使人联想到政府和贵族政治一样，提起久米

---

❶ 吕青华：《琉球久米村人的民族学研究》，中国台湾政治大学民族学系博士论文，2007年。
❷ 书名为笔者译，原书名分别为：*Ryukyu: Kingdom and Province before 1945*, Pacific Science Board, National Academy of Sciences, National Research Council, 1953; *Okinawa: The History of an Island People*, Tuttle Publishing, 1958.
❸ Alan H. Smith：*Ryukyuan Culture and Society*, University of Hawaii Press, 1964.
❹ William P. Lebra：*Okinawan Religion: Belief, Ritual, and Social Structure*, University of Hawaii Press, 1966.

村就会使人想起那里的特殊学问、对外贸易、外交等。"❶可以说，久米村三个字在琉球人看来有两种含义：一是社会声望，二是外来血统。

三、先行研究遗留问题与评述

上述先行研究为了解久米村人的历史和文化提供了重要的参考资料，具有很大的学术参考价值，同时历史学、民俗学、人类学、社会学等多角度的研究使久米村人的整体形象更加立体、全面，是本书的重要参考。但同时由于资料的局限和研究角度的不同，尚存在一些不足之处。

第一，历史学界注重琉球、冲绳历史的纵向研究，以及中琉历史关系、贸易关系的研究，对久米村人的研究焦点多集中在闽人三十六姓的下赐有无、渡琉时间、姓氏人数等方面，从而忽略了久米村在琉球的历史发展轨迹。尤其是关于近代以来久米村的发展状况，在先行研究中可以说是一个极其薄弱的部分。本书欲根据文献史料中有关久米村的记载，系统地梳理久米村自身的发展轨迹，揭示久米村在琉球历史上的重要地位和作用，并对近代以来久米村的发展状况进行详细的考察。

第二，关于久米村人在中国与琉球历史关系中的作用和定位问题，中国学者往往侧重强调中国文化对琉球的重大影响，以及久米村人在中琉贸易中的主导地位，将久米村人定位成对琉球有开化、教化作用的华侨；日本学者虽然对久米村人有颇高评价，但他们认为，久米村人只不过是支援琉球海外贸易的承办集团（受雇者），琉球王府才是贸易经营的主导者，多数学者质疑甚至否定闽人三十六姓的官派移民性质，将久米村人定位成因商业利益而移居琉球自然形成的华侨集团。笔者认为，中日学界对于久米村人的历史定位尚不全面，有待进一步探讨。

第三，久米村的民俗文化和精神信仰在先行研究中也是极其欠缺的。一直以来，日本的民俗学者和人类学者关注的是冲绳离岛及农村的文化研究，而对像久米村这样的都市民俗文化和外来文化的关注度远远不够。久米村的民俗文化和精神信仰的内涵和特征是什么？在与琉球民族长期的融合过程中，它们又发生了怎样的演变？现代久米村人与冲绳人、日本人在精神文化层面有着怎样的异同？这些问题有待深入的研究。

---

❶ George H. Kerr：『琉球の歴史』，琉球列岛米国民政府，1956 年，第 57 页。

第四，先行研究中缺乏对久米村人社会组织的研究，从而忽略了久米村文化传承的重要因素和久米村人身份认同的依据。对于久米村人来说，久米崇圣会和门中会是他们凝聚力量、传承久米文化、展开对外交流、确保久米村人不断向前发展的最重要组织。笔者采取田野调查的方法，对久米崇圣会和门中会的内部组织结构、主要活动、对外交流、功能和意义等进行深入的考察和论述。

第五，有关久米村人的归属意识和身份认同的文化人类学研究，更可谓是凤毛麟角。至今为止，久米村人已在琉球、冲绳经历了六百余年的发展过程，那么，在长期的历史发展过程中久米村人的身份认同发生了怎样的演变？现代久米村人身份认同的内涵和特征是什么？他们为何去福建寻根访祖？外界对久米村人有着什么样的认识和看法？这些都是值得深入探讨的课题。

基于上述疑问，笔者希望通过对历史文献的挖掘和解读，对田野调查所获得的一手资料进行深入的分析和整理，在弥补先行研究不足的同时，采用历史学和文化人类学相结合的视角，对冲绳久米村文化进行全面深入的考察和研究。

第三节　研究方法及基本结构

一、关键概念的界定

"闽人三十六姓"是指明朝初期，为支援朝贡贸易而移居琉球的福建人的统称。闽人三十六姓在琉球的聚居地逐渐形成久米村，所以琉球人也称其为"久米三十六姓"，称其后代为"久米村人"。前文先行研究中提到，有关闽人三十六姓的下赐有无、渡琉年代、渡琉目的、具体人数等问题，由于史料记载不一，语焉不详，目前学术界尚无定论。但毫无疑问的是，被称为"闽人三十六姓"的移民团体在历史上是的确存在的，其子孙久米村人为中琉两国的友好交流及琉球王国所做的卓越贡献是不容置疑的。

自闽人三十六姓定居琉球形成久米村以来，由于历史时代背景的演变，久米村在16世纪末期到17世纪中期经历了强化再编的过程，期间，明朝廷又从闽地区派遣阮、毛两姓入籍久米村，同时由于各种原因渡琉的中国人以及一些深谙汉语、精通中国文化的琉球人也被编入久米村，这样就使得久米村混入了外部血统，不再是最初的单纯的闽人三十六姓后裔。在现代冲绳社会，由于那霸的城市区域规划，已经不存在久米村这一地名了，但是闽人三十六姓的后裔们仍自称"久米村人"，来凸显自己与普通冲绳人以及华侨华人的不同，并以祖先对琉球王国的巨大贡献而引以为傲。本书的研究范畴除了明初渡琉的闽人三十六姓及其子孙之外，还包括近世再编的久米村人以及生活在现今冲绳社会的久米村人后裔，笔者统称他们为久米村人。

二、研究方法与基本结构

1. 研究方法

本书主要运用历史学与文化人类学相结合的研究方法。

（1）历史学的研究方法

广泛收集有关久米村历史文化的各种文献资料，包括明清史书中有关琉球的记载、琉球王国的外交文书、琉球正史、明清两朝册封琉球使所著的使琉球录和个人日记、久米村的家谱资料、冲绳的地方志等，认真研读这些历史文献和先行研究，在此基础上采用历史学的实证分析方法，来考察和论述久米村的历史发展过程。

（2）文化人类学的田野调查方法

笔者于2012年、2013年、2016年、2019年多次赴冲绳进行实地考察。在田野调查期间，笔者走访了那霸市的久米村相关历史遗迹及现存建筑，拍摄了大量图片资料；多次拜访久米村人的社会组织久米崇圣会、门中会（主要是毛氏国鼎会、梁氏吴江会、阮氏我华会）和久米同进会，对各会会长、事务局长以及普通会员进行口访；笔者还到久米村人家里做客兼调查，参与他们的文化活动和祭祀活动，如久米村历史文化讲座、久米系门中的清明祭、新久米孔子庙的迁座仪式和落成典礼，体验他们的日常生活与思想境界，深入地调查了解久米村人的各种文化行为。田野调查给笔者带来极大的启发和帮助，为本论文的撰写提供了大量的一手资料、内部资料以及丰富的图片资料。笔者在冲绳调查期间，还对普通的冲绳人进行口访，了解他们眼中的久米村文化和久米村人印象；在久米孔子庙遇到中国台湾及中国香港的游客，笔者也会趁机向其询问一番，为探讨中国人眼中的久米村人累积更多的一手资料。在日本留学期间，笔者接触到一些研究冲绳文化的专家学者，通过对这些研究者的采访所获得的资料，可以作为日本人对久米村人认识和看法的重要参考。除了在日本的调查之外，笔者还于2013年、2017年赴福建省实地考察，在福州探寻了久米村的相关历史遗迹，并到久米梁氏门中的祖源地长乐市梁边村进行调查采访，了解当地宗族与久米梁氏的交流情况，以及他们对于远道而来寻根问祖的久米村人的看法和理解，为从多层面多角度深入探讨久米村人的归属意识和身份认同提供了重要的参考依据。

2. 基本结构

本书的内容主要由绪论、主体部分、结论三部分构成。绪论部分主要是提出问题，分析前人的研究成果，并指出问题的所在。主体部分共分为六章，依次为：琉球时期的久米村、冲绳时期的久米村、久米村的民俗文化、久米村的精神信仰、久米村的社会组织及其功能、久米村人的身份认同。

第一章简述了中国与琉球历史关系，并对琉球时期的久米村进行了考察和论述。本章共分为三节：第一节"中琉历史关系简述"，阐述了中国古文献中有关琉球的记载以及琉球的历史发展过程，对中国与琉球历史关系的起源以及明清时期的中国与琉球贸易进行了考察；第二节"久米村的形成和发展"，通过对中琉史料的解析，论述了闽人三十六姓的渡琉、久米村的形成，揭示了久米村人随着琉球时代变化所经历的波澜起伏和发展轨迹；第三节"久米村的历史地位和作用"，探讨了久米村人与中国文化在琉球的传播和影响，以及久米村人在琉球王国的地位和作用。

第二章论述了冲绳时期的久米村，根据冲绳时代背景的变化把近代以来的久米村分为三个发展阶段来加以考察和论述。第一节考察了琉球被日本占领后久米村人的反抗，以及在日本同化政策下久米村的日本化；第二节阐述了美军统治冲绳期间久米村人的动向和变化，以及久米文化的复兴；第三节论述了美军结束占领后的冲绳社会状况，以及在新的时代久米文化的复兴和久米村人的活跃。

第三章考察了久米村的民俗文化，分别从饮食起居、年中节庆、人生仪礼和风水习俗四个方面来加以阐明和论述，从整体上把握久米村民俗文化的特征和演变过程。

第四章论述了久米村的精神信仰。第一节"久米村的信仰"，以祖先崇拜、道教信仰和佛教信仰为对象，考察了久米村精神信仰的内涵和特征，深入探讨了久米村人的精神文化；第二节"久米村对琉球、日本信仰的吸收"，从影响与同化的角度，论述了久米村对琉球及日本信仰的吸收和融合。

第五章从社会组织的角度阐明了久米村人的现状，并探讨了久米村人社会组织的功能和意义。第一节"久米崇圣会"，论述了久米孔子庙的发展过程，久米崇圣会的成立发展、社会活动、祭祀活动、对外交流，并从孔子祭的变化考察了久米村人意识的变迁。第二节"久米系门中会"，在阐述琉球门中制度的基础上，通过对久米村具有代表性的三个门中会的调查采访，探讨了久米系门中会的成立目的、组织结构、主要活动、社会功能、存在意义，以及与福建宗亲的交流。

第六章分析了久米村人身份认同的特征。第一节"外界对久米村人的认识"，分别从冲绳人、日本人、中国人的多重视角，论述了外界对久米村人的多样性认识和定位。第二节"久米村人的多重身份认同"，考察了琉球历史上久米村人身份认同的变迁过程，并通过对现代冲绳社会的久米村人归属意识的调查采访，考察其多重身份认同的内涵和特征。

结论部分总结了本书的创新点，对久米村人的历史作用和地位进行客观公正的评价及定位，综合分析和评论了久米村的文化内涵和特征，解析了现代久米村人的归属意识和身份认同，并对现代久米村人在冲绳与中国的友好交流中所起的作用进行合理的评价，最后提出今后的研究课题和展望。

【第一章】

琉球时期的久米村

明洪武五年（1372年），中国和琉球建立正式的邦交，由此展开了为期五百余年的友好交流关系。为了协助琉球顺利进行朝贡贸易，明朝廷赐琉球"闽人三十六姓善操舟者，令往来朝贡"。❶闽人三十六姓移居琉球后，在琉球繁衍生息，其聚居地逐渐形成"久米村"。自此以后，久米村成为中国与琉球贸易往来的根据地，以及中国先进文化和技术源源不断向琉球传播的重要窗口，由此也展开了久米村人在琉球历史上跌宕起伏的发展过程。

第一节　中琉历史关系简述

一、琉球历史概观

琉球（现今冲绳），位于亚洲大陆东侧，日本九州与中国台湾之间的海域，南北长约400公里，东西宽约1000公里，有大小岛屿约160个，面积2275.71平方公里，约占日本国土总面积的0.6%；现今人口约137万，占日本总人口的1.08%。❷琉球正史《中山世鉴》记载了琉球一名的由来："当初，未琉球之名。数万岁之后，隋炀帝令羽骑尉朱宽访求异俗，始至此国地界。涛间远而望之，蟠旋蜿蜒，若虬浮水中，故因以名流虬也。"❸从广义上来说，琉球群岛自北向南由吐噶喇列岛、奄美群岛、冲绳群岛、宫古群岛和八重山群岛（宫古·八重山群岛又总称为"先岛群岛"）组成；从狭义上来说，琉球与现今冲绳县的领土相仿，原因是1609年萨摩藩入侵琉球，奄美群岛划为萨摩的所属地，后成为日本鹿儿岛县的一部分。但是，语言学上所说的琉球方言，以及民俗学、人类学上所说的"琉球文化圈"，所指范围均包括奄美群岛在内。

从东亚及太平洋区域的国际视野来看，琉球是中国、朝鲜半岛以及日本本

---

❶ 龙文彬：《明会要》卷77，"外蕃1·琉球"篇。
❷ 日本总务省平成19年度（2007）国势调查的统计资料。
❸ 『中山世鑑』卷首，"琉球国中山王世继总论"篇。

土所环绕的东海域的中心点，地理位置优越，战略位置也十分重要，在东亚乃至东南亚都占有极其重要的地位，被西方学者称为"西太平洋岛屿链上的第一核心"。琉球因其特殊的地理位置，曾作为东北亚和东南亚贸易的中转站，被誉为"万国津梁"。由于琉球群岛零散地分布于广阔的海域之中，使得诸岛之间具有较强的孤立性和隔绝性，语言也不尽相同，从而造就了琉球文化的多姿多彩。特殊的自然条件和地理位置，使得琉球的历史文化兼具海洋性和国际性的双重性格。

日本历史学界以1879年的琉球处分作为分界点，用"琉球"指1879年以前的琉球王国时代，用"冲绳"指近现代时期。而学界对于琉球、冲绳历史时代的划分也不尽相同，有的依据考古发现，有的根据经济发展阶段，有的采用王统编年史的方式，有的则依据政权更替来划分，目前日本学界以研究琉球王国史而著称的高良仓吉的时代分期为主流，冲绳县各中学的冲绳历史教材❶中采用的就是高良的时代划分法。高良将琉球、冲绳历史分为五个时期，分别为：先史时代、古琉球、近世琉球、近代冲绳、战后冲绳。❷

"先史时代"，指的是从数万年前至12世纪为止的历史时期，包括旧石器时代和贝塚时代（新石器时代）。贝塚时代的人是琉球人的祖先，受到九州绳文时代的影响，这一阶段属于吸收周围亚洲各地区的影响而逐渐成形的基础时期，也有研究者称这一时期为"原始冲绳"或"原琉球"；"古琉球"时期是从12世纪到1609年岛津入侵为止约五百年的历史阶段，大致相当于日本史的中世时期，这一时期包括琉球三山鼎立（中山、山南、山北）时期和琉球王国的成立发展时代，在受外来文化影响的同时构建琉球独自的文化，也称"古代冲绳"；"近世琉球"是从1609年到1879年琉球处分时期，岛津入侵后琉球被纳入日本幕藩体制下，但同时又保持着王国体制，继续与中国进行朝贡贸易，这一时期即所谓的"幕藩体制下的异国"，一些研究者将这一阶段称为"中日两属"时期；"近代冲绳"是从1879年至1945年冲绳战结束的时期，即从琉球王国的消亡、冲绳县的设置再到冲绳县的崩溃，也称"冲绳县时代"；"战后冲绳"是从第二次世界大战结束至今，包括美军统治的27年，以及1972年冲绳"复归"日本后的时期。笔者根据高良的时代划分法，结合冲绳及久米村的主要事件，将琉球、冲绳历史整理见表1-1。

---

❶ 如沖縄県教育委員会編：『高校生のための沖縄の歴史』，沖縄県高等学校地理歴史科公民科教育研究室，1994年；新城俊昭：『高等学校　琉球・沖縄史』，東洋企画，2001年。
❷ 高良倉吉：『琉球王国史の課題』，ひるぎ社，1989年，第15-16頁。

表1-1 琉球、冲绳历史分期表

历史阶段	时间	时代特征	主要事件
先史时代	数万年前~12世纪	包括旧石器时代和贝塚时代；在贝塚时代，南岛先史文化可分为三个文化圈，即萨南诸岛的北部文化圈、奄美诸岛和琉球诸岛的中部文化圈、宫古诸岛和八重山诸岛的南部文化圈	3万2000年前山下洞人 1万8000年前港川人 约6500年前日本九州地区的绳文文化波及奄美诸岛
古琉球	12世纪~1609年萨摩藩入侵	包括城堡时代、三山时代、第一尚氏王朝、第二尚氏王朝前期；以冲绳本岛为中心，政治上走向统一；与明朝进行频繁的朝贡贸易，在大航海时代成为东南亚贸易的中转站	1372年明朝与琉球建交 1392年闽人三十六姓渡琉 1429年三山统一 1469年第二尚氏王朝成立 1609年岛津氏入侵琉球
近世琉球	1609~1879年琉球处分	琉球成为"幕藩体制下的异国"，处于中日两属时期；与明清进行朝贡贸易，受中国文化的影响较大，在政治、文化、经济等方面处于迅速发展时期	17世纪前期久米村再编 1650年琉球编纂首部正史《中山世鉴》 1674年建成久米孔子庙 1718年创建明伦堂 1872年设置"琉球藩"
近代冲绳	1879~1945年冲绳战结束	琉球王国解体，成为日本冲绳县，明治政府采取"旧惯温存主义"政策，对冲绳进行日本本土化改造	1879年设置冲绳县 1914年社团法人久米崇圣会成立 1945年冲绳战
战后冲绳	从1945年至今	美国统治冲绳27年，在冲绳建设军事基地；1972年冲绳"复归"日本后，兴起复兴琉球传统文化的热潮；县民的"冲绳意识"强烈；旅游观光产业发达	1962年久米崇圣会复活 1972年冲绳"复归"日本 1974年重建久米孔子庙 1992年闽人三十六姓渡琉600周年纪念 2013年新久米孔子庙落成 2014年久米崇圣会成立100周年纪念展

二、中琉历史关系溯源

从现存的史料来看，我国有关琉球的记载最早见于《隋书·流求国》，据载：隋炀帝"大业元年（605），海师何蛮奏言：'每春秋二时，天晴风静，东望依希，似有烟雾之气，亦不知几千里。'三年，炀帝令羽骑尉朱宽入海求访异俗，何蛮言之，遂与蛮俱往，因到流求国。言不相通，掠一人而返。明年，帝复令宽慰抚之，流求不从，宽取其布甲而还。时倭国使来朝，见之曰：'此夷邪久国人所用也。'"❶

---

❶《隋书》卷81，"东夷·流求国"篇。

《隋书·流求国》中有关古琉球的记载，包含了政治、经济、文化、风俗人情等内容，为后世研究古代琉球社会提供了珍贵的资料，也弥补了琉球历史记载的遗缺。但是，有关地理方位的记载并不明确，"流求国，居海岛之中，当建安郡东，水行五日而至。"此记载与今日的中国台湾、琉球都有相似之处，因而引起了学术界的争议。19世纪末期以后，学术界对于《隋书》中的"流求"所指出现了诸多争议，主要有以下三种观点：一是以法国人Saint Denys及德国人Riees Ludwig为代表，认为"流求"是现今冲绳与中国台湾的总称；二是以中国学者梁嘉彬及日本学者秋山谦藏、比嘉春潮等为代表的"冲绳说"；三是以日本学者和田清、藤田丰八等为代表的"台湾说"。❶ 学者们从地理学、历史学、考古学、语言学、人类学等领域分别进行研究探讨，但"流求"所指始终存在争议。

　　《隋书》中有关"流求"的记载内容，一直被沿用到宋代。那么，倘若《隋书·流求国》中的"流求"就是指冲绳的话，那么琉球与我国迄今为止至少已有1400余年的历史交流。但是，有关中国与琉球建立正式外交关系的明确记载则始于明朝。明初，太祖朱元璋鉴于过去元朝兴兵伤国的历史教训，为明朝定下了和平地缘的基调，他向外派遣友好使者去周边国家，表达明朝的和平愿望。为了维系同周边国家的和平关系，明朝以自己为中心，建立了与周边国家的朝贡体制。这种体制的特点之一是：表面上臣属国应当向明朝进贡，但实际上明王朝为了维系这一体制，给予周边国家的好处，要远远大于其所给。明代的这种外交原则，从根本上来说，是由当时中国社会经济的发展水平所决定的，它构成了日后维系数百年的中琉关系，乃至东亚以中国为核心的国际秩序的基础。❷

　　中国与琉球的关系就是在这种历史背景下建立的。据《明实录》记载："太祖遣杨载，持诏谕琉球国。诏曰，昔帝王之治天下，凡日月所照，无有远尔，一视同仁。故中国奠安，四夷得所，非有意于臣服之也。……朕为臣民推戴即皇帝位，定有天下之号曰大明，建元洪武。是用，遣使外夷，播告朕意，使者所至，蛮夷酋长称臣入贡。惟尔琉球在中国东南，远处海外，未及报之。兹特遣使往谕。尔其知之。"同年十二月，"杨载使琉球国，中山王察度，遣弟泰期等，奉表贡方物。诏赐察度大统历及织金文绮、纱、罗各五匹，泰期等文绮、

---

❶ 米庆余：《琉球历史研究》，天津人民出版社，1998年，第14-15页。
❷ 米庆余：《琉球历史研究》，天津人民出版社，1998年，第30页。

纱、罗、袭衣有差。"❶这是中国与琉球第一次官方往来，从此揭开了历时明清两代、长达五百余年的中琉友好交流的历史帷幕。明永乐二年（1404），中山王世子武宁遣使告父丧，明成祖遣行人时中赴琉球谕祭，赙以布帛（赴琉球吊祭已薨逝之中山王），并册封武宁为琉球新主。❷自此，琉球国王嗣立，皆请命册封，琉球正式成为明朝的藩属国。据统计，明清两朝共册封琉球二十三次，派遣册封琉球正副使四十三名，其中明朝册封十五次，清朝册封八次，其中不少册封使都留下了相关记载，并流传至今。如明代有陈侃的《使琉球录》、郭汝霖的《重编使琉球录》、萧崇业的《使琉球录》、胡靖的《琉球记》（又名《从客胡靖撰杜天使册封琉球真记奇观》）；清代有张学礼的《使琉球记》和《中山纪略》、汪楫的《使琉球杂录》和《中山沿革志》、徐葆光的《中山传信录》、周煌的《琉球国志略》、李鼎元的《使琉球记》、赵新的《续琉球国志略》以及潘相的《琉球入学见闻录》等。这些书中详细记述了出使琉球的原因、航海状况、册封使团在琉球的活动以及琉球的各种情况等，为后人研究中琉历史关系提供了丰富翔实的宝贵资料。

明代的地理学者郑若曾在《琉球图说》中绘有"琉球国图"，他在书中将琉球国称为"大琉球"，而把相对而言土地面积较大的台湾称为"小琉球"。明代以前史书中出现的"流求""瑠求"等所指虽有所争议，自从中琉建交，明太祖改"瑠求"为"琉球"起，其所指即为以冲绳诸岛为中心的琉球国，"琉球"作为外交上的正式国名也始于此。而最早的琉球地图则出现在1471年的朝鲜史料《海东诸国纪》之中。

许多史学家认为，由于中国与琉球确立正式的邦交关系距明朝的建立仅相隔五年，杨载诏谕琉球的过程，显示出了当时中国人对琉球国的了解程度和对中国与琉球航路的熟悉程度，可以间接表明中国与琉球的交往远在明代以前。据《明实录》记载："琉球国中山王思绍，遣使坤宜堪弥等，贡马及方物。并以长史程复来表言，长史王茂，辅翼有年，请陞茂为国相兼长史事。又言，复饶州人。辅其主察度四十余年，勤诚不懈。今年八十有一。请命致仕归其乡……"❸察度为琉球中山王的时间始于元朝至正十年（1350），止于明洪武二十八年（1395），在位四十五年，而程复回国时年已八十一，且辅助察度王

---

❶《明太祖实录》卷71，"洪武五年"条。
❷ 张廷玉：《明史》卷323，"外国传·琉球"篇。
❸《明实录》，"永乐九年（1411）四月癸巳"条。

四十余年，由此可以推测，程复渡琉时间当为元末。这也可以间接表明中国与琉球最迟在元代已有来往。且元末明初的陶宗仪在《书史汇要》中写道："琉球国职贡中华所上表，用木为简，高八寸许，厚三分，阔五分，饰以髹，扣以锡，贯以革而横行刻字于其上，其字体类科斗书。"❶陶宗仪的记述也可以说是明代以前中琉交往的一个佐证。

尽管中国与琉球之间的交流源于何时尚无明确定论，但是毫无疑问的是，从1372年起直到1879年琉球被日本占据为止，中国与琉球持续了五百余年的和平互利的宗主关系。在频繁的交流来往过程中，中国文化源源不断地传入琉球，对琉球的政治制度、思想文化、经济技术以及社会生活等各方面带来了深刻的影响。

三、明清时期的中琉贸易

明朝建立后，统治阶级为了稳固其政权，对内休养生息，实行一系列恢复社会经济的政策措施；对外诏谕四海，采取和平相处、友好往来的方针，并称"使者所至，蛮夷酋长称臣入贡"。太祖朱元璋为了防止倭寇和反明势力在沿海一带的骚扰破坏，于明洪武四年（1371）和洪武十四年（1381）颁令"禁濒海民不得私出海"，即实行"寸板不许下海""寸货不许入番"的海禁政策。❷海禁政策限制了海上私人贸易的发展，使得官方的朝贡贸易处于独领风骚的历史地位。中国与琉球贸易在明前期主要是以朝贡贸易为主要形式，因此，可以说明初的海禁政策为中琉之间的贸易发展开创了有利局面。

明初的琉球，国内社会经济发展十分落后，"地无货值，故商贾不通"❸。据清代周煌的《琉球国志略》记载："东瀛之岛，如暹罗、苏门、满喇加、高句丽、爪哇、日本、交趾、占城等国凡十数，而琉球最贫。"❹明清两朝对土地贫瘠的琉球实行了一系列的睦邻优惠政策，在物力、人力、航海及造船技术等方面都给予了琉球极大的援助。如明朝赐予当时造船技术还非常落后的琉球海船，仅洪武至永乐年间（1368—1424）就下赐了30艘；❺为琉球提供大量的优秀人

---

❶ 陶宗仪：《书史汇要》卷8。
❷ 参见《明太祖实录》卷70，"洪武四年十二月"条；卷231，"洪武二十七年正月甲寅"条。
❸ 严从简：《殊域周咨录》卷4，琉球篇。
❹ 周煌：《琉球国志略》卷十，乾隆己卯年刊（1759年），漱润堂藏板，第1页。
❺ 赤岭守：『琉球王国』，講談社，2004年，第44页。

才，即福建移民"闽人三十六姓"；当琉球使臣抵闽时，由福建官府安排人员全程护送琉球使臣一行进京，沿途馆驿安置住宿和供应膳食，所经各省、府、县，当地官员均需迎送入境和出境，并将接待的情况及时奏报给中央政府，琉球国的进出口贸易物品一律免税。❶这些优惠政策使得中琉之间的航海交通与朝贡贸易迅速稳步地发展起来。

如前所述，中国与琉球贸易始于中琉正式建交的明洪武五年（1372），止于琉球王国解体的清光绪五年（1879），历时五百余年，可谓是一个跌宕起伏的变化过程。其间经过了郑和下西洋时代、以琉球为中介的"大航海时代"（14~15世纪琉球与南洋诸国的航海贸易时代）、以月港（漳州）为中心的私人海上贸易时代、郑成功海上贸易时代和早期西方殖民者东来时代。中国与琉球贸易可分为官方贸易和私人贸易，前者又可分为册封贸易和朝贡贸易，即中国册封琉球使团的贸易活动和琉球进贡使团的贸易活动；后者是中国与琉球双方的人员在进行官方贸易时，携带一定数量的货物私下进行的交易。明清两朝，中国册封琉球共23次，派遣册封琉球正副使43名，每次册封琉球的使团人员少则二三百人，多则可达七百余人。对于朝贡贸易，明朝看重的是这种形式，并不在乎物品是否丰富。但是琉球国从明王朝的赏赐中所获甚丰，于是经常遣使提前进贡，而且次数很频繁。正如斯塔夫理阿诺斯说的那样："（朝贡国）与中国朝廷交往可提高它们的声望；从伟大的文明中心可获得文化方面的好处；而且，居于从属地位，经济上也有利可图，因为中国人赐予它们的贵重礼物多于它们所奉献的，此外，还授它们以某些贸易特许权。"❷根据日本学者赤岭诚纪的统计，琉球进贡使团来华达884次之多，其中明代537次，清代347次。❸这些数据表明，明清时期中国与琉球的贸易活动异常兴盛，是同一时期任何一个与中国有朝贡关系的国家所无可比拟的，可以说琉球是明朝册封体制下的"优等生"。

中国与琉球贸易的兴盛及琉球自身优越的地理位置，促进了琉球中介贸易的发达。琉球的中介贸易在沟通中国与东南亚各国，中国与日本、朝鲜之间的贸易往来方面起到了关键性作用，且朝鲜、日本和东南亚各国之间的海上贸易活动也通过琉球起着中介作用，因此，大航海时代的琉球被誉为"万国津梁"。

---

❶ 谢必震：《明清中琉航海贸易研究》，海洋出版社，2004年，第6页。
❷ 斯塔夫理阿诺斯著，吴象婴、梁赤民译：《全球通史》，上海社会科学院出版社，1999年，第75-76页。
❸ 赤嶺誠紀：『大航海時代の琉球』，沖縄タイムス社，1988年。

每逢朝贡之期，琉球便派海船到东南亚各地采购商品充作贡品。如1425年到1570年，琉球共约90次向东南亚各国派出船只110艘之多，主要采购与中国进行朝贡贸易的商品，顺带进行两国间的贸易。❶采购来的商品（如苏木、胡椒、香料、锡等），以及琉球自产的硫黄、芭蕉布，日本的武器（刀剑、甲、弓等）、漆器、扇等货物免税进入中国市场，以高于一般市场价格的官价为中方所购。同时，琉球又从中国买进药材、纺织品、书籍等货物，转卖给日本和东南亚国家，从事转口贸易，获利至少是一倍以上，故琉球人有"唐一倍"或"唐行倍"❷的谚语。琉球成为东亚地区的重要物资集散地之一，在东亚地区起到了沟通各国经济、文化交流的作用。同时，琉球的中介贸易也成为国家经济收入的重要来源。

概而言之，明清时期的中国和琉球贸易在官方与民间两种贸易形式的相互交织中发展，是古代中国海外贸易的一个重要组成部分。由于福建特殊的地理位置和海外贸易的优越条件，使得以福建为中心的中国和琉球贸易在世界贸易史上占有一席之地。琉球在与中国的贸易交流过程中，从一个落后贫穷的小国一跃而起，成为航海贸易发达的国家；中国和琉球的贸易是琉球社会经济赖以发展的基础，也是中国文化传入琉球的重要途径；琉球通过频繁的朝贡活动，从中国获得大量的赏赐品，弥补了本国物质的匮乏，而且通过派遣留学生，为本国培养了一大批学有所长的人才，进而推动了琉球社会经济和文化的发展。

第二节　久米村的形成和发展

一、"闽人三十六姓"和久米村的形成

1. 闽人三十六姓的渡琉

中国和琉球建交后，中国对琉球实行了一系列的睦邻优惠政策，在物力、人力、航海及造船技术等方面给予琉球极大的援助，为中国和琉球贸易的发展创造了优越的条件，而"闽人三十六姓"的派遣就是其中最关键的援助措施。

---

❶ 宫城栄昌：『琉球の歴史』，吉川弘文館，1977年，第75—76页。
❷ 東恩納寛惇：「南島通貨の研究」，『拓殖大学論集』第9号，1956年，第440—517页。

有关闽人三十六姓的记载最早出现于明代陈侃的《使琉球录》(1534)："我太祖之有天下也，不加兵、不遣使，首效归附；其忠顺之心，无以异于越裳氏矣。故特赐以闽人之善操舟者三十有六姓焉，使之便往来、时朝贡，亦作指南车之意焉耳。"❶明茅瑞征在《皇明象胥录》(1629)中记载："洪、永所赐三十六姓，多闽之河口人；子孙秀者，读书南雍，归即为通事，累升长史、大夫。"❷此外，中国史籍中关于赐琉球闽人三十六姓的记载还有明朝的《皇明四夷考》《大明会典》《武备志》《闽书》《殊域周咨录》，清朝的《明会要》《明史稿》《明史》，以及明清两朝册封使所著的使琉球录等。诸多史籍中关于闽人三十六姓的记载不一，如关于渡琉年代，《皇明四夷考》《大明会典》《中山传信录》等记载为明洪武二十五年(1392)，《殊域周咨录》为明洪武三十一年(1398)，《明史稿》《明史》为明洪武二十九年(1396)，另外一些史籍中则无明确的年代记载。在琉球史籍方面，历史学家普遍认为琉球正史《中山世鉴》(1650)、《中山世谱》(1701)、《球阳》(1745)中有关闽人三十六姓的记载皆承自《大明会典》。❸另外，关于闽人三十六姓具体有哪三十六姓、有多少人、三十六是实数还是虚数等内容，在我国史籍中也无明确、完整的记载。

谢必震根据《明实录》《历代宝案》《球阳》《中山世谱》《中山世鉴》《久米村系家谱》等史料的记载，从中归纳出琉球的41个中国人姓氏，分别为：梁、郑、金、蔡、毛、陈、林、程、高、吴、李、阮、沈、魏、田、王、马、钱、翁、穆、于、卫、韩、宗、昆、红、尹、查、伍、向、武、吉、英、陶、邬、贾、俞、宋、周、孙、曾。❹其中，梁、郑、金、蔡、毛、陈、林、程、阮、王、魏、红、周、孙、曾十五姓均有确切的史料记载，收录在《久米村系家谱》中，可以认为是明赐给琉球的闽人三十六姓中的十五姓。其余诸姓由于资料的匮乏，只能根据他们所担任的长史大夫、通事、火长等职务，利用一些间接的材料来判别他们的闽人身份，但具体哪些姓氏属于三十六姓移民，则缺乏准确的史料来加以考述。

综上所述，由于史料记载不一、语焉不详，关于闽人三十六姓的下赐有

---

❶ 陈侃：《使琉球录》，台湾文献史料丛刊第三辑《使琉球录三种》，台湾大通书局印行，1997年，第24页。
❷ 茅瑞征：《皇明象胥录》，参见台湾文献史料丛刊第237种《崇相集选录》，1967年，第115页。
❸『中山世鑑』："洪武二十五年，洪永间大明皇帝赐闽人三十六姓"，『中山世谱』："洪武二十五年壬申纲纪，太祖皇帝遣闽人三十六姓"，『球阳』："太祖赐闽人三十六姓"。
❹ 谢必震.《明赐琉球闽人三十六姓考述》，《华侨华人研究》1991年第1期，第39页。

无、渡琉年代、具体姓氏及人数等问题存在众多疑点，因此在历史学界产生了诸多争议。概括来说，可以分为三种观点：一是以谢必震为代表的中国学者对明太祖下赐闽人三十六姓之事持肯定态度。他认为从当时的形势来看，明朝此举有一石三鸟的作用，即加强了中国和琉球之间的友好关系、扩大了中国在海外的政治影响并传播了中国先进的科技文化，以及在一定程度上解决了中国私人海外贸易力量与明政府海禁政策之间的矛盾；❶ 二是以中国学者方宝川和日本学者富岛壮英、真荣平房昭等为代表的下赐否定说。前者认为赐琉球三十六姓之说很可能源于琉球，而非在中国，后者认为所谓的闽人三十六姓是因自由贸易而移居琉球的类似于东南亚的华侨集团；三是以田名真之为代表的观点，即闽人三十六姓是在明洪武、永乐年间（1368—1424）分数批渡琉的，他虽倾向于否定说，但强调不论是受皇帝下赐而来还是受福建地方官之命随官船而来，闽人三十六姓及其后裔在琉球形成了居住地久米村是不争的事实，久米村人受到琉球王府的重用，为传播中国的科技、文化做出了杰出的贡献。

笔者认为，田名真之的观点是值得肯定的，有关闽人三十六姓的诸多质疑虽不易考证，但是历史上的确存在这样一个闽人团体，他们"素通番舶"，"多谙水道，操舟善斗"，相对于文化落后的琉球人而言就是文明的化身，受到琉球政府的优待和重视，为琉球带去了先进的造船技术和中国文化，其子孙久米村人为琉球王国所做的巨大贡献更是有案可查、毋庸置疑。正如日本学者大城立裕所说："虽然并不清楚'闽人三十六姓'究竟是三十六人还是三十六户，但他们是中国皇帝特意派遣的，以那霸的久米村作为居住点，其使命最初是向琉球人传授造船、航海技术，而后则必然地承担了琉球对外文书等事务。那霸作为中国文化的窗口，不久便占据了独自的地位。"❷

2. 久米村的形成

闽人三十六姓到达琉球后，"国王察度深喜，令卜宅于久米村而居。因名其地曰'唐荣'。言以荣夫唐之人也。"❸ 久米村相当于现今那霸市久米一带，位于那霸市西区海边附近。清代册封使周煌的记载，久米字为"衾"，土音为"苦念

---

❶ 谢必震，胡新.《中琉关系史料与研究》[M].北京：海洋出版社，2010：78-79.
❷ 大城立裕：『沖縄歴史散歩―南海を生きたもう一つの日本史―』，創元社，1980年，第22頁。
❸ 「唐栄旧記全集」，『琉球国由来記』卷九，1713年。伊波普猷ほか編『琉球史料叢書』第一卷，鳳文書館，1990年，第180頁。

塔"（kuninda），一字三音，后讹为久米。❶至今在冲绳方言中久米仍读作"苦念塔"。但是该词究竟源于何时、出典何处，则无从考察。东恩纳宽惇推测，久米地名的典故从久米村人自称为"朱明府"而来，后写成久米，但是"朱明"何以演变为"久米"，其意不得而知。❷蔡世昌在《久米村记》中写道："久米村一名唐荣，即古之普门地也。明太祖赐唐人三十六姓，聚族于此，故曰唐营，又以显荣者多，故改曰唐荣。国王厚其裔世其糈，故取世禄之义曰久米村。"❸

久米村形成于何时虽无明确记载，但从现存史料来看，能佐证久米村在尚巴志王代（1421—1439）已经存在。根据《唐荣旧记全集》的记载，地处那霸的下天妃宫的佛坛内板上刻有"永乐二十二年（1424）造"的字迹，由此可以推测久米村至少在十五世纪前期就已经形成了。而史籍文献里有关久米村的确切记载可追溯到成书于1471年的朝鲜史料《海东诸国纪》所收的"琉球国之图"，图中将久米村标记为"九面里"，位于"那波皆津"（那霸港）旁边，有石桥与琉球国都所在的岛屿相连。书中还这样描述久米村："中朝人来居者三千余家，别筑一城处之。"❹可以推测，当时的久米村人口密集，自成一个聚落。湾口处还标记有"江南南蛮日本商舶所泊"的字样，由此可知当时的琉球与明朝、东南亚国家、日本已有商业往来。

此外，《李朝实录》里收录了不少朝鲜漂流民的见闻，其中有些论及那霸港久米村的情况。如1456年漂流到琉球的梁成记述："载贡船到国，住水边公馆，馆距王都五里余，馆傍土城有百余家，皆我国及中原人居之。……"❺1479年漂流民金非衣、姜茂、李正三人漂流至琉球，他们描述道："唐人商贩来有因居者，其家皆葢瓦，制度宏丽，内施丹艧，堂中皆设交倚……""江南人及南蛮国人皆来商贩，往来不绝……"。❻

总之，久米村的形成源于闽人三十六姓移居琉球，形成时期可以推测到十五世纪早期。久米村人在琉球仍保持着中国的风俗习惯，"三十六姓子孙所服衣冠，皆从明朝制法，包网巾，戴衣巾纱帽。至清朝，始剃头结欹鬐，衣冠制法悉从国俗也。"❼久米村作为中国和琉球航海贸易、中国文化向琉球传播的根

---

❶ 周煌：《琉球国志略》卷四（上），乾隆己卯年刊（1759年），漱润堂藏板，第5页。
❷ 東恩納寬惇：『琉球の歴史』，至文堂，1972年，第44页。
❸ 東恩納寬惇：『黎明期の海外交通史』，帝国教育会出版部，1941年，第358页。
❹ 申叔舟著・田中健夫訳注：『海東諸国紀』，岩波書店，1991年，第397页。
❺ 《朝鲜王朝实录》，世祖27卷，8年（1462壬午）2月28日（癸巳）项。
❻ 《朝鲜王朝实录》，成宗105卷，10年（1479己亥）6月10日（乙未）项。
❼ 「唐栄旧記全集」，『琉球国由来記』卷九，1713年。

据地，成就了久米村人在中国和琉球历史关系中的重要角色和在琉球历史上独领风骚的身份与地位。

二、久米村的历史发展轨迹

在琉球王国几百年的历史进程中，久米村人经历了跌宕起伏的发展过程。琉球是一个以海外贸易为主体的国家，作为从事海外贸易的技能集团的久米村人则是琉球向中国进行朝贡贸易以及琉球与东南亚贸易的灵魂人物。因此，朝贡贸易及东南亚贸易的好坏直接影响到久米村人的命运，关系到久米村的兴衰。久米村在漫长的历史发展中，其人员构成也发生了变化。嘉手纳宗德按照迁琉入籍的时间将久米村人的构成分为三种：一是"三十六姓"，即明洪武永乐年间迁琉的明朝人及其后代；二是明三十六姓以外以其他途径（如海难漂流）移居琉球的明朝人；三是清康熙以后，因精通汉字、汉语而被琉球王府编入久米村籍的首里、那霸人。❶ 下面笔者结合中国和琉球历史关系、海外贸易的兴衰等时代背景，来解析久米村在琉球的历史发展轨迹。

1. 久米村的繁荣

在1429年以前，由于中国和琉球的贸易处于起步阶段，且琉球处于三山鼎立尚未统一的局面，久米村处于尚未稳定的兴起时期，久米村人负责三山与中国的朝贡事宜。从15世纪30年代起到16世纪前叶，随着中琉贸易及琉球中介贸易的兴盛，久米村人进入最为活跃的时期，从而构筑了久米村的繁荣时代。

由于朝贡贸易给琉球带来了极大的经济利益，使得琉球王府非常重视两国的关系，除了频繁的朝贡外，还借着各种名目如接贡、补贡、庆贺、琉球国王的报丧、请封、迎封、谢封等派船到中国，以期多进行一些贸易活动。据《明实录》记载，仅琉球正式朝贡一项，自洪武赐姓后到崇祯年间就有三百多次，加上非正式的朝贡以及其他的外交活动远不止这个数字。除了对中国的朝贡贸易外，琉球还积极地与日本、朝鲜、东南亚诸国进行中介贸易，《海东诸国纪》中描绘了琉球对外贸易的繁荣景象："地窄人多，以海舶行商为业。西通南蛮、中国，东通日本、我国（朝鲜）。日本、南蛮商舶亦集其国都海浦。国人，为置肆浦边，互市。"❷

---

❶ 嘉手納宗徳：『琉球史の再考察』，沖縄あき書房，1987年，第158页。
❷ 申叔舟著・田中健夫訳注：『海東諸国紀』，岩波书店，1991年，第364—365页。

琉球的朝贡贸易和海外贸易的中流砥柱正是久米村人，他们精通官话（汉语）和航海技术，担任正使、长史、正议大夫、通事等一系列的外交官职，正如周煌所说，他们中间"知书者授大夫、长史，以为朝贡之司；习海者授通事、总管，总为指南之备"。❶陈侃在《使琉球录》中写道："若大夫金良、长史蔡瀚、蔡廷美，都通事郑赋、梁梓、林盛等凡有姓者，皆出自钦赐三十六姓者之后裔焉"。❷由此可见，久米村的繁荣与琉球海外贸易的兴隆是相辅相成的。一方面，久米村人的积极活动促进了琉球海外贸易的发展，密切和巩固了中国与琉球两国的关系；另一方面，琉球贸易的兴盛造就了久米村的繁荣景象，奠定了久米村人在琉球历史上的重要地位和作用。

2. 久米村的衰退

16世纪上半期起，琉球的海外贸易逐渐呈现出衰退的迹象，贸易衰退的原因有三：一是明朝对琉球政策的转变（怀柔政策的萎缩、船舶支援的停止），此为最主要的原因；二是萨摩藩对琉球通商船统治的强化；三是以漳州、泉州为中心的中国海商把贸易圈扩展到东南亚、日本九州地区，以及葡萄牙等西洋诸国的进入，导致海上贸易格局的变化，打破了琉球的中介贸易的垄断局面，使之趋向衰退。❸

16世纪中期以后，随着琉球海外贸易的萎靡不振，久米村也无可避免地出现了衰微状况。专门从事贸易相关活动的久米村人因无利可图而纷纷撤回国内，或是被高价聘走，转而到别的东南亚国家去寻求商机。当时久米村人都是一边从事朝贡贸易，一边从事东南亚的贸易，而以中国为中心的海域一旦发生变化，他们离开琉球、离开久米村也是一种必然。久米村缺少了这些人才和技术，自然就走向衰退。据田名真之的研究，在17世纪前后，也有一些久米村人离开久米村，迁居到首里、那霸等地，导致了人才的流失，这也加速了久米村的衰退。❹另外，由于各种原因，闽人三十六姓中有的不能繁衍后代，造成缺姓，他们"或老而返国，或留而无嗣"，有的葬身海难，还有的是"因进贡潜居内地，

---

❶ 周煌：《琉球国志略》卷三，乾隆己卯年刊（1759年），漱润堂藏板，第39页。
❷ 陈侃：《使琉球录》，台湾文献史料丛刊第三辑《使琉球录三种》，台湾大通书局印行，1997年，第31页。
❸ 富岛壮英：「明末における久米村の衰退と振兴策について」，中琉文化经济协会编《第一届中琉历史关系国际学术会议论文集》，1987年，第475-476页。
❹ 田名真之：「近世久米村の成立と展开」，『新琉球史・近世编』上，琉球新报社，1989年，第210-211页。

遂成家业年久不还本国者"❶等原因都造成了久米村的衰微。

关于久米村人的萎缩状况从一些册封使的著作中可窥知一二。明册封使谢杰在《琉球录撮要补遗》"原委"篇中云："……（三十六姓）子孙之秀者，得读书南雍；俟文理稍通，即遣归为通事，得累升长史、大夫。今所存者仅七姓，缘所居地狭，族类不能蕃故也。"夏子阳在《使琉球录》"赢虫录"篇中曰："余闻诸琉球昔遣陪臣之子进监者，率皆三十六姓。今诸姓凋谢，仅存蔡、郑、林、程、梁、金六家，而族不甚蕃。……"清周煌在《琉球国志略》记载："……赐闽人善操舟者三十六姓，以便往来。今所存者七姓，然毛、阮二姓又万历间再赐者，实仅存金、梁、郑、林、蔡五家。"另一方面，琉球方面的史料也记载了久米村的衰微状况，如《中山世鉴》记载："三十六姓凋谢，今存者仅蔡、郑、林、梁、金五家也"；《历代宝案》中描述道："年代久远，人湮裔尽，仅余六姓，仍染侏离椎髻之习，天朝文字音语尽行盲昧，外岛海洋针路常致舛迷，文移多至驳问，舟楫多致漂没，甚至朝贡欠误，仪物差讹。"可以说，此时的久米村处于生死存亡的危机时刻。

除此之外，在贸易衰退的时代，日益萎缩的久米村人为了确保自己在琉球的位置而向王府请求封地。受封采地的久米村人，最早是明嘉靖二十六年（1547）的梁显，被授予西原间切神谷地头职，此外还有嘉靖年间的蔡瀚、金升等。专门从事进贡贸易活动的久米村人被授予采地，意味着久米村人被纳入琉球王国的政治体制，已不再是独立于琉球王府而存在的外来移民集团，❷这也为日后久米村的复兴奠定了政治基础。

3. 久米村的再编

由于久米村的衰退，加之久米村人的日益琉球化，闽人三十六姓子孙出现了凋零和汉语能力退化的情况，使得琉球王府不得不另寻精通汉语的人才，以确保朝贡贸易的顺利进行。另一方面，1609年日本萨摩藩岛津氏入侵琉球以后，为了自身的经济利益，积极推进琉球与明朝的贸易关系，招揽明朝海商，促使琉球采取"补三十六姓之欠""补唐荣之欠"的强化久米村的政策。琉球王府对于久米村的强化政策分为三部分，一是设立唐荣（久米村）籍，制订不同于首里和那霸的位阶、职位等，给现存的闽人三十六姓子孙提供俸禄，保障其职能

---

❶《明宪宗实录》卷一〇三，"成化八年四月丁亥"条。
❷ 田名真之：「古琉球の久米村」，『新琉球史・古琉球編』，琉球新报社，1991年，第249-250页。

集团的身份；二是进行久米村的再编，向明朝廷申请再赐闽人，并跨越血缘界限，将精通汉语的琉球人编入久米村，以确保人才；三是给予久米村经济上的恩典。只要是久米村的士族子弟，不管有无职务，不论品阶尊卑，均可从王府领取奉米，获得经济上的优待。

概括来说，久米村的再编可以包括以下三个部分。

第一，通过非官方途径进入琉球的中国人。早在嘉靖年间（1522—1566）就有蔡宗贵和郑肇祚两人加入久米村，还有1591年渡琉的福建漳州龙溪县（现今龙海市）的王立思和阮明，以及17世纪初期因海难漂流而来的陈华、杨明州等人也被编入久米村。虽然他们入琉的理由多样，但都为久米村的再度繁荣添砖加瓦。现以郑肇祚为例加以说明，郑肇祚出生于福建长乐，幼年时被倭寇俘虏至日本丰后国（今日本大分县），后因丰后国王的怜悯被释放，南渡琉球。适逢"中山三十六姓子孙凋谢，鲜有谙中国文字言语者故，先王晋之，赐宅于唐荣，以补三十六姓。"❶ 于是，郑肇祚被编入久米村籍，后于1585年作为都通事渡海到福州，成为琉球朝贡的重要一员。

第二，明朝官方的再赐姓。17世纪初期，明朝廷赐阮、毛两姓入久米村籍，他们便是现今久米系的两个主要门中会——阮氏我华会和毛氏国鼎会的祖先。根据《历代宝案》和久米村家谱资料的记载，1594年琉球进贡使节因航路出错漂流至浙江省，福建巡抚派遣漳州龙溪县出身阮国护送琉球船回国，1596年又护送一批琉球人回国。1600年福建衙门又派同样出身于龙溪县的毛国鼎护送琉球船。他们几次往返于琉球与福州之间，实际上已经承担了中琉贸易的职责。1607年尚宁王上书明朝廷，恳请让毛国鼎和阮国入唐荣籍，他在表文中曰：

> 琉球自开国之初，钦蒙圣祖恩，拨三十六姓入琉球国。稽查旧历，原有兴贩朝鲜、交趾、暹罗、柬埔寨，缘是卑国陆续得资籍。迄今三十六姓世久人湮，夷酉不谙指南车路，是断贩各港，计今六十多年，它无利入，日铄月销，贫而若洗，又地窄人希，赋税所入，略偿所出。❷

尚宁王言辞恳切，明确表达了久米村的衰退状况，以及琉球对久米村人的依赖程度。明朝廷于是应允尚宁王的请求，下赐阮、毛二姓入琉球久米村籍，从事琉球的朝贡相关事务。

---

❶『郑姓家谱』，那霸市史编集室：『那霸市史资料篇第一卷六·久米村系家谱』，1980年，第666页。
❷ 東恩納寛惇：『黎明期の海外交通史』，帝国教育会出版部，1941年，第370页。

第三，琉球国内人才的选拔。琉球国王鉴于"贡使历年久远，子姓凋谢"，所以从"本国宦裔中拔其习熟汉语、精通学文者补之俾无缺"。❶ 这些被选入的琉球人大多是母亲或妻子出身于久米村，且之前曾作为进贡船的乘务人员具有航海经验。除了1575年加入久米村的林世重之外，从1610年到1670年为止，另有九个琉球人被编入久米村，分别为蔡廛、梁守德、周文郁、孙良秀、曾志美、程泰祚、魏瑞麟、林胤芾、李荣生。精通汉语的琉球人的加入，促进了久米村的兴盛，但同时也意味着久米村混入了外部血统，这在某种程度上加速了久米村的琉球化，淡化了久米村的中国色彩。

通过以上三种途径新加入到久米村的十八个姓氏系统，在近世久米村二十五支系统中占据了高达72%的比例（表1-2），促使久米村的人口大增。据记载，久米村的总人数由1654年的305人增加到1729年的1507人，七十余年间激增了五倍。❷ 但同时，久米村再编后新入籍者占总人数的七成左右，这就导致了久米村内部产生了阶级意识，而阶级意识又关系到待遇官阶的争取。明洪武永乐年间移居琉球的闽人三十六姓的后代认为自己才是正统的久米村人，不同于后来的入籍者，而且坚持在位阶上高于后来者。不管怎样，在振兴政策的影响下，久米村再度繁荣起来，久米村人再次活跃于琉球历史的舞台。

表1-2 现存久米村姓氏一览表（出典：久米崇圣会）

序号	姓氏	始祖	出生地	渡来年	家名（第一个为"本家"）
1	蔡	蔡崇	福建泉州府南安县	洪武二十五年（1392）	仪间、神山、上原、志多伯、具志、武鸠、安次岭、天愿、宇荣原、大田、宫城、小渡
2	林	林喜	福建福州府闽县林浦	洪武、永乐年间	名嘉山
3	金	金瑛	浙江→闽县	洪武二十五年（1392）	具志坚、多嘉良、渡具知、阿波连、日取真、松长、安次岭、丰里、与座
4	郑	郑义才	福建福州府长乐县	洪武二十五年（1392）	湖城、池宫城、村田、志坚原、上原、渡久村、登川、宜保、屋富祖、仲岭、古波藏、宫城、屋宜、宇地原、城田、伊礼、屋部、系数、与那霸、八木、池宫

---

❶『周姓家谱』，那霸市史编集室：『那霸市史资料篇第一卷六・久米村系家谱』，1980年，第378页。
❷ 池宫正治・小渡清孝・田名真之编著：『久米村―歴史と人物―』，ひるぎ社，1993年，第22页。

续表

序号	姓氏	始祖	出生地	渡来年	家名（第一个为"本家"）
5	梁	梁嵩	福建福州府长乐县	永乐年间（1403—1424）	龟岛、古谢、上江洲（上津）、吉浜、国吉、安仁屋、饶波、崎山、当间、濑名波
6	红	红英	福建福州府闽县	洪武、永乐年间	和宇庆、东恩纳
7	陈	陈康	福建福州府闽县	永乐年间（1403—1424）	仲本、宫里
8	阮	阮国	福建漳州府龙溪县	万历三十五年（1607）	神村、翠宫城、许田、与古田、真荣城、吉元、真荣田、小渡、宜保、我谢、我喜屋、真玉桥、山田
9	毛	毛国鼎	福建漳州府龙溪县	万历三十五年（1607）	与世山、仲岭、安富祖、田里、普久岭、南风原、许田、喜友名、奥间、喜濑、与仪、垣花、吉川、桑江、伊佐、安仁屋、阿贺岭、喜久山、奥村、安富祖（安富）
10	郑	郑肇祚	福建福州府长乐县	嘉靖年间（1522-1565）	与座、真荣里、高志保、伊差川、高良、屋部、外间
11	蔡	蔡宗贵	福建西门外	嘉靖年间（1522-1565）	平川
12	王	王立思	福建漳州府龙溪县	万历十九年（1591）	国场、知名、大田、上运天、小渡、新崎、仲宗根、名嘉真、久高、翠宫城、山田、伊计
13	阮	阮明	福建漳州府龙溪县	万历十九年（1591）	浜比嘉
14	陈	陈华	福建漳州府	万历四十五年（1617）	幸喜、贺数、真荣平
15	杨	杨明州	浙江台州府	顺治五年（1648）	古坚、名嘉地、村山、山口、平田
16	林	林世重	琉球	万历三年（1575）	上原
17	蔡	蔡尘	琉球	万历三十八年（1610）	伊计、宇良、湖城
18	梁	梁守德	琉球	万历年间（推定）	富山、我喜屋、又吉、兼段、阿嘉、安庆名、外间、源河
19	周	周文郁	琉球	崇祯年间（1627-1644）	阿贺岭
20	孙	孙良秀	琉球（京都→琉球）	顺治二年（1645）	安座间、大岭、石桥
21	曾	曾志美	琉球（首里虞氏）	顺治十三年（1656）	仲宗根
22	程	程泰祚	琉球（首里虞氏）	顺治十三年（1656）	名护

续表

序号	姓氏	始祖	出生地	渡来年	家名（第一个为"本家"）
23	魏	魏瑞麟	琉球（首里应氏）	康熙八年（1669）	高岭、庆佐次、大湾、多嘉岭、楚南、志喜屋、喜濑
24	林	林胤芾	琉球（小禄间切）	康熙九年（1670）	平安座、神山、真荣田、新垣、渡久地、松本
25	李	李荣生	琉球（那霸牛氏）	康熙初年（推定）	久里

第三节　久米村的历史地位和作用

自古以来，我国向海外移民的途径多种多样，如经商、求学传道、海难、躲避战争、逃避刑罚等，都使得许多中国人移居海外。由于各种原因，中国移民在各居住国的地位大相径庭，不可同日而语。在我国古代移民史上，明清时期移居琉球的闽人三十六姓的性质之特殊、在居住国的地位之高是史无前例的。闽人三十六姓及其后裔久米村人除了作为进贡使和外交官从事琉球王国的海外贸易活动外，还把中国的先进文化和技术源源不断地带到琉球，是中国文化在琉球的重要传播者，对琉球文化产生了深远的影响。在近世冲绳时期，久米村人的势力还渗透到琉球王国的政治方面，他们身居高位，既有权倾朝野的国相，也有举足轻重的法司官，在治理国家、政权建设等方面对琉球王国也做出了重要贡献。本节从中国文化在琉球的传播和影响，以及琉球王国的政治视角来论述久米村人的历史地位和作用。

一、久米村与中国文化在琉球的传播和影响

在中国和琉球长达数百年的历史关系中，文化的交流是其中一个相当重要的环节。中国文化随着中国和琉球间的航海贸易、人口迁移、对外关系的发展，逐渐传播到琉球。闽人三十六姓定居琉球后，自然而然地将中国的生活习俗、宗教信仰、政治思想、伦理道德及各种技艺引入琉球，使得琉球"重师尊儒，始节音乐，不异中国"。闽人三十六姓的子孙久米村人也得以重用，大多被派遣

回中国学习。据《球阳》记载："洪武以来，唐荣之人或入闽，或赴京，读书学礼，不定回限。通于诸书，达于众礼，待精熟日而后归国。"❶可以说久米村人最早最直接地将中国的先进文化传播到琉球，正如日本学者都筑晶子所说："久米村人不但作为外交官出使中国，而且还把中国的历法、风水、医术，以及儒学、礼学、诗文等知识带回琉球，是中国文化在琉球的传播者。"❷

概括来说，以久米村人为重要传播媒介的中国文化在琉球的传播和影响主要表现在以下几个方面：

1. 语言文字

由于闽人三十六姓定居琉球，汉语言文字逐步深入到琉球社会的各个阶层，琉球国汉语言的学习蔚然成风，出现了"陪臣子弟与民之俊秀者则令习读中国书，以储他日长史通事之用"的局面。在书面语方面，最初琉球向明朝朝贡时所用表文为"科斗文"，即日文的平假名，1609年进化到汉字、平假名的混合体，1667年完全使用汉语，一直持续到琉球被日本吞并为止。❸在口语方面，琉球语深受福建方言的影响，至今仍可见于琉球方言中。如吃饱了、阿妈、簸箕、香片、斗鸡、斗牛、橘子、豆腐乳、猫、小猪、南瓜、线面、瓮菜等词汇，均借用了福建方言。

2. 文化教育

早期的琉球教育以寺庙授学为中心，没有正式的教育机构和场所，文化教育非常落后。清册封使汪辑对琉球人的学习情况曾有记载，"每寺必有童子数十人列坐受业，大约读书时少，作字时多，字皆草书无楷法也。国人就学多以僧为师，僧舍即其乡塾云。"❹久米村人留学归来后，成为发展琉球教育的中坚力量。如久米村人蔡世昌倡议尚温王在首里设立"国学"中心，研究和传播儒家思想；蔡文溥教授久米村子弟及国人，还为琉球王府贵族讲授四书五经，深受国王和百姓的敬重。在久米村人的影响下，儒学思想成为琉球教学的主要内容，极大地影响和推动了琉球教育事业的发展。

3. 文学艺术

在汉诗方面，以久米村人为代表的官员及文人学习汉诗者较多，出现了成

---

❶『球陽』卷十二，尚敬王"始定唐荣勤学在闽年数"条。
❷ 都築晶子：「蔡温の「国」の思想—唐と大和の間で—」，『人文学報』第86号，京都大学人文科学研究所，2002年，第168页。
❸ 高良倉吉：『琉球王国』，岩波書店，1993年，第129页。
❹ 汪楫：《使琉球杂录》卷二，"疆域"篇。

果丰硕的琉球汉诗集，如程顺则的《雪堂燕游草》《雪堂杂组》，蔡铎的《观光堂游草》等；在戏剧音乐方面，久米村人把《王祥卧冰》《姜诗得鲤》《荆钗记》等中国的戏曲带到琉球，成为琉球国的常演剧目。如万历年间，册封使萧崇业、谢杰在琉球观看了戏曲演出后，记录道："居常所演戏文，则闽弟子为多，其宫眷喜闻华音，每作辄从帘中窥之。长史恒跽请典雅题目，如《拜月》《西厢》《买胭脂》之类皆不演，即《岳武穆破金》《班定远破虏》亦嫌不使见，惟《姜诗》《王祥》《荆钗》之属，则所常演。夷询知，咸啧啧羡华人之节孝云。"❶

另外，从琉球音乐、舞蹈的发展过程中都可以看到中国的影响。琉球的演奏乐器如三弦、锣鼓、胡琴等与中国相同，烟花戏、弹唱、歌舞、走马等也都是向中国学习的，这其中都有久米村人的功劳。

4. 宗教信仰

琉球传统的信仰主要有女神信仰、御岳信仰等，随着闽人三十六姓定居琉球，中国的佛教、道教及福建地区的民间信仰在琉球得以广泛传播，对琉球的信仰文化产生了重要影响。据《历代宝案》记载，中国许多佛教经典在明代就传入琉球，使得琉球佛学盛行，佛寺林立；素有"冲绳学之父"美称的伊波普猷说过："冲绳道教思想的浓厚，皆因闽人三十六姓移民的影响。"❷日本学者洼德忠认为，现今冲绳仍保留着许多琉球王国时代从中国传来的习俗和信仰，研究冲绳文化离不开与中国文化的比较。❸福建地区盛行的天妃、关帝、灶神、土地公、观音、风水、石狮子、石敢当等民间宗教信仰也都相继传到琉球，至今仍普遍存在于冲绳社会。

5. 生活习俗

琉球的岁时行事，受中国影响很大，几乎与福建地区相同，这与闽人三十六姓的传播是分不开的。例如，春节、清明节、端午节、中元节等节日，舞狮、赛龙舟、拔河等游艺活动，以及婚丧嫁娶习俗等；琉球人的祭祖、墓葬习俗，以及龟甲墓的墓形等也与福建大同小异，在现代冲绳社会仍盛行着清明祭祖的习俗；在饮食方面，琉球的不少作物、蔬果都是从中国引进的，且琉球人喜

---

❶ 谢杰：《〈琉球录〉撮要补遗》，台湾文献史料丛刊第三辑《使琉球录三种》，台湾大通书局印行，1997年，第279页。
❷ 服部四郎ほか编集：『伊波普猷全集』第二卷，平凡社，1974年，第138页。
❸ 参见窪德忠：『沖縄の習俗と信仰―中国との比較研究―』，東京大学出版会，1971年；『中国文化と南島』，第一書房，1981年；『沖縄の民間信仰―中国文化からみた―』，ひるぎ社，1989年。

食猪肉，并作为供品；在服饰上，琉球人的官服形制和用料均是仿照中国明朝式样，甚至琉球国王、王妃的服饰都是中国政府赏赐的。

6. 园林建筑

闽人三十六姓的到来，使得福建的园林建筑风格也随之传到琉球，对琉球的建筑风格产生了深刻的影响，其中琉球王宫和天使馆表现尤为突出。王宫正殿"为奉神门，左右三门并峙，西向，王殿九间，皆向西……左右两楼，北向，右为北宫，南向。"❶从中可知，琉球王宫的主体部分类似于中国的四合院式建筑，组成了口字形的建筑群，琉球这一对称布局的形成是受到福建传统建筑风格的影响。明册封使潘荣在游览琉球八景后，写下《中山八景记》，文中对设计者称赞有加："程大夫中华人也，用夏变夷、均之职也。果能以诸夏之道而施之蛮貊，渐染之、熏陶之，提撕而警觉之，将见风俗淳美，中山之民物皆易而为衣冠礼义之乡。"❷可见，包括园林建筑在内的中国文化对琉球的影响，"用夏变夷"，使之成为"衣冠礼义之乡"。

7. 手工技艺

中国的手工技艺在琉球传播的门类相当广泛，如石雕工艺、漆器制作、纺织印染、乐器制作，以及制泥、造墨等工艺均是在明清时期传入琉球的。琉球有许多碑刻和石雕作品，尚真王时代建造的圆觉寺内的石雕群、首里城王宫正殿的龙柱、瑞泉门下的龙头等都反映了琉球石雕工艺的最高水平。其中在圆觉寺放生池石桥上刻有"大明弘治戊午岁春正月吉建立，长史梁能、通事陈仪督造"的字样，为世人留下了久米村人在琉球传播中国石雕工艺的见证。

8. 生产技术

闽人三十六姓定居琉球后，无可避免地将中国的先进生产技术传播到琉球，对琉球的社会生活产生了广泛深远的影响。以造船技术为例，琉球早期的造船技术十分落后，处于"缚竹为筏，不驾舟楫"的状态。而闽人三十六姓的擅长之处正是操舟、指南、造船，他们高超的造船技术使得琉球造船业迅速发展起来。正如伊波普猷所说："琉球的航海技术，因14世纪末期闽人的到来而有了长足的进步"❸，这也为琉球成为"海舶行商为业""以舟楫为万国之津梁，异产至宝充满十方刹"的贸易中转国奠定了基础。

---

❶ 徐葆光：《中山传信录》卷二，1721年。《重刻中山传信录》，平安兰园藏板，第54页。
❷ 潘荣：《中山八景记》，收录于萧崇业：《使琉球录》卷下，"艺文"篇。
❸ 服部四郎ほか编：『伊波普猷全集』第二卷，平凡社，1974年，第124页。

9. 医学

明册封使陈侃在《使琉球录》中说过琉球"国无医药",可见早期琉球的医学并不发达。后来有不少琉球人(包括久米村人)来华学习医术,回国后救死扶伤,造福国民。琉球国还设立了"良医所"和"储药局",用中国医术为人治病。如康熙二十七年(1688)到福州学习兔唇缝合术的久米村人魏士哲,回国后治愈了许多兔唇病人,他还曾为琉球国王的世孙缝合兔唇,仅"三昼夜愈痊无痕""从此补唇之法国中广焉"。❶ 此后,又有许多琉球人到中国学习医术,促进了琉球医药事业的发展。

此外,中国的家族制度、姓氏制度、家谱、天文历法、武术等也通过久米村人及其他途径传到琉球,对琉球社会产生了广泛的影响,在此不作详述。除了久米村人以外,中国文化向琉球的传播途径主要还有中国册封琉球使团、琉球来华进贡使团、琉球来华留学生、两国的漂风难民、私人海外贸易商的传播,以及与朝鲜、日本、东南亚诸国往来的间接传播等。

当然,文化的交流往往是双向的,各个民族都有自己独特的文化,只要是优秀的文化,都会被别的民族欣赏、接受或效仿。虽然中华文化作为一种强势文化对琉球进行了长时期的传播并产生了重要影响,但中琉之间的文化交流并非只有"单向流动",亦有"双向流动"的互补现象。在中琉长期的交往过程中,琉球文化也对中国产生了一定的影响,如琉球国的贡品及贸易产品,必然会影响到国人,使国人从中得到启示。

二、久米村在琉球王国的地位和作用

1. 久米村人在我国古代海外移民中的特殊性

自古以来,因经商、求学、传道、灾难、躲避战争、逃避刑罚等原因,致使许多中国人移居海外,这些移民较为集中地分布在毗邻中国的东南亚地区。而移居琉球的久米村人则属于官派移民的性质,这显然区别于同时期同属于中国朝贡体制下的东南亚国家的其他海外移民。而且,无论是明清两朝还是所在国政府,他们对待东南亚华侨和琉球闽人的态度以及这些海外移民在居住国所处的地位,都存在着天壤之别,不可同日而语。

东南亚地区的华侨历史悠久、人数众多,他们的存在使得东南亚国家长期

---

❶ 那霸市史编集室:『那霸市史资料篇第一卷六·久米村系家谱』,1980年,第26页。

深受中国先进文化的影响,当地政府对华侨采取了一种相对温和友善的政策,其中也有重用华侨的情况,但这并不是持续的、普遍的现象。在16~17世纪,葡萄牙、西班牙、荷兰等西方殖民者在东南亚一带争夺海上霸权,展开殖民奴役,东南亚的华侨遭受了包括来自中国政府方面的近二三百年之久的排斥、打击、迫害的历史,有些国家甚至还发生过多次大规模政府下令屠杀华侨的事件。如西属菲律宾的对华侨的四次大屠杀,1740年巴达维亚发生的骇人听闻的"红溪惨案"等,都反映了中国移民在居住国所面临的各种势力的迫害。而腐朽的明清政府却置之不理,使得海外华侨的处境雪上加霜,处于孤立无援的惨境。

与之相反,久米村人在琉球却一直备受重视和优待。虽然他们与东南亚国家的华侨一样,把先进的中国文化带到所在国琉球,对琉球社会产生了深远的影响,但他们在琉球王国所获得的政治待遇和社会地位是其他国家的华侨远远不及的。他们之中既有权倾朝野的琉球国相,也有大权在握的法司官,相当多的人还具有士族爵位,担任紫金大夫甚至三司官等官职。他们的政治移民身份、所从事的朝贡贸易事业、与琉球人民的融合模式、在琉球所获得的优厚待遇和地位,以及对琉球国所产生的深远影响等,在我国海外移民史上都具有典型意义。

概而言之,移居到琉球的久米村人在我国古代海外移民中性质之特殊、在居住国的地位之高是史无前例的。

2. 久米村人在琉球历史上的地位和影响

前文已经涉及在古琉球时期,久米村人主要从事琉球的航海贸易活动,他们是中琉朝贡贸易的灵魂人物,是中国先进文化在琉球传播的主要使者,他们为推动琉球经济、文化的发展做出了巨大的贡献。概括来说,古琉球时期的久米村人作为专门从事进贡相关事物的集团,主要有三种职能:第一,在精通汉语的基础上,制作、受理外交文书,即琉球国王向中国皇帝进奉的表文、奏文,与礼部、福建布政使司的往来文书等;第二,指导并执行琉球国的进贡礼仪、典礼,以及册封使来琉时的欢迎仪式、册封典礼等;第三,负责琉球与福州之间进贡船的航海指南,并担任进贡交涉等事务。

日本萨摩藩入侵琉球之后的近世时期,久米村经过重编之后,在从事朝贡贸易之外,还极大地推进了琉球王国的儒学教育,并涉足政治领域,"国中人入仕宦者,惟首里、泊、那霸、久米四村之人,余皆村户"[1]。久米村作为一个外来的民族集团,凭借自身的优势成为琉球王国的四大官宦世族之一,其中不少人

---

[1] 徐葆光:《中山传信录》卷五,1721年。《重刻中山传信录》,平安兰园藏板,第32页。

在王府担任重要官职，在治理国家等方面发挥了极其重要的作用。

下面以久米村出身的被尊为琉球历史伟人的程顺则和蔡温为例，来说明久米村人在琉球王国的思想界、教育界、政治界等领域的重要地位和影响。

（1）"一代鸿儒"程顺则

程顺则（1663—1734），是近世琉球著名的儒学家、教育家、政治家、外交官、文学家。根据《程氏家谱》的记载❶，程顺则幼名思武太，字宠文，号念庵行一，又号雪堂，为久米村程氏第七世孙。其父是儒学者程泰祚，曾任琉球进贡使团通事一职，并于1675年被任命为监督，在那霸泉崎桥头建造久米至圣庙，于翌年竣工，这也是琉球最早的孔子庙。程顺则受其父影响，"幼端重，不类群儿，秉性仁孝……敦孝悌，以重人伦，笃宗教，而和乡党。"❷从小就接受中国文化的熏陶。后来，他拜琉球儒学大师郑弘良为师，攻读儒学。1683年，程顺则担任通事一职，随琉球谢恩使团来华，以"勤学"（自费留学生）的身份拜福州鸿儒陈元辅、竺天植的门下，潜心钻研儒家经典达四年之久。回国后，他被任命为久米村儒学讲解师，期间他收集琉球中山王室的汉诗，编著了琉球最早的汉诗集《中山诗文集》。1689年，程顺则作为"接贡存留通事"又在福州逗留三年，并继续苦读朱子学和诗文。回国前他出资购买《十七史》共1592卷，全部捐献给了久米孔子庙。1696年他担任"进贡北京大通事"来华朝贡，在赴京途中参观名胜古迹，与各地方官僚和文人雅士交流，留下多首汉诗，后收集整理为诗集《雪堂燕游草》。1706年程顺则被任命为进贡正议大夫第四次来华，进贡途经山东时，到曲阜参拜孔子圣庙，行三跪九叩大礼，这可以说是他日后对久米孔子庙的释奠仪礼进行中国式改革的出发点。❸返回福州后，他自己出资刻印了《六谕衍义》和《指南广义》。1720年程顺则作为谢恩使节随同册封使进京，这是他第五次也是最后一次来华。回国之际，他购买《皇清诗选》数十部，献给琉球王府和久米孔子庙。

程顺则一生共赴华五次，其中有两次共约七年的时间专研儒学，可以说他最大的贡献就是极大地推动了琉球王国的教育及儒家思想文化的发展。1708年

---

❶『程氏家譜』，那霸市編集室編：『那霸市史資料篇第一卷六·久米村系家譜』，1980年，第541-570页。

❷ 名護市教育委員会：『名護親方程順則資料集1人物·伝記編』，1905年，第116页。

❸ 崎原丽霞：《从程顺则生平著作看儒学在琉球国的传播》，《日本问题研究》2010年第2期，第58页。

程顺则出资刻印的《六谕衍义》是当时中国教育民众修身养性、尊师重道的教材，里面所推崇的"孝顺父母""尊敬长上""和睦乡里""教训子孙""各安生理""毋作非为"成为琉球道德伦理的规范，该书也成为琉球人学习汉语及修身养性的课本。《六谕衍义》使忠孝节义的儒家理念深入到琉球社会。后来，琉球使者将此书献给萨摩藩，藩主岛津吉贵又将此献给了江户幕府将军德川吉宗，吉宗命令汉学家室鸠巢、新井白石等进行译注，将此书大量翻印，作为寺子屋的教科书一直沿用到明治维新前。

1718年程顺则奏请琉球国王，在孔子庙里建立了琉球第一所学校——明伦堂，招收王府及久米村子弟施教，堂内收藏了他从中国购买的四书五经及宋儒书籍，成为传播儒学思想的教育中心。程顺则首开尊儒重教之风，对琉球教育影响深远。自此，琉球的办学风气与日俱增，"康熙乙未岁，会议于各乡中随分捐资，公建学堂；而选士之通经、善行者为师，以教子弟。"❶明伦堂建立以后，程顺则依据中国的祭孔惯例，于1719年把久米孔子庙的释奠仪式改为中国式，行三跪九叩之礼。

除此之外，程顺则还出版诗集，推动琉球汉诗的发展；根据中国的典章制度、礼仪和习俗，结合琉球的实际情况，制定了中山王府官制和典祭、婚丧等礼仪；他还根据久米村人的航海记录编撰成《指南广义》，书中详细标明了琉球与中国的往返航路，还记述了有关的地理、天文、气象、海潮、礼仪、民俗等知识，成为当时琉球航海人员的必备之书，促进了琉球航海贸易的发展。

乾隆年间的册封使周煌这样评价程顺则："勤学励志，言行交修。位紫金大夫，爱民洁己，不营宠利。年七十余，卒之日，书籍外，无余赀。国人至今犹争道之。"❷田名真之在肯定程顺则文学素养的同时，指出其更大的贡献在于以政治家的高瞻远瞩，适应时代的需求有选择性地引进中国文化，使得久米村在强化振兴的过程中，不仅在进贡贸易而且在学问、教育、制度等方面均占据主导地位，获得了更多的发言权，促使久米村进入新的发展时代。❸概而言之，一代鸿儒程顺则在琉球历史上提倡儒学，创办学校，普及教育，以德行著称于琉球，对近世琉球的思想界、教育界，以及久米村的重现繁荣都产生了深远的影响，至今仍被当地人们传颂敬仰。

---

❶ 周煌：《琉球国志略》卷十五，乾隆己卯年刊（1759年），漱润堂藏板，第27页。
❷ 周煌：《琉球国志略》卷十三，乾隆己卯年刊（1759年），漱润堂藏板，第11页。
❸ 名護市史編纂室編：『名護親方程順則資料集1—人物・伝記編—』，名護市教育委員会，1991年，第22页。

（2）琉球"古今独步的大政治家"蔡温

蔡温（1682—1761），幼名真蒲户，字文若，号鲁齐，是闽人三十六姓蔡氏第十一世孙，元祖蔡崇，来自福建泉州府南安县。其父亲蔡铎，曾任紫金大夫，三司官座敷等官职。蔡温12岁成为若秀才，15岁中秀才，19岁任通事，20岁成为训诂师（汉文教师），25岁成为专门传授儒学知识的讲解师。❶1708年蔡温26岁时，以进贡船存留官的身份赴福州留学，学习经世济民的思想、治理山林的方法，并攻读天文、地理、气象学，还师从隐者，学习儒家学说及勤政爱民的思想，三年的留学经历为他日后治理国家奠定了坚实的基础。1710年回国后蔡温被任命为国师，琉球的国师一职始于蔡温。尚敬王赐其家宅于首里，自此蔡温由久米村搬至首里。期间，蔡温根据先人圣贤的学说编纂了《要务汇编》，成为之后历代琉球国王的修德指导书。1728年蔡温被提升为琉球国的三司官（从一品），任职至1752年。值得一提的是，在琉球历史上官至三司官的久米村人还有郑迵（1549—1611），他是琉球历史上第一位拥有中国血统的三司官，后因抵抗萨摩藩入侵琉球而遭迫害。

蔡温在当政期间，大刀阔斧地对琉球的政治、文教等方面进行改革，制定山川农林相关的一系列政策，构筑了近世琉球的政治体制，对琉球王国的政治经济的发展产生了深远的影响。

在政治方面，蔡温的重大贡献之一是在程顺则所制定的"中山王府官制"的基础上制定"位阶定"，对琉球的政治制度和位阶制度进行改革，使琉球由王权政治逐渐走向有成文法的法治国家。❷他推崇孔孟之道，提倡仁政治国思想，于1732年颁布了《御教条》，旨在推行儒家教化的政策。这一政策的实施使得琉球国因饥荒和瘟疫所引起的社会不安定因素得到有效的控制与转变。在农林政策方面，蔡温致力于提高生产力、改良生产技术，提倡植树造林，制定"山林法"和"农田经界法"，并推广农林方面的技术用书，对琉球生态环境的保护和农业生产的发展做出了重大贡献，为推动琉球社会的进步发挥了积极的作用。为刺激手工业的发展，蔡温鼓励平民和下级武士从事家庭手工业，并实施免税政策；为增加王府财政收入，提高国民生活水平，蔡温废除酒、面、豆腐的专卖制度，使得谷物产量大为增加；为缩小国民的贫富差距，蔡温实行历时十四年的琉球全国耕地测量，使得农耕地面积大幅度提高。蔡温施政期间采取的各项政

---

❶ 那霸市史编集室编：『那霸市史资料篇第一卷六·久米村系家谱』，1980年，第362-377页。
❷ 赖正维：《康熙时期的中琉关系》，海洋出版社，2004年，第254页。

策解决了一系列的社会问题，对琉球政治经济的发展产生了深远的影响。

　　蔡温对琉球历史书籍的编纂也做出了杰出贡献。1724年，蔡温对其父蔡铎编撰的琉球第一部正史《中山世鉴》进行修订、增补，编成蔡温本《中山世谱》，使之成为一部完整的琉球正史。蔡温还于1745年出任琉球史书《球阳》的总编。蔡温精通汉文和和文，一生著作颇丰，其治国方略、教育思想对王公大臣、平民百姓都产生了深刻的影响。此外，蔡温在风水思想方面也造诣颇深，他把中国的风水理论引入琉球，并在植树造林、治水等方面利用风水思想，整备农业生产基础。

　　蔡温历经琉球国尚贞、尚益、尚敬三朝，历任都通事、国师、正议大夫、紫金大夫、三司官等职，为国尽心竭力，立无尽功德。他凭借其远大的抱负和非凡的才智，辅佐尚敬王，使18世纪前半期的琉球进入一个相对鼎盛的时期，他任三司官当权的二十多年被称为"琉球庆长之役后唯一短暂的小康时代"。

　　总之，程顺则和蔡温是久米村人的杰出代表，他们在传播儒家思想、变革琉球社会的历史上被公认为伟大而值得称颂的人物，至今仍受冲绳人所尊崇。他们的存在，也使得久米村人这样一个特殊族群深深地烙印在琉球王国的历史进程中。《东汀随笔》一书称："前辈宿儒，彰名于后世者，唯有唐荣程公、蔡公二人而已。二者各有所长，程公以德行，蔡公以才略"。❶伊波普猷将他们二人列入"琉球的五伟人"之中，称程、蔡时代是久米村在琉球的全盛时代，这一时代的琉球是"久米村的琉球"。❷正因如此，时至今日久米村人仍将他们视为久米村昔日辉煌的见证，在久米孔子庙内建立程顺则和蔡温的颂德碑，以此作为构建久米意识的重要历史记忆。

小　结

　　明清时期的中琉贸易（"中琉贸易"是学术界的一种固定说法）是我国古代海外贸易的一个重要组成部分，其中虽包含着明清两朝的政治策略和因素，但琉球是最终受益者。琉球在与我国的贸易交流过程中，从一个贫穷落后的小国一跃而起，成为大航海时代的"万国津梁"。

　　而在中琉贸易中最功不可没的则是久米村人。其祖先闽人三十六姓因援助

---

❶ 喜舎場朝賢:『東汀随筆』，至言社，1980年，第66页。
❷ 服部四郎ほか編:『伊波普猷全集』第一卷，平凡社，1974年，第124页。

琉球的朝贡贸易于明朝初期移居琉球，可以将其定性为政治移民集团，这在我国古代海外移民史上具有典型的意义。久米村人受到琉球王府的重视和优待，成为琉球王国里一支享有特殊待遇的族群，他们参与琉球王国的政治经济文化活动，世代享有高官厚禄，在琉球历史上占据了独领风骚的地位。

  由于琉球是一个以海外贸易为主体的国家，朝贡贸易及东南亚贸易的好坏直接影响到久米村的兴衰，以及久米村人的命运。所以，久米村自形成以来，其发展也不是一帆风顺的，久米村人也经历了由繁荣到衰退再到兴盛的跌宕起伏的历史发展过程。在近世琉球时期，经过再编重组，久米村人的职能由专事朝贡贸易扩展到参与琉球王国的政治方面，在治理国家、政权建设等方面也产生了积极的作用。堪称琉球历史伟人的程顺则和蔡温就是久米村人中的典型代表，他们创造了琉球王国的辉煌，成就了"久米村的琉球"。但值得注意的是，由于王府从琉球选拔人才补充入籍，使得久米村注入了外部血液，意味着包括琉球语在内的琉球习俗进入久米村，在某种程度上促进了久米村的本土化进程。

  除此之外，久米村人还把中国的先进文化源源不断地带到琉球，而琉球也被中华文化的博大精深所吸引，在自觉与不自觉中成为中国文化特别是福建文化的接受者和传播者。以福建地区为代表的中国文化对琉球的政治制度、文化教育、生活习俗、宗教信仰、文学艺术、园林建筑、家族制度等方面都带来了深刻的影响，现今冲绳仍留有许多中国文化的痕迹，这些都是中国和琉球五百余年友好交流的历史见证。

第二章

冲绳时期的久米村

1879年琉球被日本吞并以后，变为日本冲绳县，被纳入日本近代国家体制，在行政区域上属于日本的一个县。明治政府终止了琉球与中国的朝贡贸易关系，在语言、文化等方面对琉球采取日本本土的同化政策。在这样的社会背景下，久米村人的社会地位急转直下，他们虽奋力反抗，开展琉球复国运动，向清廷请求救援，但却以失败告终，被迫选择融入当地社会，接受日本本土化的命运，传统的久米文化面临着销声匿迹的严峻时期。1944年由于那霸在太平洋战争中遭受美军空袭，包括久米村在内的大部分地区被夷为平地，久米村人也因战争四处逃散。第二次世界大战结束后，美国统治冲绳，冲绳人忙着重建家园，无暇他顾，但久米村人中仍不乏有识之士为复兴传统的久米文化而四处奔走。1972年美军将冲绳交归日本后，复兴琉球传统文化、振兴乡土语言的风潮日起。在重新评价琉球传统文化的同时，对琉球历史有巨大贡献的久米村人再度受到肯定，由此久米村人进入了对传统文化复兴、再创造的新时代。

第一节　日本吞并琉球至第二次世界大战前——纠葛的时代

在琉球被日本吞并至第二次世界大战结束前的半个多世纪里，琉球与中国的朝贡贸易关系被中断，在语言、文化等方面被日本本土所同化。而祖先来自中国的久米村人社会地位一落千丈，由高官厚禄沦落为靠体力生存的劳动者，他们虽力图反抗日本的侵略，向清政府求援，但终因晚清政府的腐败而导致东亚朝贡体制的崩溃，未能保卫琉球的主权。许多久米村人迫于生计，背井离乡，分散于冲绳本岛、离岛，甚至移民海外，传统的久米文化面临着销声匿迹的严峻考验。

一、久米村与琉球"复国"运动

1. 日本吞并琉球的过程

进入19世纪后期,东亚国际秩序开始出现新的局面,不论是清国还是日本,在欧美列强的压迫之下,经历激烈的内乱和政治斗争之后重新构建了中央政权,为了推动国内的近代化和文明化,以及在"万国对峙"的国际社会中确保国家独立,都开始探索新型的对外关系。❶1868年日本明治维新以后,明治政府采取富国强兵的政策,逐步走上了对外扩张的道路,琉球再度成为其侵略目标。1872年,日本通过琉球庆贺使节向琉球国王尚泰下达诏书,剥夺其国王称号,降格为藩王,使琉球成为日本的一个藩,并派遣官员前往琉球,停止琉球藩的外交权,迈出了侵略琉球的第一步。对于琉球王国来说,这无疑是晴天霹雳,同时也敲响了时代交替的警钟。1874年,日本以1871年琉球船民因遭飓风漂流至中国台湾而遭当地人杀害为借口,强行出兵中国台湾,为进一步侵略琉球埋下了伏笔。1875年,日本政府强迫琉球改奉日本年号,并向琉球下达了废除琉球向中国朝贡、派遣清帝继位庆贺使节的惯例、不再接收中国的册封、撤销在福州的琉球馆等命令。面对日本的强行统治,琉球王府俨然拒绝,向宗主国清国请求救援,同时要求英、美、荷驻琉公馆予以支持,但这些未能阻止日本吞并琉球的野心。1879年3月27日,明治政府任命的处分执行官松田道之在首里城强行下达"废藩置县"令,改琉球为冲绳县,标志着日本正式吞并琉球。明治政府采取的一连串的政治举措,将琉球完全纳入日本统治之下的过程被称为"琉球处分。"当时日本国内有一些有识之士对"琉球处分"提出了异议,认为强行对琉球进行处分的行为与西方蛮横的殖民政策无异。❷

在日本吞并琉球的过程中,清政府则表现得较为矛盾和软弱。清朝晚期内政腐败,兵力虚弱,加之经历两次鸦片战争,与列强签订了一系列不平等条约,使中国陷入半殖民地半封建社会的深渊。在这种内忧外患的情况下,清政府根本无暇顾及这个海外属国,李鸿章私下表示,宁愿从此琉球王国不向中国朝贡,也无关国家轻重,可以大度包容,对日本侵略琉球的行为姑息妥协。当然,在清朝内部也有以驻日公使何如璋为代表的支持琉球对抗日本的官员,他与日本

---

❶ 西里喜行著,胡连成等译:《清末中琉日关系史研究》上册,社会科学文献出版社,2010年,第265页。
❷ 植木枝盛:「琉球の独立せしむ可きを論ず」,伊东昭雄编:『アジアと近代日本:反侵略の思想と運動』,社会评论社,1990年,第16—19页。

进行交涉并据理力争，还向清政府建议，对待琉球问题应该采取"必争""必救"和"与之评理"的办法，希望清政府在琉球问题上能以强硬的姿态抑制日本的侵略野心。然而，何如璋的建议并未被李鸿章采纳，但鉴于琉球一再派人求援，以及基于历史上长期存在的保护义务，同时也为了牵制日本觊觎朝鲜，清政府对于日本单方面进行的琉球处分一直不予认同，并同日本进行了长期的协商。1880年在美国前总统格兰忒的斡旋下，双方达成"分岛改约"案，清政府勉强同意了日方提出的《琉球条约》，但由于种种原因最终并未正式签署，琉球的归属问题一直未得到解决。

2. 久米村"脱清人"与琉球复国运动

琉球王府从日本强制断绝其与中国的关系到被强行吞并的过程中，曾开朗多次秘密派人向清政府求援。1876年12月，琉球国王尚泰秘密派遣琉球贵族向德宏和久米村士族林世功、蔡大鼎等人前往中国请求救援。他们历尽艰辛，于1877年4月到达福州，向闽浙总督何璟、福州巡抚丁日昌呈递琉球王的咨文，向清政府陈述日本"阻贡"之事，恳请清政府出面，向日本交涉，代纾国难。这些密渡中国寻求帮助的琉球人被称为"脱清人"（图2-1），"脱清"是警察用语，为逃至清国之意。"脱清人"是琉球复国运动的发起人。1879年废藩置县后，脱清人剃发改装北上，赴天津、北京对积极地展开救国请愿活动。琉球人深感亡国之痛，除了坚持反抗日本的强行吞并外，更多的是把希望寄托在清国的援救上。但是，如上所述，虽有何如璋等人对日本政府的强烈抗议和据理力争，但晚清政府最终未能保护几百年来的藩属国琉球。

图2-1　脱清人 ❶

---

❶ 图片出自那霸市企画部市史编集室：『激動の記録：那覇百年の步み・琉球処分から交通方法変更まで』，1980年，第26页。

另一方面，日本明治政府终止了琉球与中国的朝贡贸易关系，这对于在朝贡贸易中担任主要角色的久米村人无疑是致命打击。作为中国在琉球的利益代表，久米村人并未坐以待毙，而是进行了顽强的抵抗，以久米村人林世功、蔡大鼎为代表的脱清人积极对抗日本的强行政策，并试图寻求宗主国清朝的支持来维持琉球王国的独立。根据当时的冲绳县令西村舍三向明治政府提交的"脱清人明细表"可知，截至1884年脱清人人数达124名，其中士族102名占全体的82.3%，平民22名占17.7%。士族中久米村出身的有34人，也就是说三人里面就有一人是久米村士族。❶ 当时许多久米村人希望清政府能以武力介入使得琉球王国得以复兴。下面以林世功为例来分析久米村人在琉球复国运动中的重要作用。

林世功（1841—1880），字子叙，为久米村林氏后裔，祖籍福州闽县林浦，是清末著名的琉球诗人。1868年林世功等人赴华留学，这也是琉球赴华留学历史上最后一批官生。在留学期间，出版了诗集《琉球诗录》，反映了其在华的活动和思想感情，诗中体现了儒家思想的深刻影响。1874年，林世功学成归国后，任久米村诗文官话侍讲，后擢升为国学大师。但好景不长，林世功很快就被卷入世事交替的动乱之中。1876年，林世功、蔡大鼎、向德宏等人受王府之命密赴清国求援，为救亡图存不断奔走，数次向清廷提交请愿书，成为琉球复国运动的主力军。当日本占领琉球的消息传来后，林世功与蔡大鼎曾在东华门外跪乞清廷出兵拯救琉球，长达七日。当得知清朝欲与日本达成分割琉球列岛的协议来解决琉球问题时，受中国儒家思想影响之深的林世功决定以死乞师。

1880年11月，林世功绝食上书清政府，请清廷出兵援助复国。但清政府依旧置若罔闻，希望落空、救国无门的林世功愤而自刎，以身殉国，享年四十岁。其临死前留下的请愿书如下：

琉球国陈情通事　林世功谨禀

为以一死，泣请天恩，迅赐救主存国，以全臣节事。窃功因主辱国亡，已于客岁九月，随同前往进贡正使耳官毛精长等，改装入都，叠次匍叩宪辕，号乞赐救各在案，惟是作何办法，尚未蒙谕示。昕夕焦灼，寝馈俱废，泣念功奉主命，抵闽告急，（已历）三年，不图敝国惨遭日人益肆鸱张，一则宗社成墟，二则国主世子见执东行，继则百姓受其毒虐。皆由功不能痛哭请救所已，属死有余罪，然国主未返，世子拘

---

❶ 池宫正治・小渡清孝・田名真之编著：『久米村—歴史と人物—』ひるぎ社，1993年，第80页。

留，犹期雪耻以图存，未敢捐躯以塞责，今晋京守候，又逾一载，仍复未克济事，何以为臣计？惟有以死泣请王爷暨大人俯准，据情具题，传召驻京倭使，谕之以大义，威之以声灵，妥为筹办，还我君王，复我国都，以全臣节，则功虽死无憾矣。谨禀。

　　光绪六年十月十八日❶

　　林世功的请愿书情词恳切，字字泣血，其爱国忠君的精神令人钦佩不已，其高尚的情操反映了儒家思想文化对琉球知识分子的深刻影响。林世功在殉国前还留下一首令人感慨万千的绝命诗："古来忠孝几人全，忧国思家已五年。一死犹期存社稷，高堂专赖弟兄贤。"林世功为古老的琉球王国留下了最后的血色印记，成为琉球民族独立精神的象征和久米村历史上的不朽英雄。

　　林世功自刎以后，仍有许多不愿做亡国奴的琉球人来到中国，继续从事复国运动，其间运动的主要人物向德宏、蔡大鼎等客死中国。然而，令人意想不到的是，1895年清政府在甲午战争中战败，这令希望借助清朝实力复国的琉球人大为震惊。甲午战争的败北，意味着中国在东亚社会建立的册封进贡体制彻底瓦解，同时也给琉球复国运动以致命性打击，脱清人不得不放弃复国念头纷纷回国，琉球复国运动以失败告终，而久米村人的复兴之梦也随之烟消云散。

　　由此，"甲午战争解决了琉球问题"在日本学界似乎成为定论，如信夫清三郎认为"《马关条约》第一打破了中国对朝鲜的宗主权，为日本打开了进出朝鲜的通道；第二决定了琉球最后的归属，确定了日本固有之领域。"❷安冈昭夫也说"对于清政府来说琉球问题一直没有正式完结，直到《马关条约》将中国台湾及澎湖列岛割让给日本，琉球问题才自然消亡。"❸但是，《马关条约》中并未涉及琉球归属问题，中国政府在甲午战争失败后也未认同琉球是日本的领土。直至今日，琉球的归属问题仍然是中日外交上的重要课题。

二、久米村的日本化

　　日本占领琉球后，采取了一系列的措施使琉球尽快同化为日本的"国内殖民地"。为了毁灭武力吞并琉球的证据，明治政府在全琉球范围内收缴了过去行政机关的公文、账册等各种文字资料，还大肆销毁和隐匿历史见证，毁坏中国

---

❶ 上里賢一：「詩文から見る林世功の行動と精神」，『日本東洋文化論集』6，2000年，第66頁。
❷ 信夫清三郎：『日本外交史：1853–1972』，每日新聞社，1974年，第183頁。
❸ 安岡昭男：『幕末維新の領土と外交』，清文堂，2002年，第192頁。

和琉球五百年来的交往文书、文物、宝印以及琉球官方档案，妄图淡化、隔断其与中国的联系。另一方面，日本政府也意识到琉球的社会体制与日本本土差别较大，为防止快速激进的改革会产生人心不安的情况，在废藩置县之后不久，冲绳县当局下达了"旧惯温存"的方针，即实施一些怀柔政策，保持原有的土地、租税、地方制度，安抚当地人民。但是在教育、语言、文化等方面则积极地采取日本同化政策，尤其是进入大正时代（1912—1926）以后，大肆开展"皇民化教育"，普及标准日本语，禁止琉球方言，为将琉球民族改造成"忠良的皇国臣民"，积极地推进风俗改良运动，否定冲绳传统文化习俗，取缔女巫等传统信仰，大规模地进行改姓改名运动，拆除传统的龟甲墓等（图2-2）。❶ 此外，还在学术上利用一些学者提倡的"日琉同祖论"，从文化根源上寻求冲绳与日本的一致性，刻意切断冲绳与中国文化的渊源。

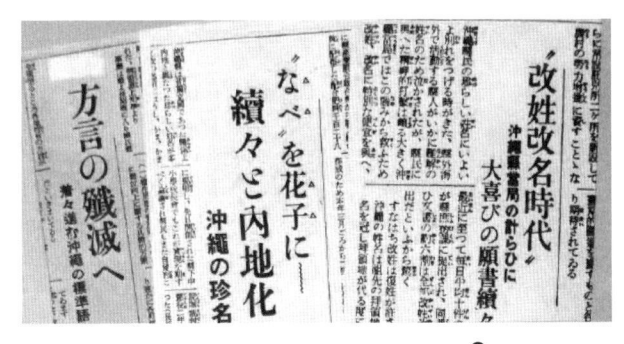

图2-2　日本同化政策下对冲绳文化的否定 ❷

那么，日本吞并琉球以后的久米村又是怎样一番景象呢？随着琉球王国的灭亡和东亚册封进贡体制的瓦解，为朝贡而生的久米村失去了其存在的意义。久米村人失去士族身份，社会地位一落千丈。另外，虽然久米村、首里、那霸的士族都极力反对日本的同化政策，但是明治政府却唯独将久米村人视为顽固分子，并把久米村人视为同化成功的最后指标。如明治31年（1898）的《琉球新报》中陆续登载了冲绳教育普及的状况，文中尤其提到了久米村人在甲午战争后的心态变化，以及对久米村人的同化教育成果：

> 在明伦堂只教授汉字的久米，日清战争（甲午战争——笔者注）后的明治三十年，有160名儿童进入小学就读，成绩很好。（《琉球新报》明治31年4月）

---

❶ 金城正篤ほか著：『沖縄県の百年』，山川出版社，2005年，第178-179页。
❷ 1939年《大阪朝日新闻》的报道。引自那霸市企画部市史编集室：『激動の記録：那覇百年の歩み・琉球処分から交通方法変更まで』，1980年，第107页。

……尤其是那霸区内的久米人（闽人裔孙），废藩置县后，虽对其百般规劝，但仍固守陈规，牢不可动。今已从旧日迷梦中醒来，几乎完全送其子弟就学，人数达150人，在普通教育的普及上着实是可喜之现象。（《琉球新报》明治31年7月）

日本政府之所以将久米村人视为"顽固党"，一是出于政治原因。脱清人中久米村人不在少数，林世功的自刎更是激起了琉球人民的反抗情绪，阻碍了日本立即吞并琉球的野心。另外，在废藩置县前，琉球内部有日清两属派与日本专属派的论争，废藩置县后转为"琉球独立派""自立派"和"日本合并派"三派鼎立的局面，而"琉球独立派"的据点就在久米村，这就导致日本政府对久米村人尤为警惕；二是文化原因。明治政府实行"富国强兵"的近代化国家政策，其中蕴含着"脱汉"的深层目的。脱汉的本质是要摆脱大中国的政治文化框架，以达成民族国家的完全独立。在这种目的下，以汉语、汉字为业，带有中国血统的从事朝贡贸易的久米村人自然被视为眼中钉。❶

在日本政府的打压、同化下，加之甲午战争中清政府的战败，久米村人意识到复国无望，被迫选择融入冲绳社会，隐藏或摒弃久米村的中国文化因素，接受日本本土化的命运。在琉球王国时代身居高官、享受俸禄、依靠知识吃饭的久米村人，在琉球处分后等同于文盲，所学知识无用武之地，生活陷入困境，他们甚至还遭到文化和政治等方面的压迫。一些人背井离乡，移居到冲绳本岛各地、离岛，甚至是海外，久米村人由聚居变为散居。据统计，1873年久米村的人口为9800人，琉球处分的第二年即1880年就减少至6038人。❷在大正初年的区域规划中，久米村被分割为久米町与天妃町，久米村这一地名消失在那霸的版图上。为了生存，久米村人还曾从事捕蛙、养鱼之类的低贱劳动，冲绳作家池宫城积宝在其小说中对大正时期久米村人的凄惨生活作了生动的描述：

在琉球那霸市的街旁有一个特别部落，人称□□屋敷。这里住着中国人的子孙，他们中的大多数或者可以说是全体都非常贫穷，以从事贱业为生。他们到田间捕蛙，剥了皮再拿到市场上去卖，被称为"捕蛙者"。蛙可以说是那霸、首里人的美味副食品之一。此外，他们还从事捕鲫鱼、编草鞋、织帽子……之类的职业。他们从事这样的贱业，被那霸市其他町的居民蔑称为"□□屋敷人"。❸

由上段描述可知，在琉球王国时期身居高位的久米村士族，进入近代冲绳

---

❶ 吕青华：《琉球久米村人的民族学研究》，台湾政治大学民族学系博士论文，2007年，第154—155页。
❷ 田名真之：『沖縄近世史の諸相』，ひるぎ社，1992年，第263页。
❸ 池宫城積宝：「奥間巡査」，『沖縄文学全集』6，国书刊行会，1993年，第51页。

以后，反而变成了位居普通冲绳人之下的"贱民"，毫无社会地位可言。文中的"屋敷"本来是指在琉球王国时代久米村士族出钱建造的房子，用来救济因朝贡遇难而失去丈夫或儿子生活无所依靠的族人所用，如今却成了久米村人居住的贫民区。

除此之外，关于琉球处分以后久米村的凄惨状况，也可以从久米村人的访谈录中略知一二：

久米村的活动突然停止，人们拼命地隐藏中国式的东西，躲在自己的世界里，各种中国式的风俗习惯受到严重的破坏。或许在家庭内部会残留一些，但是在外面从来不敢表现出来……久米村人只能将自己从新时代中封闭起来……对久米村人来说，这一时期唯一一个在真正意义上保持下来的传统就是释奠。❶

在日本当局的文化奴役政策下，久米村的许多中国式风俗习惯遭到严重的破坏，久米村人不敢在公开场合声称自己是中国人的后裔，在语言、生活习惯等方面尽量与当地人保持一致，以免惹来麻烦。随着时间的流逝，他们也逐渐接受了日本国民的身份。可以说，久米村人在与琉球社会长期的互动与影响过程中，逐渐融入当地社会，丧失了不少中国色彩，而琉球处分更加剧了久米村人本土化的进程。

尽管在诸多方面已经被日本化，但是传承几百年的儒家思想已经渗透到久米村人的身心，成为一种不可或缺的习惯。所以，久米村在"传承断绝"的近代，仍然顽强地将释奠作为儒家文化的传统、中国习俗的核心保留下来。1912年，以久米村人为中心的有识之士开展了修复腐朽老化的孔子庙和明伦堂的募捐活动。之后，久米村人成立了以维持和管理孔子庙、明伦堂、执行祭典、普及儒教为目的的"崇圣会"。1914年，崇圣会得到主管机关的认可，进行了法人登记，社团法人久米崇圣会正式成立。1915年，那霸区将孔子庙和明伦堂的土地、建筑物、藏书等一切相关物品无偿让渡给久米崇圣会。自此以后，久米崇圣会通过每年的释奠努力保持传统的儒教文化。

只是，笔者在2012年11月对久米村进行田野调查的时候，采访对象（包括70岁以上的年长者）对第二次世界大战前的久米村状况都不甚清楚。从年龄上来说对于战前记忆的模糊或忘却使得调查采访的资料有限，加之许多历史资

---

❶ 重松伸司ほか：『在日華人系知識人の生活意識調査—沖縄・久米崇聖会孔子祭の儀礼・慣行調査および沖縄・久米崇聖会生活慣行の聞き取り調査—』，2003年度追手門学院大学共同研究助成研究成果報告書，2004年，第62-63页。

料毁于战争中，久米村各门中的相关记录又比较少，所以关于第二次世界大战前久米村的具体情况并不是非常明了。借用历史学家赤岭守的话来概括琉球处分至第二次世界大战前的久米村，即"近代的久米村就是在东亚社会体系的激烈变动中社会逐渐瓦解的'纠葛的时代'"。❶

第二节　美军统治期——文化复兴的黎明期

1945年6月冲绳战结束后，美军开始了对冲绳长达27年的统治。第二次世界大战后，随着美苏冷战的展开，冲绳诸岛的军事战略价值进一步增强，美军在冲绳大肆兴建军工机场、打靶场、导弹基地和兵营，冲绳成为美国的战略军事基地。美军在统治冲绳期间，在军事、政治、经济、文化等方面对冲绳采取了一系列措施，冲绳由此进入"脱日本化"时代，这在某种程度上促进了冲绳传统文化的复兴，也为久米文化的复兴提供了前提。

一、美国的对冲绳政策

早在美军占领冲绳之前，美国战略局就开始着手研究冲绳的社会、政治、经济等问题，提交了题为《琉球列岛的冲绳人——日本人的少数民族》的研究报告。该报告根据旧有资料的见解，强调冲绳人与日本人是截然不同的，认为冲绳对于日本而言是"相对独立"的，得出"冲绳人不是日本人"的结论。由于日本人与冲绳人之间在历史发展、政治形态、文化背景、生活习惯、身体特征等诸多方面存在着较大差异，美国力图利用这些不同之处进行心理战，以便在推行战争的同时，使冲绳人成为美国的代理人从中加以利用。❷

在当时的美国人眼中，冲绳与中国台湾、朝鲜半岛一样，都属于日本的殖民地，冲绳人是被日本人支配、压榨的弱势群体。而冲绳人在琉球处分后对日本政府一直抱有不满情绪，尤其是第二次世界大战末期日军对冲绳人的歧视和

---

❶『久米毛氏四百年記念誌・鼎』，社团法人久米国鼎会，2008年，第203页。
❷ 刘少东：《日美冲绳问题起源研究（1942—1952）》，南开大学世界史专业博士论文，2010年，第24页。

利用使得这种抵制情绪更加强烈，因而他们把美军当作是拯救冲绳的救世主，在战后初期无条件或者说是欣然接受了美军政府的统治。美国对冲绳的政治、文化、经济等政策随着国际形势的变化而不同，根据宫里政玄的研究，美国对冲绳的统治政策大致可以分为混乱期、确立期、强硬期和转换期。❶ 下面笔者就战后初期美军政府对冲绳所采取的文化政策作重点探讨，因为这一时期的政策措施对冲绳传统文化的维持和复兴起了重要作用，同时也为久米传统文化的复兴提供了前提。

第二次世界大战后，美军政府为了获得"冲绳人民的默认"，以便能长期保持在冲绳的施政权，在冲绳普及民主主义和男女平等的西方价值观，以培养冲绳人的亲美情感；美苏冷战展开后，为了防止日本本土的共产主义渗透到冲绳的知识阶层，美国开展了大规模的文化攻势，整顿冲绳的宣传体制，将文化、教育政策纳入美国外交、安全保障政策的范畴，并于1950年建立琉球大学，确立冲绳独自的高等教育制度；为使冲绳脱离日本的影响，采取了"去日本化"政策，推崇"琉球"称号的用法，禁止使用日本年号；提倡使用与日文不同的书面语言，禁止使用日文；经济上停止使用日本货币，使用B元（当时琉球流通货币的简称），后改为美元等。值得注意的是，美军政府文教部部长威拉德·汉纳实行的复兴冲绳传统文化的政策，在维持和发展冲绳传统艺能方面做出了重大贡献，使冲绳传统的音乐、舞蹈、歌剧、戏剧等无形文化得以复苏，可以说"为冲绳带来了文艺复兴"。早在美军开始进攻冲绳时，海军作战部部长尼米兹在对第十军下达了"在战况允许的情况下要尽量保护所有历史、文化、宗教相关的东西"的命令❷，由此可以窥探出美军对冲绳历史文化遗产的重视。然而，激烈的冲绳陆地战还是摧毁了首里城、龟甲墓等许多珍贵的历史文化遗产，破坏了冲绳人的认同依据。不过可以肯定的是，后来美军政府实行的保护文化遗产和鼓励传统文化的方针与尼米兹的指令是紧密相连的。与此同时，美军还在冲绳开展"教育计划"，鼓励使用琉球方言，尊重冲绳的传统习惯，加强历史、民族艺术的教育，弱化日本文化和思想的影响，并对当地人进行英语教育，将冲绳从日本的压制中解放出来。

在美军文化政策的影响下，与冲绳人生活密切相关的传统信仰和艺能得以

---

❶ 参见宫里政玄：『アメリカの沖縄統治』，岩波書店，1966年。
❷ 財団法人沖縄県文化振興会・公文書管理部資料編集室編：『沖縄県史資料篇14 琉球列島の軍政1945—1950　現代2』，沖縄県教育委員会，2002年，第223页。

复苏，为缓解当地人民因战争所带来的不安情绪起到了重要作用。同时，在宽松的政治氛围下，琉球人民的民族意识高涨，掀起了民族独立解放运动，他们希望依托美国的帮助重新建立主权国家。1947年宫古岛的报社记者团跟美国军政要员对话时曾言："琉球人希望在称为'琉球'的国家中，受到美国的保护而生活。"❶这一时期琉球涌现出一大批主张独立、要求自治的政党组织，如1947年6月成立的冲绳民主同盟就公然提出了"琉球独立论"。国场幸太郎认为，冲绳民主同盟的琉球独立论的根据是冲绳人把美占领军看作是解放军的心理，以及把冲绳人看作不同于日本民族的"少数民族"的观点，冲绳民主同盟的独立论和日本共产党的独立论是连接在一起的。❷

然而，美国因冲绳的重要战略位置而将其变成了美军在西太平洋地区最大的军事基地，冲绳的大片耕地变为美军机场、导弹基地、打靶场和兵营，冲绳民众的生活受到严重威胁。因此，从1950年代起，冲绳人民掀起了反对美军基地、要求回归日本的运动，成立了"促进冲绳归还期成会""冲绳县复归祖国协议会"等组织。经过冲绳人民的长期斗争，日美两国达成协议，在1972年5月15日实现了冲绳人民"回归日本"的愿望。但是，不可否认的是，美军政府在冲绳所实施的鼓励传统文化政策推动了长期以来受日本压制的冲绳传统文化的发展，可以说这一时期是冲绳文化复兴的黎明期。

二、久米村地理位置的变化

人类在物理空间中繁聚、扩散与迁徙，加之与自然环境互动，因此形成了每个聚落独特的区域特征，在历史的纵深中更铭刻着聚落演进的脚印，久米村自不例外。"久米村"一词即寓含着与琉球这块土地依存关系的源远流长，久米村人自身也在不断熔融与演变。

久米村曾是琉球历史上的一个重要舞台，是中国和琉球友好交流五百余年的根据地，也是琉球学问、艺术、技术的发信基地，它在历史上所享的盛名，远超过琉球其他地方。但是，由于第二次世界大战的摧毁以及后来的都市计划，久米村的古老建筑和历史遗迹早已荡然无存。但是，从一些历史资料中可以窥

---

❶ 小熊英二：「『日本人』の境界——沖縄・アイヌ・台湾・朝鮮　植民地支配から復帰運動まで」，新曜社，1998年，第485页。
❷ 国场幸太郎：「沖縄の日本復帰運動と革新政党——民族意識形成の問題に寄せて」，『思想』1962年2月号，第81页。

探出久米村的昔日风华和地理位置的演变过程。

如前所述，史籍文献中有关久米村的记载可追溯到1471年的朝鲜史料《海东诸国纪》所收的"琉球国之图"，图中将久米村标记为"九面里"，位于"那波皆津"（那霸港）旁。在历史上那霸曾被称为"浮岛"，与琉球王国的都城首里距离一公里，隔海相望，直到1451年"长虹堤"建成以后才与琉球本岛相连，因其得天独厚的地理位置，长久以来便是首里通往海外的咽喉之地。久米村地处港口为交通便利之地，这也是当初闽人三十六姓之所以选择此地作为居住地的原因。❶清册封使汪楫在《使琉球杂录》中写道："那霸距王宫十五里，中隔海港二里许。洪武中，赏赐以闽人三十六户，不令居内地，悉置此，若有深虑焉。后相习既久，始跨海筑堤，以通出入，所谓长虹桥是也。"❷汪楫认为，琉球王府之所以令闽人三十六姓居住在港口而非王都内，是对外来民族怀有一定的戒备之心，后来相互熟悉之后才建长虹桥，方便往来。

根据徐葆光在《中山传信录》中所载"琉球地图"可知，首里城地处高位，易守难攻，久米村坐落于原浮岛的中心地带，距离那霸港不远。久米村自形成以来，其地域设施建设在不断完善，兴建了天妃宫、天尊庙、东寿寺、孔子庙、明伦堂等。

旧萨摩藩士伊地知贞馨所著《冲绳志》（1877）中的"那霸及久米村图"（图2-3），清楚地描绘出了由道路所形成的村界，并标识出久米村大门、孔庙、天妃宫、天使馆等位置建筑。久米村东临久茂地村，西接若狭町村、辻村，有新桥、古板桥、新板桥、泉崎桥与王都首里相连，已不见1451年所建的长虹桥。书中这样描述久米村："久米村邻接那霸，明洪武永乐二次明主所赐闽人三十六姓的子孙居住，别成一村落"。❸由此可以推测，久米村在明治初期仍然保持着聚居的形态。

1879年日本强行占领琉球以后，曾聚居生活的久米村人因形势所迫，不少人移居到农村或离岛地区，久米村及其周边环境也发生了巨大变化。明治至大正年间，东町及泉崎的海岸线被填埋，仲岛的大石被陆封，东南边也被填埋成为那霸站和旭町。而在1914年的区域规划中，久米村被分割为久米町1丁目、2丁目和天妃町1丁目、2丁目，于是"久米"这一地名变成了过去久米村的一

---

❶ 李献璋：《媽祖信仰の研究》，泰山文物社刊，1979年，第466页。
❷ 汪楫：《使琉球杂录》卷二，"疆域"篇。
❸ 伊地知贞馨：『冲绳志』卷一，"地理志"篇，1877年。

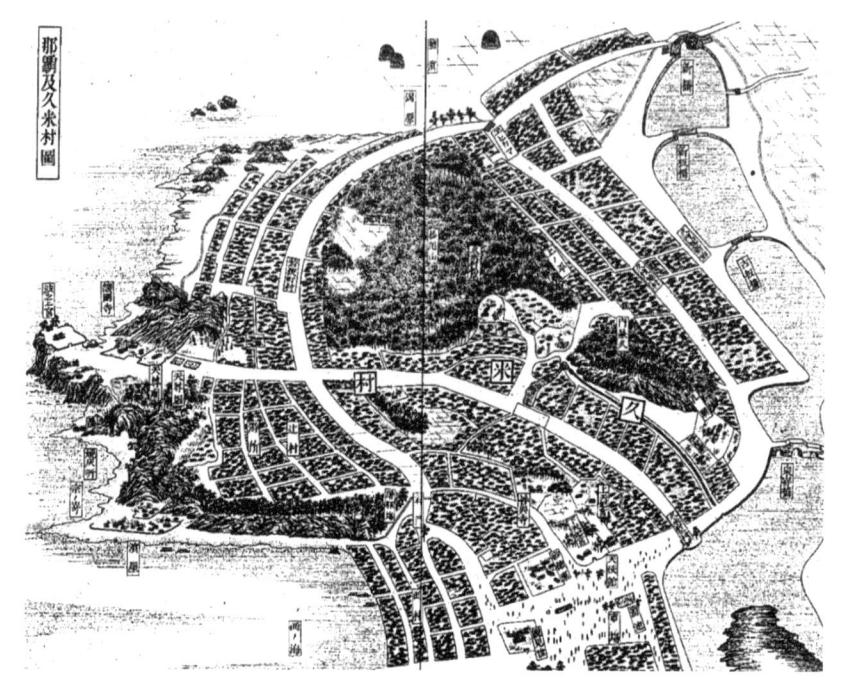

图 2-3　那霸及久米村图

部分。不过，区域范围的改变并未对久米村的历史遗迹和景观造成影响。高桥诚一根据文献史料中的琉球地图及相关记载，以及实地调查比较，复原了久米村及其周边的景观构造图，对久米村的地理位置和景观构造作了历史考察和现状比较。

1944 年的那霸空袭和 1945 年的冲绳战，致使包括久米村在内的那霸诸多历史文化遗产化为灰烬，加之 1952 至 1971 年实施的战后复兴区划调整事业，使得久米村的历史痕迹所剩无几，只留下现在的久米 1 丁目、2 丁目，其范围比过去的久米村要缩小很多。而且，由于战争的混乱致使本已不再聚居的久米村人更加分散。有的因战争疏散或定居到别的地方，有的把土地出租或变卖后移居他乡，结果在原久米村土地上居住的久米村人大幅度减少。笔者在田野调查中发现，久米村人后裔以那霸市为中心，散居在具志川市、读谷村、嘉手纳町等地，而久米 1 丁目、2 丁目的居民大部分都是外来人口。

总之，随着时代的变迁、地理环境的改变、区划调整政策的实施，久米村的地理位置也发生了巨大的改变，如今的久米一带已不同于过去的久米村。

三、久米文化复兴的前兆

由于战争的原因，那霸的大部分地区被夷为平地，久米村人也四处迁移。为了把分散的久米村人团结在一起，一些有识之士创立了"秉烛会"。据年长者介绍，秉烛会每月举办一次，每次大概有20多人出席，他们忆往追昔，畅谈昔日久米之辉煌，为久米村精神的延续注入一丝希望，秉烛会从战后一直持续到20世纪80年代。❶可惜的是关于秉烛会的具体情况并无资料记载，只能依靠一些年长者的回忆访谈了解相关信息。从秉烛会的名称可以推断出战后久米村人对于"唐"（中国）和久米村的历史、精神的追忆，并对久米村传统精神文化的遗失所抱有的遗憾、惋惜之情。

如前文所述，美军在统治冲绳期间，实行脱日本化政策，琉球方言开始大范围使用，琉球的传统文化得以复苏。在这种宽松的文化政策的影响下，久米村人也开始了复兴计划，各门中为集结力量积极地开展了各种活动。以毛氏门中为例，战前毛氏门中利用"模合"形式积累的共有财产来经营不动产生意，从中获得的收益用于门中的活动、门中子女的学习奖励等事业。第二次世界大战后，毛氏门中通过多方努力，收复了战前的房产。土地租金的收入用来清明祭祖、门中子弟的教育等。1960年，毛氏门中获得法人地位，成立社团法人久米国鼎会。久米国鼎会不仅对门中子弟进行奖励，而且还积极参与冲绳县的人才培育和文化事业，可以说具有公益法人的性质。除了门中之外，久米村人的代表性组织久米崇圣会于1962年11月5日获得琉球政府的复活认可，同年12月12日完成法人登记，并开始筹措久米孔子庙的重建事业。久米崇圣会作为维持运营以孔子庙为主体的社会组织，把分散的久米村人凝聚在一起，成为久米村人的精神寄托和支柱。

概而言之，战后美军统治冲绳期间，可以说是包括久米文化在内的琉球传统文化复兴的黎明期。

---

❶ 笔者于2013年4月对久米同进会进行的调查采访记录。据介绍，"秉烛会"名字来源于李白的诗《春夜宴从弟桃花园序》，里面的"古人秉烛夜游，良有以也"一文。

第三节　美军结束占领以后——文化复兴的活跃期

1972年5月15日，美国将冲绳的施政权交还给日本，结束了长达27年的占领。冲绳社会在复归日本后经历了较长一段的动乱期，对美军基地、日本政府的反对声仍不绝于耳，对此日本政府对冲绳采取了一系列的经济援助、文化扶持等策略，从而开启了冲绳传统文化复兴的新时期。冲绳成为在施政权上属于日本但又没有完全被日本标准化的特殊地区。

一、美军结束占领后的冲绳社会

1969年的日美共同声明发表了冲绳返还日本的决议。1970年，NHK对冲绳民众关于复归的态度和看法作了调查（图2-4）。从调查的整体结果来看，绝大多数冲绳民众赞成冲绳复归日本，他们满怀希望地期待日本政府能够帮助冲绳摆脱美军的统治，消除美军基地，使自己的热土重获新生。1972年5月15日，美军将冲绳的施政权交还日本，冲绳在制度上成为日本47个都道府县之一。但是，与冲绳民众的意愿相悖，冲绳作为美国侵略亚洲的军事据点的事实没有发生任何改变。在复归之际，冲绳仍有27850公顷的美军基地（专用设施），占冲绳县面积的12%以上，实际上超过了冲绳本岛面积的23%。[1] 另外，美军演习事故和美军犯罪概率并没有减少，军用地租用费也大幅提升，后来随着基地精简化，基地的劳动者被大量解雇，以上等问题使得冲绳社会的矛盾、对立被激化，利益冲突日渐复杂。

此外，与日本本土制度的一体化，把冲绳社会带进了与以往性质不同的日本式秩序的框架中。外界用"复归"或"归还"简简单单的两个字或许就能表述冲绳的转折，但是对于冲绳民众来说却发生了翻天覆地的变化。琉球政府被冲绳县厅所代替，行政主席变成了冲绳县知事，流通货币由美元变为日元，法律体制、健康保险、退休制度等都发生了重大变化。在琉球处分后的一个世纪

---

[1] 新崎盛晖著，胡冬竹译：《冲绳现代史》，生活·读书·新知三联书店，2010年，第231页。

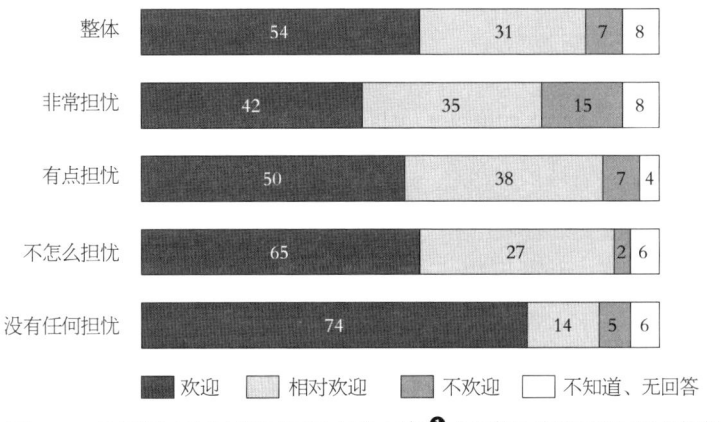

整体	54	31	7	8
非常担忧	42	35	15	8
有点担忧	50	38	7	4
不怎么担忧	65	27	2	6
没有任何担忧	74	14	5	6

■ 欢迎　□ 相对欢迎　■ 不欢迎　□ 不知道、无回答

图 2-4　冲绳民众对冲绳回归日本的态度[1]（根据对复归后生活的担忧度）

里，冲绳人民生活的土地的称呼也三度变迁，即因琉球处分而由琉球变为冲绳，因美军统治由冲绳变为琉球，又因复归日本而由琉球再度变为冲绳，其政权也随之而变。冲绳人由"唐世代"（中国王朝时代）到"大和世代"（日本帝国时代），再到"美国世代"（美国施政时代），又重新变为"大和世代"，剧烈的变动使得冲绳人的自我认同发生了动摇，产生了混乱，从而造成了民众的不安。[2]日本政府的对美政策又让众多的民众满怀焦虑，大失所望，各种民意调查的数字都表明，在即将复归之前好不容易维持着对复归期待的民众，在复归的同时却对现实骤然失望。

另一方面，日本政府在收复冲绳之际，为了安抚民众的情绪，消除冲绳与本土的经济差距，制定了从1972年至1981年的10年冲绳经济振兴计划（以后每十年制定一次），为了推进基于这个计划的各种事业，制定了冲绳振兴开发特别措施法。这个计划让人觉得是为了尽快矫正因惨烈的冲绳战和长期与本土隔绝而产生的社会经济差距。在文化方面，拥有与大和（日本）相异的独特历史，和在这样的历史背景下培育的独具个性文化的冲绳，每逢历史的转折点，都渴望依据自己历史的、文化的独特性，对冲绳社会的未来做出展望。因此，冲绳传统文化的复兴被提上日程，"乡土派"知事平良幸市在1977年年初的记者招待会上，提倡"重新认识冲绳文化，应该是今年文化立县的第一步。"[3]在此影响下，比起企业招商和依赖观光收入，提倡更应该重视第一产业和传统工艺品产

---

[1] 河野启：「本土復帰後40年間の沖縄県民意識」，『NHK放送文化研究所年報』，2013年，第92页。
[2] 鹿野政直：『沖縄の戦後思想を考える』，岩波書店，2011年，第114页。
[3] 新崎盛晖著，胡冬竹译：《冲绳现代史》，第283页。

业以实现地区振兴（唤醒岛屿、唤醒村落）的运动也开始抬头。

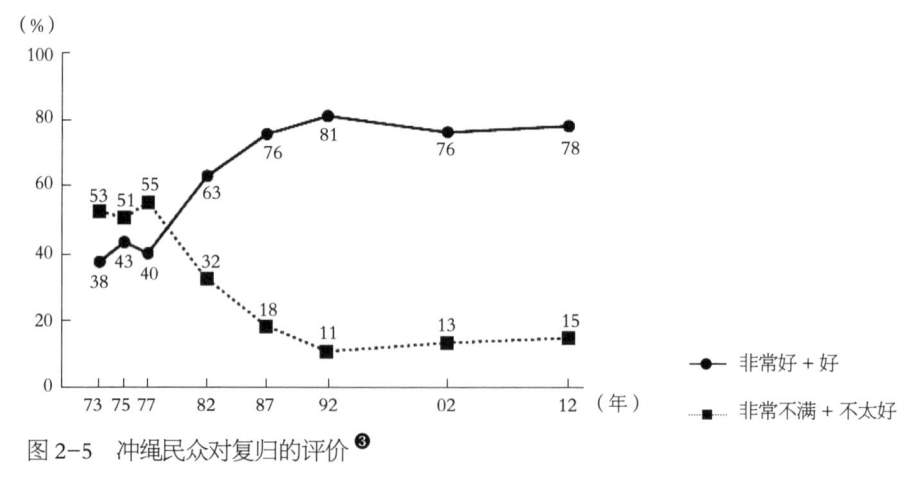

冲绳复归日本后，经历了较长时期的不安状态，"反复归"运动和冲绳独立论也不断涌现。尽管如此，根据若干民意调查数据显示，从复归10周年（1982年）起，冲绳的民众意识还是发生了很大变化，对于复归的肯定评价超过了否定评价（图2-5）。新崎盛晖认为，藏在这些数字变化背后的应该是冲绳的众多民众对大和社会与大和制度的"习惯"，冲绳民众把复归作为一种既定事实接受下来。❶ 冲绳县的交通、学校等公共设施焕然一新，县民收入虽然依旧是全国最低，但整体生活水平比复归前提升了许多。政府在1981年12月决定继续执行冲绳特例的高比率国库补助制度，继续制定冲绳经济振兴计划。1992年，复原首里城被作为复归20周年的纪念工程。对于冲绳来说，首里城是其历史和文化的象征，它让人忆起曾经活跃于整个亚洲的琉球人的辉煌历史。首里城的复原对冲绳人的意味深远，是冲绳人"在重新确认冲绳本身的历史、文化的同时，创造开拓冲绳明日的'自信'和'骄傲'"。❷ 因此，复归20周年之际，冲绳民众对复归即对日本政府的好评创历史新高。

图 2-5 冲绳民众对复归的评价 ❸

从1993年1月开始，历时半年，NHK播放了以17世纪的琉球为主题的历史题材电视剧《琉球之风》，其背景舞台便是新复原的首里城。与此同时，在日本本土，冲绳的传统戏剧和歌谣也广受好评和欢迎，日本迎来了前所未有的冲绳热。而以首里城为代表的冲绳文化遗产，也成为冲绳人主张与大和文化不同

---

❶ 新崎盛晖著，胡冬竹译：《冲绳现代史》，第281页。
❷ 《琉球新报》，1992年4月15日。
❸ 河野啓：「本土復帰後40年間の沖縄県民意識」，『NHK放送文化研究所年報』，2013年，第94頁。

性质的冲绳文化独特性的论据，意味着冲绳人的自我认同和归属。冲绳的特色传统文化进入复兴和发展的新时期。

二、久米村人的活跃

　　复归日本后，冲绳的传统文化得以全面复兴和发展。在这样的社会背景下，在琉球历史上占据重要地位的久米村人的巨大贡献得以重新评价，相关研究也随之增加。琉球处分后封闭于自己的世界不敢引人注目的久米村人，以其祖先闽人三十六姓的辉煌历史为荣，开始了复兴传统久米文化的热潮，并在此基础上与时俱进地重新构建久米文化。

　　久米村人后裔通过开展一些活动来弘扬久米文化，唤醒人们对久米村的历史记忆。久米系门中的活动，除了毛氏门中之外，阮氏、蔡氏、梁氏等门中也相继法人化，积极地开展门中活动，如举办门中子弟奖励会、组织清明祭祖、重新编纂家谱，并积极地参与公益活动，为冲绳的进步和发展做出贡献。1972年中日恢复邦交正常化以后，在日本掀起了"中国热"，在此影响下，冲绳与历史上曾有深厚渊源的福建建立了密切的交流关系。久米系门中也随之展开了到福建寻根访祖的热潮，并与福建同族进行了频繁密切的交流。

　　与此同时，久米崇圣会也将复归前重建久米孔子庙的计划付诸行动。孔子庙旧址因国道58号线路的占用而只剩狭小的一部分，在旧址重建孔子庙的希望渺茫。于是久米崇圣会将孔子庙的重建之地选在了在波之上护国寺旁边的天尊庙旧址，该地为久米崇圣会的所有地，并决定在原地重建天尊庙和天妃宫。1973年，久米崇圣会获得那霸市建筑部门的建筑许可，举行了重建久米孔子庙的开工仪式。1974年，久米孔子庙竣工，建筑物包括大成殿、明伦堂、天尊庙、天妃宫、至圣门以及周围的石墙。与此同时，久米崇圣会还在孔子庙旧址（现在的那霸商工会议所邻接地）建立了"大成至圣先师孔子"的铜像和孔子庙、明伦堂旧址的石碑。1975年1月25日举行了孔子铜像的揭幕仪式、孔子庙的落成仪式以及复兴后第一次释奠。[1]之后，久米崇圣会越发活跃，公开举办孔子祭典，广邀各界人士参与；收集久米村相关的珍贵历史资料，邀请历史专家研究久米历史文化；积极地展开儒学相关的文化讲座、展示会，弘扬传统的儒家文化；举办纪念活动，如1992年举办闽人三十六姓移居琉球600周年系列活动，向世

---

[1] 『久米至聖廟沿革概要』，社団法人久米崇聖会，1975年，第10-11页。

人展示久米文化，弘扬久米精神；开展公益活动，增强久米村人在现代冲绳社会的影响力，等等。

但是，经历了历史的兴衰、时代的剧变，久米村这一地名已经消失于那霸的舞台，久米村人也已经完全融入了冲绳社会。现在的久米村人在生活习惯、语言文化等方面与普通的冲绳人无异，他们在某种程度上抱有"中国血统"的意识，但是越来越多的年轻人已经是地道的冲绳人、日本人，他们不知道何为久米村，更不知道自己的祖先来自几百年前的中国。可以说，久米村人在新的活跃时期，传统文化的复兴与丧失是同时存在的。

小 结

冲绳被纳入日本近代国家体制以后，在日本的皇民化教育下丧失了诸多传统文化；在第二次世界大战中，又成为日本国内唯一一个陆地战场，许多历史文化遗产被摧毁，战后美军统治的27年，可以说是冲绳脱离日本化、受西方思想影响的阶段，同时也伴随着冲绳人民与美军基地抗争的历程；1972年，复归日本后，冲绳社会经历了较长时期的混乱，民众的意识也几经周折，由最初的支持复归到复归后的大失所望，再到后来的"习以为常"。在传统文化方面，美军统治时期所采取的"脱日本化"政策，使得冲绳的传统文化脱离日本政府的抑制打击，在一定程度上开始走向复兴的道路；日本收复冲绳的施政权以后，采取了相对宽松的文化政策，冲绳的传统艺能在日本本土受到青睐，学界也掀起了一股冲绳传统文化的研究热潮，冲绳文化进入复兴和发展的新时期。不管怎样，琉球的民族文化是经过长期的修炼和沉淀而成的，在日本的同化和美军的改造下，这个民族仍然保持着自身的特色，带有强烈的自我认同感。

那么，在剧烈的时代变迁中，在琉球历史上占据重要地位的久米村又是怎样一番景象呢？久米村人在琉球王国灭亡后，虽力争反抗但终究沦为日本同化政策下的牺牲品，融入冲绳社会，由聚居变为散居于冲绳本岛、离岛等地。无情的战火摧毁了久米村的历史遗迹，使得久米村人丧失了自我认同的依据，甚至在区域划分中久米村这一称谓也已销声匿迹，久米村人的辉煌历史逐渐消逝于人们的记忆之中。而久米村人自身也几乎完全同化于当地社会，与普通的冲绳人无异，越来越多的年轻人已经不知道何为闽人三十六姓、何为久米村了。

但是，传统的丧失与复兴是并存的。在久米文化和精神面临着严峻考验的同时，久米崇圣会和各门中会始终为复兴传统的久米文化不遗余力。在新的发展时代，久米村人亦顺应潮流，在坚持传统的基础上，对历史传统进行再创造，试图构建新的久米文化，寻求新的身份认同。

第三章 久米村的民俗文化

闽人三十六姓于 14 世纪末期移居琉球后，聚居于久米村，作为一个移民团体，他们不可避免地将其风俗习惯带到了琉球。久米村的习俗在当时的琉球可谓是独树一帜，也是其民族性的体现：久米村人身着明朝服饰，留着明人发型，有着唐人姓名，过着明朝的岁时节庆，信奉闽人的宗教信仰，甚至在房屋建筑方面也保持着明朝的样式风格。但是，明朝灭亡以后，他们身为明人的后代，不愿遵从清朝的习俗，而是选择琉球的风俗习惯。自此，久米村人的生活习俗急速琉球化，到现在几乎已经完全等同于那霸人。❶ 但是，久米村人带来的不少中国习俗如饮食习惯、服饰、节日等，由久米村延伸开来，渗透到琉球诸岛。至今，冲绳社会仍然随处可见中国文化的痕迹，是有别于日本的"异国风情"。

对于久米村人来说，传承数载、经由历史沉淀的风俗习惯，要想连根拔起并非易事。久米村一些传统的民俗文化尤其是风水习俗，直到现在仍然影响着包含久米村人在内的冲绳人的生活。民俗文化是久米村文化的重要组成部分，是构建其文化认同的基础。然而，有关久米村民俗文化的先行研究却相对薄弱。本章根据历代册封使的见闻及琉球方面原始史料的记载，试从饮食起居、年中节庆、人生仪礼和风水习俗四个方面，来探讨久米村的民俗文化的内涵和特征及其发展变化的过程。

第一节　饮食起居

一个民族的文化身份认同，从对民族历史文化传统的认识中发生，这种认识首先来自于最基层的生活文化，表现在具象的物质生活方面，而饮食、服饰、住房就是其中的重要方面。

在饮食方面，关于久米村人饮食习惯的记载并不多见，但是从琉球饮食方式所受福建地区的影响可以推断出久米村人的饮食习惯。琉球以番薯类为主食，海产品占有较大比重，而米麦较少，多为王室贵族所食用，后来琉球饮食中出

---

❶ 那霸市史编集室：『那霸市史資料篇第二卷七・那霸の民俗』，1979 年，第 17 页。

现了岁时节庆时食用的特色副食糕点，如清明节的艾糕、端午节的角黍（即粽子）、除夕夜的芋头等。此外，时至今日冲绳人仍旧喜爱食用猪肉特别是猪内脏、猪蹄、苦瓜、紫薯等，这在日本人眼里可谓是"异国风情"，被认为是冲绳的传统饮食。殊不知这些传统均来自中国的饮食习惯，是以久米村为基点融入琉球人的生活之中，并沿袭至今。

在服饰方面，据《唐荣旧记全集》记载："唐荣人氏，系三十六姓子孙。故其所服衣冠，皆从明朝制法，包网巾，戴方巾・纱帽。至清朝顺治七年庚寅，始剃发，结欹髻，衣冠悉从国俗焉。"❶ 也就是说，久米村人在琉球依旧保持着明人的穿着打扮。同时，明朝装束也影响到琉球贵族，如《琉球国志略》中记载："国王见天使，仍明时衣冠：乌纱帽，双翅侧冲上向，盘金朱缨垂领下，更有皮弁。受封后诣馆谢及望舟宴时，皆着之。"❷ 然而，1644年清朝的建立，对久米村人来说是一个重大打击，作为明人的后裔，他们不愿依从清朝的辫发习俗及服装，但另一方面他们仍需要与清朝进行朝贡贸易，难以继续保持明朝的服饰和发型。1650年起，久米村人采取了改换琉球服装的办法，并将结发方式改为琉球男子特有的发型"欹髻"（结发在头顶右侧），此为久米村人移风易俗的开始。琉球王国灭亡后，与冲绳人一样，久米村人的着装打扮也被日本所同化。

在居住方面，《李朝实录》中济州漂流民金非衣、姜茂等人对久米村人的居住地有如下描述："唐人商贩来，有因居者，其家皆盖瓦，制度宏丽内施丹艧，堂中皆设交倚。"❸ 与之相对，琉球人的房屋一般以草或板为顶，屋内多为木质原色，屋内无椅，家人席地而坐。由此可以看出，久米村人在琉球的住房和生活设施仍然保持中国的风俗习惯。周煌在《琉球国志略》中对久米村类似于中国房屋设计的构造及设备的也有所描述。久米村的房屋建有院墙，大门处设有影壁，屋顶上有石狮子，这些建筑习俗均来自福建地区，源于我国的风水思想，意在为家中驱灾避邪，防止家中福气财气外流。在久米村的仲里村真谢和具志川村西铭等地，竹墙较多，被称为"中山八景"之一（图3-1）。这些带有浓厚中国风格的建筑，如影壁、石狮子等现在仍普遍存在于冲绳社会。

---

❶「唐荣旧记全集」,『琉球国由来记』卷九，1713年。
❷ 周煌:《琉球国志略》卷四（下），乾隆己卯年刊（1759年），漱润堂藏板，第17页。
❸《朝鲜王朝实录》，成宗105卷，10年（1479己亥）6月10日（乙未）项。

图 3-1　久米村竹篱 ❶

第二节　年中节庆

民族文化身份的建构是通过建构民族文化记忆进行的，而文化记忆的传承则需要有固定的附着物，需要一套自己的演示方式，而节庆就是文化记忆中重要的传承和演示方式。年中节庆是民俗的重要组成部分，是在自古以来的民族生活中形成并传承下来的，其内容丰富，形式多样，年复一年循环出现，这种规律性和重复性是文化记忆得以传承的形式保证。同时，它通过"节""令"的形式，引导大众的群体活动行为，使共同体的成员得以确认自己对共同体的归属。因此，年中节庆在建构民族文化身份方面具有重要的文化意义。

久米村一年中主要有以下重要节日习俗。

一、元旦

元旦，即春节的古称，是久米村人非常重视的节日。与我国习俗一样，久米村人也放鞭炮、贴对联、拜年、发压岁钱，还有舞狮等游乐活动。初一他们在祖先的牌位前摆上香炉、烛台、饭菜、糕点，全家人一起祭拜祖先，再拜灶神；拜年时，先去宗家，再根据长幼顺序依次拜访；初二是久米村子弟新年后

---

❶ 周煌：《琉球国志略》首卷，乾隆己卯年刊（1759年），漱润堂藏板，第27页。

第一天上学的日子，出门前先在红纸上抄写范本，供奉到祖先牌位前，再烧香拜祭。初四在放香炉的地方贴上对联，摆上供品，烧香，迎接灶神下天（腊月二十四日为灶神上天日）。元旦曾普及到琉球各地，琉球国王非常重视元旦的活动，必亲自参与行事，遥拜中华，以表忠诚之心。据载，"冬至、元旦日，国王皮弁执圭，先拜岁德（随岁德所在之方向拜之），乃北向遥贺皇上万万岁，三跪、九叩。礼毕，始登殿受百官贺。……元旦行礼后国人皆散，惟久米村大夫下至秀才，王皆赐酒脯，竟日乃散。"❶ 由此也可以看出久米村人对元旦节日的重视，以及对琉球的影响。但是，随着时代的变迁，元旦习俗大都已经消失于久米村人及冲绳人的生活中。笔者于 2013 年 6 月赴冲绳本岛南部的系满市参观了喜屋武岬的赛龙舟比赛，在当地采访了一些 90 岁左右的老人，据他们介绍，在系满地区仍然保留着过农历新年的习俗。

二、元宵节

元宵节，也叫上元节。像朔日一样，久米村人会祭拜祖先和灶神，供奉炒豆腐渣和红豆粥，还会祭拜厕神，祈求丰收。每年自正月十三日至十九日，在久米村的大门、西门及上、下天妃宫各设"结采门"一座；两天妃、天尊、龙王、关帝诸庙，紫金大夫以下，各供灯一个，张灯结彩，庆祝节日。但根据《球阳》的记载，在尚敬王时代，为了为削减公费开支，撤去久米村西门、大门内正月时修建的供元宵节装饰用的"结采门"，改为将松枝绑在木柱上的形式。由此可见，元宵节也曾是久米村的重要节日之一。

三、清明节

清明在我国已有上千年的历史，既指节气又指节日。清明节的主要活动是扫墓祭祖，带有浓厚的儒家伦理道德和宗教意识。久米村人深受儒家思想的影响，非常重视祖先祭祀，因而清明节对其来说是一个非常重要的节日。扫墓、祭祖、烧纸钱等习俗保留至今，是久米村人以及整个冲绳祭祀祖先的重大节日。

---

❶ 徐葆光：《中山传信录》卷五，1721 年。《重刻中山传信录》，平安兰园藏板，第 36 页。

四、端午节

在端午节，吃粽子、赛龙舟是不可或缺的项目。《琉球国由来记》记载："爬龙舟，盖为吊屈原而作也。本国原无此舟焉。……今见，中华江村人民，每年五月，多造龙舟，竞渡为吊，而称之曰。为祝太平之盛仪也。然则本国，始设此舟者，盖三十六姓，既到本国，然后为祝太平仪事，而能设此舟也，明矣。然本国从何世何年，始用此仪未知其详焉。"❶可知琉球的赛龙舟起源于闽人三十六姓，后普及到琉球王国。然而到了清朝，琉球的龙舟数量不断减少，"昔有久米村、那霸、若狭町、垣花、泉崎、上泊、下泊等，爬龙舟数只。今有那霸、久米村、泊村三只也。"❷徐葆光在《中山传信录》中写道："五月五日，竞渡龙舟三（即泊一、久米村一、那霸一）。一日至五日，角黍蒲酒同中国。"在琉球王朝时代，国王在重阳节会开设重阳宴，招待王公大臣，举办龙舟竞赛，与端午同。因此可以从有关重阳宴的详细记载中了解端午节赛龙舟的光景。（图3-2）"龙舟三，式与福州所见略同：梭长三丈余，桨二十八。人皆一色衣，一红、一白、一黑。每舟中央设鼓，彩衣小童击以为节。前后二彩衣童，执五色长旗。船首一人击锣，与鼓相应。齐唱'龙舟太平词'……左右旋绕，四岸乃士女匝观者数百人。"❸

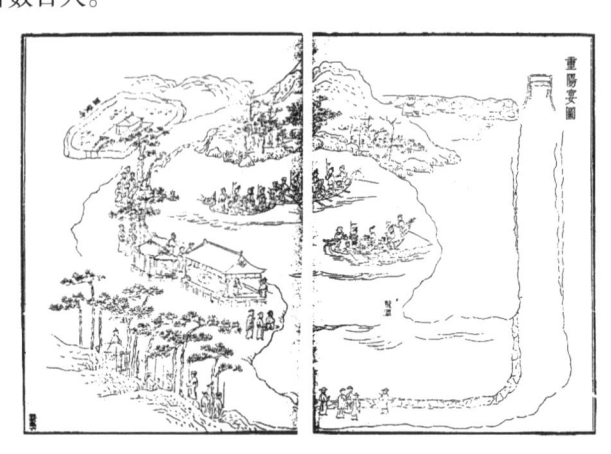

图3-2 琉球王国时代的爬龙舟

由此可见，龙舟的配置及比赛规则与中国传统并无太大差异。在琉球王朝

---

❶「唐荣旧记全集」,『琉球国由来记』卷九, 1713年。
❷ 伊波普猷ほか编:『琉球史料丛书』第一・二卷, 東京美術刊, 1972年, 第178页。
❸ 徐葆光:《中山传信录》卷二, 1721年。《重刻中山传信录》, 平安兰园藏板, 第36页。

时代，曾有将龙头、龙尾放置于宗庙进行祭祀的习俗。当时的久米村，设有专门用于龙舟赛的资金，以及管理存放龙舟的仓库等设备，直到战前在久米孔子庙还保存着传统龙舟的龙头和龙尾。1921年前后，冲绳传统的赛龙舟得以复兴，复兴后久米的龙舟颜色为黄色。每年公历的5月初（部分地方仍为农历五月初四）冲绳各地都会举办大型的赛龙舟，刚好赶上日本的五月黄金周，吸引了大批日本本土游客。

五、中元节

中元节为道教说法，佛教称为"盂兰盆节"，民间俗称"鬼节""七月半"，是融合了儒、释、道三教的节日。同清明一样，中元节是久米村也是整个琉球重要的祭祖节日，和家族制度紧密联系在一起。但是琉球自古无家族制度，由此可以推测琉球之有中元节，自当始于久米村，但影响所及，必早已遍及全国。久米村人在七月十三日早上打理灵前，摆上供品，一家之主和家中长男清扫祖先牌位，二男及以下分工打扫香炉、酒器等祭祖道具；傍晚家中男性持香到墓地，为祖灵指引回家之路，到家门入口处时点燃两边的松枝，家人全部出来在门前烧香祭拜，再把香移入灵前的香炉里，然后再度祭拜，完成迎灵仪式。十四日是祖灵参拜寺庙的日子，全家一日三餐均食精进料理（素斋），该日的供品中不能有酒；十五日是送走祖灵的日子，中午过了十二点，祭主（一家之主）向祖灵敬酒、点香、烧纸，然后拿着香带领全家人将祖灵送到十字交叉口，朝墓地方向烧香祭拜，完成送灵仪式。[1]至今，中元节仍是久米村人以及冲绳的重要节日之一，只是受日本本土的影响，许多地方已经改为公历七月中旬的"盂兰盆节"。但冲绳的中元节也形成了自己的特色，如中元节的祭祖活动在家中举行，而清明节则在墓前祭祖。

此外，久米村还曾有过中秋节、冬至等节日，但如今这些节日已经不复存在了。时至今日，久米村人在一年中最重视的日子就是祭祀祖先的清明节和祭祀孔子的释奠。值得一提的是，冲绳与我国一样，至今仍保留着农历的传统历法，这也是区别于日本本土的一大特色。

---

[1] 那霸市史编集室：『那霸市史資料篇第二卷七・那霸の民俗』，1979年，第121页。

第三节　人生仪礼

与节日相同，人生仪礼也是传承文化记忆的重要方式，是建构民族文化身份的重要途径。民族文化身份是一种集体身份，这种集体身份的建构需要其成员的归属和参与，人生仪礼是"个体"的人生节奏，强调个体在共同体中的"资格"，强调个体对共同体的责任。以下主要从婚姻和丧葬两个方面来论述久米村人的人生仪礼。

一、婚姻仪礼

久米村受儒教思想影响深厚，与琉球传统婚俗的最大不同点是遵守中国儒教社会的"同姓不婚"的基本原则，即同姓、同氏、同宗之间不通婚。另以媒为介，按"父母之命，媒妁之约"而婚配，举行相应的婚礼仪式，操办酒宴，过程较为烦琐。琉球的婚姻习俗本为"男女相悦，便相匹配"，而闽人三十六姓渡琉以后，琉球的婚俗发生了变化，逐渐汉化。正如李鼎元在《使琉球记》中记载："三十六姓初来时，俗尚未改，后渐知婚礼，此俗遂革。"[1]在久米村影响下，琉球逐渐学习与采纳中国婚礼的一系列程序，重视媒人撮合婚事，虽然在婚礼细节方面与中国略有差异，但对于媒人的重视、男女双方可以分别宴客，以及对于婚后有夫之妇不守妇道而犯奸时法律规定要处以死刑等习俗，这与中国传统婚姻制度相同。李鼎元在书中还记录到，他在翻阅《中山世谱》时，发现王族皆为尚氏，而王妃中亦有姓向之人，怀疑为同姓通婚，便问法司向天迪，答曰首里有二尚，"其一为前王尚圆之后，今国王始祖也；一为前代尚巴志之后，今与通婚姻者也。"可以说，琉球王国上自王室下至平民，都遵守中国"同姓不婚"的婚姻传统。

"同姓不婚"成立的前提是"姓"，而琉球人原本只有童名（小名），没有

---

[1] 李鼎元：《使琉球记》，1802年，台湾文献丛刊第292种，台湾银行经济研究室，1971年，第25页。

姓氏的概念。闽人三十六姓带着自己的姓氏而来，并代代相传，这也影响到琉球人，使得他们开始重视自身的血统与根源。明宣德五年（1430），明皇帝赐琉球国王"尚"姓，自此历代相传。清康熙二十八年（1689），琉球国王又将向、柳等中国姓氏赐姓给贵族及大臣。从16世纪后半期起，普通的琉球人也逐渐有了唐名。

根据笔者对久米村人的采访调查可知，琉球处分以后包括久米村人在内的琉球人的"唐名"消失于日本政府的"改姓改名"运动中。但是，久米村人的中国姓氏却借助门中的形式保留至今，并成为久米村人区别于其他冲绳人的一个显著标志。除此之外，"同姓不婚"的习俗也随着久米村的日本化而消失。

二、丧葬仪礼

久米村的葬式同样深受儒教思想的影响，均以儒家礼数行丧葬之礼。如有三年守丧、七日、七七、百日、周年、三周年等祭祀，以及洗骨、龟甲墓制等福建地区的习俗。

有关久米村实行中国式祭葬礼的记载最早见于《球阳》，"唐荣之人从来祭葬之礼悉从儒家之礼。至于近世，改从国俗，延僧行弗法。但其祖宗三十六姓始奉旨入球，广施儒教；其裔世司贡典，厚赐俸禄。至今犹有旨入监读书者，而里人皆肄儒业，以任译之职。当行儒道，而习中国之礼。是以题定其世行儒礼。至康熙五十八年己亥，呈请从国俗。"❶也就是说，久米村最初实行儒家之祭葬礼，到了近世，改为琉球国内普遍采用的佛教式仪礼。在尚敬王元年（1713），久米村恢复了原来的儒家仪礼，而康熙五十八年（1719）再次改为琉球传统的佛教式仪礼。关于到底是应该实行中国式还是琉球式的问题，在久米村内产生了争议。当时，主张实行儒教仪礼的蔡文溥等人向评定所提交了意见书，文曰：

最早三十六姓之家法，年来遥隔，其志日益淡薄，先祖之家法亦相忘，风俗亦渐废行，令人遗憾至极。去已年久米村之仪，唐儒家之葬礼得以恢复，诚以古风再兴之基与奉感心。❷

该文诉说了蔡文溥等人对祖先家法、风俗日渐废行的忧虑，同时对儒教式

---

❶『球陽』卷十，尚敬王"题定唐荣遵守儒家發葬之礼"条。
❷ 山里純一：「『四本堂家礼』に関する基礎的考察」，『日本東洋文化論集』16，2010年，第65頁。

葬礼于1713年恢复时的喜悦之情。然而，裁判所最终以多数久米村人反对中国式作法为由，下令在久米村实行佛教式葬祭礼仪。而蔡文溥的这种对祖先家法及风俗现状的危机意识，被认为是其后来创作《四本堂家礼》（1736）的直接动因。《四本堂家礼》又称《蔡家家宪》，记录了久米村蔡氏家族的仪礼，是研究18世纪前期久米村及冲绳民俗的重要史料。由成书年代可以推断，当时琉球国内的佛教式葬祭仪礼已经普及到了久米村，因此可以说，《四本堂家礼》中以蔡氏为代表的久米村的葬祭仪礼融合了中国儒教式和琉球佛教式两种因素。

但是，即便是在康熙五十八年（1719）久米村又改为琉球佛教式祭葬礼仪，当久米村仍有坚持实行儒教祭礼者。据《球阳》记载，"紫金大夫郑弘良请行儒葬祭礼。唐荣士臣素行中华祭葬之礼。至于近世，改用释僧之葬礼。康熙癸巳年，仍行儒葬礼。己亥年，亦为释僧葬礼。是年之春，唐荣紫金大夫郑弘良（大岭亲方基桥）请乞儒祭葬礼，幸蒙俞允。其夫妇雍正己酉、庚戌之冬染病而卒，供行甚礼，以为葬祭矣。"❶ 由此可见，在久米村改为佛教祭礼的当年，紫金大夫郑弘良获得首里王府的许可，实施中国式祭葬礼。郑氏夫妻去世时的葬礼实行的均是中国式仪礼，且其后子孙亦遵从此礼。

在久米村丧葬仪礼的变迁过程中，令人不解的是为何深受儒教思想影响的久米村人会反对儒家葬礼。据记载，多数久米村人反对的理由是：禁止念佛导致许多人对于讣告不得而知，显得有失礼节；对葬具及其他物品的准备不足、简略化反而会助长悲伤的情绪；七月十五日的盂兰盆会和年忌会很难继续维持；同样是琉球国，只有久米村实行中国式葬礼的话，会带来诸多不便，同时也不得不改变结婚礼仪及其他仪礼等。笔者认为，此时的久米村经历近世的再编已经将近一个世纪，久米村的琉球人势力庞大，且久米村人与琉球人的通婚也加速了久米村本土化的进程，琉球佛教式祭葬礼就是渗透到久米村习俗中的一个例子，这也使得久米村不得不舍弃诸多中国式传统，日益琉球化。

但是另一方面，琉球的丧葬仪礼也深受儒教思想的影响。据《琉球国由来记》记载："当国葬礼，习中华法，其僧引导者，侨国法也。中古以其花丽，故尚质王世代康熙六年丁未省之，改订葬礼也。"❷ 即琉球最初实行佛教式葬礼，后受儒教思想的影响，自康熙六年（1667）起，琉球王府改行儒家葬礼，以后民间两者并行之。《球阳》记载："天使《赞球俗录》曰：有三年之表云尔。由是考

---

❶『球阳』卷十一，尚敬王十四年（1726）年"紫金大夫郑弘良请行儒葬祭礼"条。
❷ 伊波普猷ほか編：『琉球史料叢書』第一・二卷，東京美術刊，1972年，第86页。

之，洪武年间，闽人三十六姓始到琉球，留敷文教，时定三年之丧也欤。"❶由此可以推测，琉球的守丧之制亦起源于久米村。

第四节　风水习俗

风水，又名堪舆、相地术、阴阳术、青囊术等，是我国历史悠久的传统文化。《辞海》中对其解释是："风水，也叫'堪舆'，旧中国的一种迷信，认为住宅基地或坟地周围的风向水流等形势，能招致住者或葬者一家的祸福，也指相宅相墓之法。"❷历史上最早给风水下定义的是晋代的郭璞（276—324），他在《葬书》中云："葬者，乘生气也，气乘风是散，界水则止。古人聚之使不散，行之使有止，故谓之风水。风水之法，得水为上，藏风次之。"风水思想中包含着一定的玄学成分和神秘色彩，曾被视为"迷信"，但不可否认的是风水也有一定的文化韵味、科学意识和实用性。在风水理论中，既有"天人合一"观、"阴阳"论、"五行"说等哲学思想，也有天文学、地理学、生态学、心理学等深刻道理，是一门综合性学科和整体性学问。人们在选址时对自然环境、安全、禁忌和景观等因素加以综合考虑和评估，做出吉凶判断和解释，并赋予其一定的文化内涵，创造适于人们长期居住的良好环境，以达到趋吉避凶纳福的目的。风水习俗历经几千年的发展历史，早已深植于中国人民的生活中，并影响至汉文化圈中的日本、朝鲜、越南等国家。奥克兰大学教授尹弘基在谈到"风水"在东北亚汉文化圈中的重要地位时说："如果对风水不了解，要深入了解中国和东亚文化是不可思议的。"日本学者三浦国雄也说风水是"亚洲世界的共有财产"。

风水思想盛行于福建地区，因此也随着中琉两国的交流而传到琉球，对琉球人的村落、住宅、墓地的选择产生了重大影响。日本本土并不存在风水一词，而风水在冲绳至今仍是通用语，方言中多称"フンシ"（funsi），发音与福州方言及闽南方言相近。在琉球史料中多把风水记载为"地理""阴阳"等。据《琉球国由来记》记载："当国，前代有风水堪舆，不可考。康熙六年（1667）丁

---

❶『球阳』卷六，尚质王二十年（1667）"始制定人民之丧服"条。
❷ 辞海编辑委员会：《辞海》，上海辞书出版社，2000年，第1581页。

未,为接贡事,周国俊国吉通事为存留通事。到于闽学地理,是我朝风水看之始矣。"❶这是琉球文献中有关风水的最早记载,文中的"地理"即指风水,"风水看"即风水师之意。但是,1533年的册封使陈侃在《使琉球录》中云:"王之居舍,向南者七间、向西者七间;以南者旧制不利于风水,反以西者为正殿。阁二层,上为寝室;中为朝堂,未与臣下坐立。"❷可知,在16世纪前期的琉球建筑理念中已经存在风水观念了。

对于久米村来说,风水思想应当在史料记录以前的14、15世纪就已经存在。推测理由是,风水思想在我国明清时期发展至鼎盛,风水活动遍及民间和皇室,而闽地区对风水的崇信之风更为浓厚,也就是说风水思想在闽人三十六姓移居琉球之前就早已渗透到福建各地,所以闽人必会将其带到琉球,影响其生活的方方面面。笔者将久米村的风水习俗概括为以下三个方面:

第一,久米村的风水思想在其村落构造中表现得淋漓尽致。据《唐荣旧记全集》记载:

> 唐荣者,前有大江,潮汐来朝,以为明堂。南望之,则峰峦绕抱,以为锦幛。奥山耸秀,以为文案。后与左右,则林树密围,以为玉屏。自南门,直望之,则中岛之西,有一块大石,峙对南门,以为龙珠。南门以,为龙首。双树为角,双石为眼。中街蜿蟠,以为龙身。西门为尾。而邑中,有一条小港。潮水往来,以佐其威焉。且于泉崎桥之西,有二大石。从江中起,能锁急流之气,而大有情矣。若此数者,固系夫风水之理也,非轻矣。由此观之,盖三十六姓,亲能为之经营者,岂有疑焉。(附:中岛之大石,耸起南门前,系于风水。康熙十二年,紫金大夫金正春城间亲方,恐有其久而为人所破。故奏请王命,以属唐荣)。❸

周煌在《琉球国志略》中亦记载:

> 久米村,旧为普门寺地。明洪、永间,赐闽人三十六姓,因以居之。奥山作案,辻阜为屏;泉崎水萦带其间,中岛石卓立如印:真所谓天马行空,鬼乐相生。但帷幛重叠,毡褥未备。乃港堤突出,园广如唇;加以木石分植,宛似龙形,有文明之象。允宜簪缨甲诸村而俊髦辈出,崭然见头角也。❹

上述记载中的"明堂""锦幛""文案""玉屏""龙珠"等一连串的词均为

---

❶『琉球国由来记』卷一,"风水"条。
❷ 陈侃:《使琉球录》,台湾文献史料丛刊第三辑《使琉球录三种》,台湾大通书局印行,1997年,第31页。
❸「唐荣旧记全集」,『琉球国由来记』卷九,1713年。
❹ 周煌:《琉球国志略》卷四(上),乾隆己卯年刊(1759年),漱润堂藏板,第17页。

风水术语，可见久米村的形成与风水思想有着极深的渊源，其整体构造犹如一条龙蜿蜒其中，维系着久米村的繁荣昌盛。中岛的大石为龙珠，原本并不属于久米村，但是久米村人认为这在久米村风水中尤为重要，因而在1673年金正春特意奏请国王，将其划为久米村所有。大门（南门）为龙首，两旁的树为龙角，双石为龙眼，大门至西武门（西门）的久米大道为龙身，两边的小路为龙足。且村前的大江，在潮水往来之间，增加了龙威。关于久米村的风水，在《遗老传说》中有这样两则故事：清顺治七年（1650），萨摩的新纳刑部去世，由于萨摩藩人不知道久米大道为龙身，上面不能经由不净之物，葬送行列误入久米村大门，不久便有台风来袭琉球；清康熙四十八年（1709），有愚人偷偷抬着死尸穿过大门，同年招致七次大风，之后又造成了大饥荒。❶由《琉球国志略》中"久米村，旧为普门寺地"的记载可知，闽人三十六姓到达琉球之初，久米村的前身"普门寺地"与风水之术并无关联。可以推测，随着闽人三十六姓的定居，他们有意识地按照中国的风水观念改造并建设自己的新家园，最终形成了与风水思想渊源深厚的久米村。

第二次世界大战后，随着那霸市的重建，久米村的区域范围及结构发生了很大的变化，但久米村的核心地带（龙脉）依然清晰可见。中岛的大石在战争中得以幸存，成为冲绳县指定的天然纪念物，也是冲绳的御岳圣地之一；西武门、久米大道、久米村中街等地名在重建后依然被保存下来；在大门的龙首之处依然有龙眼、龙角，并建有石碑，记载着古代久米村的历史、周边遗迹、风水构造以及现今的地理位置。

第二，久米村人的风水习俗体现在其阳宅（家宅）和阴宅（墓地）上，因为他们坚信风水的好坏与家族的吉凶祸福，以及子孙后代的兴衰紧密相连。风水在这方面的影响已经不局限于久米村，可以说琉球大部分地方的家宅布局和墓地的选择、建造均受到风水思想的深刻影响。

在阳宅即住宅风水方面，琉球王国时期的士族家庭，在建筑新居时都会请风水师判断风水。由于住宅一般建筑于平地，因而在住宅风水中方位判断最为重要，其次则判断包含有地质、水流、周围建筑、远方山脉影响的"天地生气"之集结状态。❷冲绳的民宅多以南北走向为中轴，以东为尊，家屋"穴脉"被认

---

❶『遺老伝説（球陽外巻）』,『那覇市史資料篇第1卷1』,那覇市史編集室,1968年,第115页。

❷ 渡邊欣雄：「漢族の風水知識と居住空間」,渡邊欣雄・三浦國雄編：『環中国海の民俗と文化4風水論集』,凱風社,1994年,第300页。

为是从东方而来，如若宅地风水欠佳，还有一些镇宅驱凶之措施，这些均与我国的风水观念一脉相承。周煌在其《琉球国志略》中提到琉球的住宅时曰："屋上、门前，多安瓦狮；及立片石，刻'石敢当'者。"❶在冲绳的住宅风水中影响范围广泛的主要是影壁（屏风）、石狮子和石敢当。以久米村为代表的琉球人房屋大多建有院墙，在大门入口处设有影壁，从外直接看不到内堂，为家中挡煞驱灾，并防止家中福气、财气外流。屏风多以石、板、土、竹、生木等材料制成，也有一些是以泥块制成的。如今随着城市化的进程，影壁逐渐消失于高楼大厦中，但在一些地区仍保留着此种样式的住宅；石狮子多设置在屋顶或大门两侧，守卫家屋，为家中驱灾避邪；石敢当是一种阳宅风水的民俗器物，通常设立在住宅的正面以及村庄、街巷口对着直冲过来的道路、T字路口等处，用来压制不祥，防止地处T字路或交叉处的住宅遭受恶魔和灾害的侵入。

近些年来，冲绳的石狮子和石敢当的种类、样式日益繁多，被认为是不同于日本本土的"异域风情"文化，现已成为冲绳建筑风格的代表和冲绳旅游观光的特色文化。但是，在20世纪70年代以前，石狮子和石敢当在冲绳社会并非如此常见。在资本主义制度全球化的进程中，回归日本后的冲绳需要自己空间的特色，如果冲绳跟日本本土其他地方完全相同的话，其空间就不能吸引旅客、投资者等。因此，特别是20世纪90年代以来冲绳县与旅游公司和媒体等联合开创出冲绳这个空间的意象。于是，冲绳除了自然、健康食品、御岳、传统琉歌、琉舞等之外，还利用首里城宫殿、爬龙舟、风水等独具中华传统特色的文化因素来构造"冲绳人"这个特殊族群，强调其不同于"大和人"的认同感。风水中的石狮子和石敢当被日本人认为是冲绳的特色文化，因此，近几十年来，冲绳诸岛的石狮子和石敢当迅速增加。根据河合洋尚的调查，以前的久米岛很少有石狮子和石敢当，第二次世界大战前在住宅处安放石狮子和石敢当的都是富裕人家，20世纪90年代起才开始慢慢增加。❷由此可见，冲绳的石狮子和石敢当中虽然掺杂了一定的商业因素，但是作为强调不同于日本本土的特色文化，反而推动了冲绳风水思想的再生和繁荣。

在阴宅即墓地风水方面，对于重视祖先崇拜的久米村人来说，祖先墓地的风水尤为重要，因为这直接影响到家门的盛衰。有关墓地风水，最重要的判断

---

❶ 周煌：《琉球国志略》卷四，乾隆己卯年刊（1759年），漱润堂藏板，第20页。
❷ 河合洋尚：《中华话语空间中的民俗风水——日本冲绳县与中国客家地区的比较研究》，《客家研究辑刊》2009年第2期，第145-157页。

是山脉的形态，以及地质、水流和方位，还有墓道的确定、葬日的选择等都要根据风水理论来定。另外，墓的周围要草木茂盛，其邻地忌讳有农田和其他墓地的土木工事，这些与福建地区的墓地风水理念如出一辙。每个家族都希望祖墓能建在一个山明水秀、地势良好、不会发生剥蚀或堆积的自然环境中，由此更能提高扫墓者对墓地的崇敬感，因而也可以说墓地是一种景观生态和景观心理相结合的空间组织。在我国福建地区，因墓地风水而产生争执、诉讼的情况并不罕见。而在琉球久米村，同样会出现"风水之争"的情况。据久米村家谱史料记载，在清康熙三十四年（1695），久米村人曾葵以不满若狭町兼久原角真多濑墓为由，向王府提交了要在真和志间切牧志松原营造曾家墓地的请求书，书中曰："（松原）周围二十间方为曾家传世之墓地，而其间所生之草木皆永赐于世世受用，若他日造坟于近地者，一概听候曾氏所允许。"❶ 由此可以看出久米村人对于墓地的风水也是极为讲究、有诸多避讳的。

冲绳坟墓的形状，主要有崖葬墓、掘込墓、破风墓以及龟甲墓。崖葬墓和掘込墓是早期利用洞穴作为安葬地址的坟墓，现在已很少看到，破风墓和龟甲墓则普遍存在。破风墓是房子型坟墓，造法简单经济，是冲绳诸多陵园中普遍采用的形式；龟甲墓形似"龟甲"，在17世纪从我国华南地区传到琉球，最初存在于士族阶级，至19世纪后期普及至农村，尤其在丘陵地区占有较大的比例。❷ 龟甲墓的方位、朝向、型制等，均由风水师堪定，尤其是具体的墓形要根据图面的模式及当地风水而制（图3-3）。对于龟甲墓，冲绳人还存在着这样一种观念：龟甲墓的墓型象征着女性腹部，人死后，经过洗骨重殓，再入龟甲墓，意味着回归母体。而日本学者宫城文认为，冲绳人的这种女性特征意识是对风水思想固有特征的践踏。❸ 龟甲墓从中国传到冲绳以后，与当地人的信仰相结合，发生了变异。可以说冲绳的龟甲墓不仅是风水思想的产物，还具有血族宗祖意识和回归母体观念。

琉球龟甲墓的起源和发展与久米村人有着不可分割的联系。根据东恩纳宽惇的研究，清康熙二十六年（1687），因明灭而亡命琉球的明朝人曾得鲁根据风

---

❶『曾姓家譜』，那霸市史編集室：『那霸市史資料篇第一卷六・久米村系家譜』，1980年，第389頁。
❷ 渡邊欣雄：「現代沖繩の墓地風水について—与那国島を中心とした比較研究—」，渡邊欣雄・三浦國雄編：『環中国海の民俗と文化4　風水論集』，凱風社，1994年，第517頁。
❸ 宮城文：『八重山生活誌』，沖繩タイムス，1982年，第449頁。

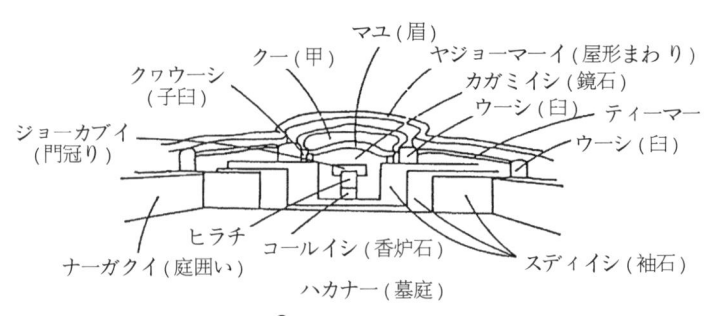

图3-3 龟甲墓的正面图❶

水理念建造的伊江王子家的坟墓,是琉球最早的龟甲墓。❶平敷令治则认为,康熙二十五年(1686),久米村人蔡应瑞通过风水判断,重新修建、改造的中城按司护佐丸之墓为琉球龟甲墓的起源。❷不管怎样,从家谱史料来看,琉球最早的龟甲墓的风水判断、建造都是由久米村风水师来完成的。不言而喻,久米村人的墓地与风水思想更是渊源深厚。久米村人的家谱中有不少关于墓地样式的记载,从中可以反映出其坟墓形制与风水习俗的相关联系。试举几例,以作说明。

《梁氏家谱》中关于十一世梁廷权(1730—1785)的记载,有"封阡"(造墓记事)的内容:十世中议大夫梁鼎(1693—1739)于雍正十一年(1733)在雪崎获得一片墓地,未来得及造墓就去世,其子梁廷权于乾隆十八年(1753)建造龟甲墓,将其先祖父母、先父母、先兄五位之灵柩合葬于雪崎墓地。该墓"在护道院之后,坐辛朝乙,外像神龟,内长九尺,宽七尺,后壁前有四尺床一座,左右各有一小床,庭长三丈二尺五寸,宽一丈九尺五寸,两旁筑小石墙。"❸从记录及墓图中可以看出其中的风水理念,该墓形为"神龟"(龟甲),构造注重尺寸吉凶,"墓手"呈外八字向左右延伸。至于梁氏宗墓的墓形,家谱中并无明确记载,只记载四至六世葬于蓬露津边之墓(宝松山),但具体是何位置及建造时间无法考证。清顺治三年(1646),从八世开始,宗墓迁至若狭町兼久(雪崎),称兼久祖墓,可以推测当时的墓形为龟甲墓的可能性较大。到梁氏十七世明良时,因墓地损坏,于日本明治三十九年(1906)年迁至那霸牧志,沿用至今。❹梁氏宗墓在冲绳战中幸免于难,后来虽经过修整,但基本保持着明

---

❶ 東恩納寬惇:『東恩納寬惇全集』第八卷,第一書房,1980年,第286页。
❷ 平敷令治:『沖縄の祖先祭祀』,第一書房,1995年,第387页。
❸『梁氏家谱』,那霸市史编集室编:『那霸市史资料篇第一卷六·久米村系家谱』,1980年,第785页。
❹『梁氏門中便り』第4号,久米梁氏吴江会,2012年9月9日,第2页。

治时期的样式，由于地势及城市政策等多种原因，梁氏宗墓的墓形并非为龟甲墓，可以归类为破风墓，但是墓前的影壁和墓周围的树木可以说是墓地风水的具体体现。

《郑姓家谱》中则出现了带有影壁的龟甲墓构造图。六世郑鸿勋（1716—1779）的"封阡"条云："波上兼宫墓，坐辛向乙，于乾隆三十一年（1766）丙戌二月初八日鸿勋头之，故记之以为异日之证。图见作霖封阡。"即造墓资料出现在七世郑作霖（1737—1808）的"封阡"项中："波上兼宫三帽崖墓，在鸿勋墓之左，坐戌向辰，于乾隆五十九年（1794）甲寅四月价而买之，至道光二年（1822）壬午八月从而新之，与鸿勋墓左右相分，永为封墓，故今记之以为后证。"❶从家谱记录及墓图中，除了能解读到浓厚的风水思想之外，还有一点值得注意：在当时"墓"已经作为一种不动产在进行买卖，即1766年六世郑鸿勋买了位于波上兼宫的墓，1794年七世郑作霖购买其邻墓，1822年其后代将两墓修整为对墓，成为一个整体的风水墓地。

相对于久米村其他家族而言，毛氏的始祖墓是最为特殊的一个。根据《毛氏家谱》的记载，元祖毛国鼎于明崇祯十六年（1643）去世，葬于琉球王府所赐的安里八幡伊礼岳前的墓所。该墓后方建造的斜面与神德寺相连，是由松树等树木环绕的幽静广阔之地；前方有涌水池，水池被喻为"砚"，矗立其中的石头为"墨"，松树为"笔"，象征着学问；中央墓碑的护围为八角形，高78厘米，厚60厘米，底边140厘米。❷这在琉球是较为罕见的墓形，风水术中属于"开云沟掩法"，可起到"用沟以泄杀气"的作用。❸可以说毛氏始祖墓是独具特色的"风水宝地"。1944年的冲绳战使得完好保存了三百余年的毛氏始祖墓遭到严重破坏。战后，墓地周边的土地利用发生了很大变化，但是经过毛氏子孙的努力，1957年在毛国鼎来琉350周年之际，毛氏始祖墓在原地得以复原，并举行了340年以来的洗骨仪式。战后重建的墓地面积约为战前的一半，在尽可能的条件维持了墓地风水的原貌。经过几十年的风雨，墓地出现了一些龟裂和损坏，从2003年起毛氏门中会开始筹备修建工事，2007年9月竣工（图3-4），并举行了"始祖毛国鼎公来琉四百年纪念式典"，当时的冲绳县知事

---

❶『鄭姓家譜』，那霸市史編集室編：『那霸市史資料篇第1卷6久米村系家譜』，1980年，第691-695页。
❷『久米毛氏四百年記念誌·鼎』，社团法人久米国鼎会，2008年，第278页。
❸陈进国：《坟墓形制与风水习俗——福建与琉球的事例》，《新世纪宗教研究》2005年第1期，第1-54页。

仲井真弘多（久米村蔡氏后裔）出席了典礼并发言。总体而言，毛氏始祖墓在四百余年中，虽经历了毁坏、复原和修建的过程，但其墓形和风水是保存较为完好的，可以说是从历史到现代久米村墓地风水一脉相承的典范。

图 3-4　毛氏始祖墓❶

概而言之，久米村的墓地风水较为多样化，其墓形既有单纯的龟甲墓，也有带影壁的龟甲墓、带影壁的破风墓，还有独特的八角形墓等。琉球的墓地风水虽然来源于我国福建，但在琉球的传播过程中发生了一些变化，中日两国的学界有一些关于中琉风水比较的研究成果，可作为参考。

第三，久米村的风水习俗的另一个重要体现就是久米村有众多的风水师，为琉球风水的传播和发展做出了非凡的贡献。都筑晶子根据久米村家谱的记载，统计出从清康熙六年（1667）至清同治七年（1868）为止的 200 年间，共有 11 名久米村士族赴闽学习地理、风水。此外，都筑还根据《球阳》《久米村家谱》《八重山岛年来记》以及各种《金石文》等十多种历史文献的记载，总结出了从 1684 年至 1870 年之间，约有 30 多名久米村风水师（包括地理师、阴阳师等）在琉球的村落移动、屋墓图面、村落和岛屿的风水判断等方面从事风水活动。他们看地脉、龙脉，重山形水流、干支、星宿、八卦，并使用罗盘牵庚定位，但他们中的大多数人并非专职风水师，而是在工作之余利用所学知识帮琉球人看风水。

久米村之所以有这么多的风水师，与琉球王府的大力支持是分不开的。琉球王府非常重视风水之术，从 17 世纪后期起，王府出资派遣许多久米村士族到福州学习风水知识、技术。如琉球"风水师第一人"的周国俊，还有 1679 年王府出资派遣到福州学习风水的蔡应瑞，蔡应瑞在学成归国后奉命为伊平屋诸岛看风水，为琉球王的伊是名岛御殿的修复做准备。据《久米村例寄帐》清乾隆

---

❶ 笔者摄影于 2012 年 11 月。

五十二年（1787）三月条记载："风水之法，久米村人致稽古，国用相立候样被仰渡候事"，清乾隆五十六年（1791）九月条曰："风水之法，于唐相学归国，勋功申出之事。"❶ 在琉球，王府的行政机构直接或间接地干预风水的应用，并将风水思想与国家事业结合在一起，可谓是琉球风水的一个重要特色。

在久米村诸多风水师中，最有名的莫过于国相蔡温。《蔡氏家谱抄》中记载了蔡温赴福州学习风水之事：康熙四十七年，"宪令学习地理事，……且在福州寻遍地理先生，幸遇刘先生，就从他精学地理，悉受其秘书及大罗经一面。"❷ 蔡温亦是奉王命、由王府出资到中国学习风水，他从福州风水名师刘霁那里获得"秘书"和"大罗经"，在风水方面有颇深造诣。18世纪前半期蔡温就任尚敬王的国师一职，便开始借用中国的风水理论大规模地开展琉球的国家事业。

在18世纪前期，琉球王国出现了"名护迁都论"，即有人认为首里城地势高且狭小，交通不便，主张将都城从首里迁至拥有广阔平地的名护，并在名护湾和羽地内海之间开凿运河，将贸易港移至名护湾。而蔡温却极力反对，从风水地理上与迁都论者据理力争：

夫地理之大莫先于建都立国。……按我首里城，其地也窄狭，其势也峋嶙，或低或昂，形如边座而无宽阔平夷之可取焉。……因兹城前望焉，则马齿山自海中起，特为之锦屏，亦能遮漏洩之气焉；其左则小禄、丰见城地方，诸峰联络为之青龙，以镇城都；其右则北谷、读谷山地方，诸峰伏起为之白虎，以护城都。……历观北山、南山之地，平则平，宽则宽，然而气脉所钟，山川所拱，皆莫吉乎首里矣。首里斯都，万万世世，决勿改建。❸

蔡温认为建都立国必须重视地理，虽说首里城地势高低不平且略显狭窄，但从风水上来说，却有马齿山为锦屏，左右诸峰呈青龙、白虎之势守护着首里城，为风水地埋之最佳，因而永不可改建。1750年，蔡温在名护建立"三府龙脉碑记"，碑文中写道："吾国三府四十一县，冈垅平原，分合向背，成乎虎伏龙蟠之势，得乎同干异枝之宜，而龙脉绵绵，大显天然之姿，是诚万世洪福之国也。"❹ 蔡温强调中山府、南山府北山府三府一体构成了龙脉，琉球全土均受龙

---

❶ 引自都築晶子：「近世沖縄における風水の受容とその展開」，渡邊欣雄・三浦國雄編：『環中国海の民俗と文化4風水論集』，凱風社，1994年，第77–81頁。
❷『蔡氏家譜抄』，那覇市史編集室編：『那覇市史資料篇第一卷六・久米村系家譜』，1980年，第366頁。
❸『球陽』卷十，"正議大夫毛文哲都通事蔡温等相禁城并国庙及玉陵"条。
❹ 引自赤田光男：「沖縄における風水思想による都城整備と地域対策」，『日本文化史研究』第30号，1993年，第108頁。

脉之庇佑，断然不能切断"万山一贯"之龙脉。石碑的背面还写着他的反对意见："名护者平地广大之所而，国都可建所与申方为有之由，首里程国都之地理能所者无御座候"，主张琉球国的都城非首里这块"风水宝地"莫属。蔡温利用风水知识，成功地遏制了迁都名护的意见，他还担任修建首里城的风水师，将风水思想最大化地应用到琉球王国的政治核心部分。"三府龙脉碑"在1962年被复原，立于名护市具有二百余年树龄的古榕树下，1991年被指定为冲绳县的有形文化遗产。此外，蔡温还把风水思想应用到植树造林、治水等方面，创造了近世琉球的新景观，给环境带来了深刻的影响。可以说蔡温是将风水国家化的杰出引导者。

总而言之，风水习俗以久米村为中心传播到整个琉球。不管是住宅风水还是墓地风水，琉球人都非常重视，因为这是建筑在对家族的兴旺和子孙幸福的追求之上的。他们把从中国引进的风水理论与琉球的地形地貌、山形水势相结合，广泛应用于王城风水、村落风水、住宅风水、墓地风水、植树风水等诸多领域，其应用范围不仅可与中国的风水说相匹敌，而且还衍生出琉球独特的风水知识，使其成为冲绳民俗文化的重要组成部分。风水思想还影响至冲绳人的精神层面，冲绳至今还流传一句谚语叫"自己心中，自有风水"。现在仍有许多易者（占卜师）、巫女、木匠等变身为风水师，为墓地营造和家宅建筑来判断风水。现代冲绳的风水思想中虽然掺杂了一些商业因素，但却恰恰促进了风水思想的再生和繁荣，并成为冲绳人区别于日本本土人的身份认同的标志之一。

小 结

久米村的民俗文化是久米村精神文化的重要组成部分，是构建其民族文化身份认同的基础。以上从饮食起居、年中节庆、人生仪礼和风水习俗四个方面，探讨了久米村的民俗文化内涵，并考察了其发展变化过程。中国的风俗习惯通过久米村人这个重要媒介传到琉球，给琉球人民的生活带来了深远的影响，至今仍表现在冲绳文化的方方面面。

但是，文化的影响是相互的，久米村人在琉球繁衍生息，日益融入琉球社会，其民俗文化与琉球传统的风俗习惯相互交融，出现了同化现象。由于饮食起居、年中节庆、人生仪礼等风俗习惯受外界环境制约较大，因而较早地发生了变异；而风水作为一种知识理论、思想观念，对久米村人影响至深，并逐渐渗透到琉球各地，根植于包括久米村人在内的琉球人的日常生活中。冲绳特殊的历史发展过程，使之在全球化的趋势下出现了文化地方化，冲绳人在民族认同上出现了彷徨和困惑，使他们根据现代人的生活需求来重塑集体历史记忆。如今，冲绳社会随处可见的石敢当、石狮子，都是中国传统风水文化的体现，这些已经成为冲绳民俗文化的一部分，冲绳人亦想通过这些民俗文化来打造冲绳特色，使之成为其区别于日本本土人的身份认同标志。

第四章 久米村的精神信仰

信仰，是精神文化的重要构成部分，关乎人的价值观、人生观，与人们的生活有着千丝万缕的联系。对于久米村人而言，儒教和道教两大信仰是其精神支柱和引以为傲的传统文化，直到现在仍然影响着他们的日常生活，是其文化身份认同的依据和基础。清明节是包括久米村在内的整个冲绳最重要的祭祖活动；孔子庙的释奠由久米村人保持至今，也是他们正在努力复兴并革新的儒教文化，久米村人试图在重新构建久米文化的过程中寻找新的身份认同；妈祖、天尊、关帝、龙王等道教神信仰曾在久米村人的信仰史上占有极其重要的地位和作用；佛教信仰亦是久米村人精神信仰的重要组成部分。当然，久米村人的这些精神信仰在历史发展的进程中，亦受到琉球、日本传统信仰的影响和同化，发生了较大改变。

本章试图从久米村的祖先崇拜、道教信仰和佛教信仰三个方面来探讨久米村人的精神文化，并分析其与琉球、日本传统习俗信仰的融合，解明在传统的精神文化中哪些部分仍存在于久米村人的生活中，哪些又消逝于琉球和日本的同化中。

第一节　久米村的信仰

明清时期，在中国与琉球的文化交流中，以福建的宗教信仰对琉球的影响最大。久米村人作为闽人后裔，保持着福建地区的信仰文化，他们最重视祖先崇拜，至今清明节的祭祀活动仍是久米村人一年中最重要的节日；他们信奉道教诸神，在久米村兴建了天妃宫、天尊庙、龙王殿、关帝庙、观音堂，并信仰灶神、土地公等道教俗神，还将这些民间宗教信仰以久米村为基点，普及琉球诸岛。本节从祖先崇拜、道教信仰、佛教信仰三个方面，来考察久米村人精神信仰的历史、演变及现状。

一、祖先崇拜

祖先崇拜是基于死去的祖先的灵魂仍然存在并会影响到现世,对子孙的生存状态产生影响的信仰,是将祖先的灵魂作为顶礼膜拜的对象,定时举行祭祀活动,祈求予以保护。我国自古以来受"慎终追远、民德归厚"的儒家伦理道德的影响,尊祖敬宗的思想浓厚,可以说祖先祭祀是我国民俗文化的重要组成部分,它作为一种信仰行为蕴含着丰富的民族文化精神,具有重大的教化、凝聚和传播功能,是团结家族和民族的重要纽带,也是维护宗亲秩序和社会稳定的重要力量。

随着古代中国文化的向外传播,祖先崇拜的思想也普及到东亚其他国家和地区,琉球就是其中之一。久米村人的祖先闽人三十六姓移居琉球之后,同样固守着祭祀祖先的传统,并将这种祖先崇拜的儒家思想和宗教意识传播到琉球各地,影响至今。久米村人的祖先崇拜主要表现在其祭祖活动上,而祭祖方式又可分为家祭、祠祭和墓祭。三种不同层次、不同规模的祭祖活动,构成了久米村人的祖先崇拜。

1. 家祭

家祭,是以家庭为单位在居室之内举行的祭祖活动,这也是久米村人的祖源地——福建家族内部最为普遍、也是最为基本的一种祭祖方式。而牌位供奉则是家祭中必不可少的。牌位,原为儒教用语,中国佛教从宋代起予以采用,在牌位上书写死者法名,置于佛坛,表示祭祀死者之灵,称为"灵位";在冲绳史料中一般称"神主",方言为"トートーメー"(to-to-me- 唐位牌)。牌位供奉随着闽人三十六姓的移居而传入琉球,最早影响至琉球王府。在尚圆王(1469—1476)在位时代,王府仿效久米村人的祭祖习俗,建立天王寺、崇元寺、龙福寺三座家庙,来供奉王家的神主。到17世纪末期,琉球确立"士族-百姓"的身份制度以后,牌位供奉才逐渐普及于士族之间,后扩散至普通百姓之家。从17世纪末期到18世纪前半期,王府对神主的配置和仪礼进行了一系列的变动,在此过程中均听取了久米村人的意见和指导。❶

在久米村人家的厅堂中普遍设有佛坛,供奉着写有祖先名讳的牌位,这是祖先灵魂栖息之所。有的家庭在设置佛坛之外,还设有神龛祭祀祖神。在周煌

---

❶ 参见安達義弘:『沖縄の祖先崇拜と自己アイデンティティ』,九州大学出版会,2001年,第84-85页。

的《琉球国志略》中也有相关记载："……中间多作神龛，以香炉置青石其中，白沙实之为玩；或云即（祭）祖神也。盖家不设神主，贵家始有祠堂，又多以'天地君亲师'五字供奉者。"❶在久米金氏具志坚先生家中，佛坛内供奉了具志坚家的开基祖及历代祖先的牌位，而神龛内则摆放两座香炉，香炉后面放置两把蒲葵扇（无牌位），祭祀来自福建的始祖；魏氏高领家的佛坛安置了高岭家开基祖以后的历代祖先的牌位，神龛内供奉开基祖的牌位和一座香炉，另外还放有三座香炉用以祭拜与魏氏一族无关的神明。❷笔者在2013年6月到梁氏上江洲家进行了调查，上江洲家为梁氏小宗，开基祖为梁氏第十世成楫（三男）。上江洲家中设有佛坛，左边放置开基祖的牌位，正中间是开基祖以后历代祖先的牌位，另有插着"变叶木"（作用类似于日本的"榊"）的花瓶、酒杯、烛台、香炉等（图4-1）。

图4-1　久米村人家庭的佛坛内外 ❸

琉球王国时期的久米村家庭祭祀的方式、仪礼、供品等，受儒教和道教的影响颇大。一年中的家祭的次数很多，一般在每月朔望、春秋例祭、年节、忌日都要举行。每个家庭在每月朔望（农历初一、十五）供奉神饭，并进行祭拜仪式；每年春秋例祭用猪肉、鱼糕、豆腐、海带、年糕、水果等祭拜。久米村人家祭的仪式非常正式，共可分为23个步骤，分别是：正坐、礼（坐着）、上香、正坐、合掌礼拜、起立、正坐、合掌礼拜、起立、正坐、合掌礼拜、起立、正坐、合掌礼拜、敬酒、敬纸钱、合掌礼拜四次、烧纸钱、往纸钱上倒酒、倒茶、正坐、合掌礼拜（一次）、礼毕。

在久米村，人去世后的忌日可分为七日忌、百日忌、一年忌、三年忌、七

---

❶ 周煌：《琉球国志略》卷四（下），乾隆己卯年刊（1759年），漱润堂藏板，第20页。
❷ 那霸市史编集室：『那霸市史资料篇第二卷七・那霸の民俗』，1979年，第446页。
❸ 笔者摄影于2013年6月。

年忌、十三年忌、二十五年忌、三十三年忌，其中年忌（尤其是二十五年忌和三十三年忌）是最为隆重的祭祖日子。在举行年忌之际，要清扫家内家外，提前三天开始斋戒、沐浴，家主还要提前三天到祖墓烧香，前一天早上在佛坛前烧香，诉说是哪位祖先的几年忌，并将其牌位放置中间，把别的祖先的牌位暂且安置到一边，当天早上摆放祭品。祭祀时有一名祝文官诵读祭文，两名执事供奉祭品，两名礼生指导祭祀的顺序。

在年忌的请神仪式中，"茅沙盘"是必不可少的祭器，即在盘里装入沙子，插上用红纸卷起来的茅草，祭主将酒注入其中，请祖灵降临，这是久米村特有的祭祀方法。年忌的祭品主要有米饭、清汤、炒肝、杂烩、三鲜、海参、全鱼、鸡羹、羊羹、蒸猪肉、鸭羹、虾羹、燕窝、水果、点心等（图4-2）。年忌的礼仪步骤可分为：序立、参神、鞠躬、拜、起（重复四次拜、起）、洗手、上香、跪、酎酒、俯伏、起、进馔、初献礼、跪、祭酒、奠酒、俯伏、起、跪、读祭文、俯伏、起、亚献礼、跪、祭酒、奠酒、俯伏、起、终献礼、跪、祭酒、奠酒、俯伏、起、献茶、跪、饮赴酒、俯伏、起、辞神、鞠躬、拜、起（重复三次拜、起）、焚祭文、撤馔、礼毕。❶

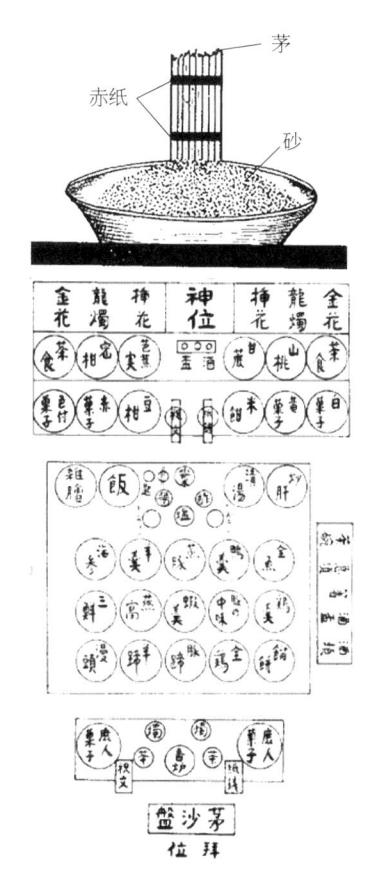

图4-2 久米村的年忌祭品
（上为茅沙盘）❷

在年忌中，祭文是很重要的一部分，下面列举一例久米村之祭文：

维

昭和何年岁次干支何月何日何某 敢昭告于显祖考何某之灵日，日月流易，岁序改移，兹当何年俗祀之期，追感厚德，不胜永慕，谨以清酌洁牲粢盛庶品，仰伸奠献，

尚

---

❶ 具志坚以德・国吉有庆编：『久米村の民俗』，社団法人久米崇圣会，1989年，第32-37页。
❷ 具志坚以德・国吉有庆编：『久米村の民俗』，第35页。

飨❶

以上可知,久米村的年忌仪式之庄重严肃、仪礼之繁多复杂,几乎是完全比照祭孔大典进行的,由此也可以看出久米村人对于祖先祭祀的重视程度。家祭的频频举行,除了体现血缘关系之外,还包括比较浓厚的感情因素。子孙们通过家祭活动,寄托着对祖先的哀思和悼念之情。

但是,琉球王国灭亡以后,久米村的家祭也发生了变化,逐渐失去了中国色彩。尤其是在第二次世界大战以后,久米村人的家庭祭祖习俗已与普通冲绳人无异。根据笔者对梁氏上江洲先生的口访可知,在现代久米村人家中,虽然保持着春、秋彼岸祭和一年忌、三年忌、七年忌、十三年忌、二十五年忌、三十三年忌的祭祖习俗,但其内容和形式已经完全不同于以前。如年忌时不再举行三跪九叩头等中国式礼节,也不再读祝文,而是采取佛教法事,请僧人来主持并诵经。❷ 家祭的变化,也从一个侧面说明了久米村人在日常生活中已经完全融入了冲绳社会。

2. 祠祭

祠祭,即在宗祠之内祭祀祖先。宗祠又称祠堂,是供奉和祭祀祖先牌位的场所,象征着祖先的存在,是宗族的象征。祠堂是一个家族组织的中心,以强调家族的血缘关系为核心,用血缘的纽带把族人紧紧地联结在一起,是家族权威和血缘关系的象征。它既是供设祖先牌位、举行祭祖活动的场所,又是家族宣传、执行族规家法、议事宴饮的地点。学界一般认为我国家族祠堂的建造始于宋代,但是明代以前,祠堂的建筑还局限于巨家大族,一般的庶民家族尚未普及。明代中叶以后,福建民间家族的祠堂建造逐渐进入了繁荣时期。❸ 闽人三十六姓渡琉时期为明朝初期,当时的福建地区祠堂尚未普及,由此可以推测他们虽带有强烈的祖先崇拜意识,但是并未将祠堂祭祀带到琉球。后来随着久米村人频繁往来于中琉之间及册封使的间接传播,祠堂祭祀才出现于久米村。

关于久米村的祠堂,从现存史料来看,有明确记载的是蔡氏宗祠"忠尽堂"。蔡氏为闽人三十六姓之一,始祖蔡崇,原为福建泉州府南安县人,于洪武二十五年(1392)奉命渡琉。据《球阳》记载,蔡氏二世蔡让(1399—1463)之女亚佳度(1443—1493)17岁成为未亡人,在娘家以纺织为生,因其织技高

---

❶ 具志坚以德・国吉有庆编:『久米村の民俗』,第37页。
❷ 2013年4月田野调查资料。
❸ 陈支平:《近五百年来福建的家族社会与文化》,中国人民大学出版社,2011年,第26–27页。

超，积攒了不少财富，于1472年在久米村西北部购得土地，创建蔡氏祠堂，即"忠尽堂"，供奉蔡家男性祖先的牌位。此外，亚佳度还在祠堂内另辟一室供奉观音，纪念观音曾庇护其父蔡让在进贡途中死里逃生。❶ 在古琉球时期，有关蔡家宗祠的具体祭祀内容和仪礼虽无详细记载，但可以推测应与家祭相差不大。关于近世时期蔡氏的年中祭祖活动（包括家祭和祠祭）可从《四本堂家礼》中窥知一二，笔者将其整理，见表4-1。

表4-1　久米村蔡氏的年中祭祀表

祭祀时间	祭祀对象、形式
正月初一	祖灵、火神、菩萨❷、大和神 供祭品
正月初二	祖灵、上述三神 供"若水"
正月初三	祖灵、三神 供祭品
正月初四	菩萨、火神 下天祭
正月初七	祖灵、三神 供祭品
正月十五	祖灵、三神 供祭品
正月十六	祖灵 供白粥，扫墓
正月二十	祖灵、三神 供芋头
每月朔望	祖灵 供鲜花、蜡烛、茶、酒（十五则不供酒）
二月彼岸	祖灵 供茶水
二月稻穗祭	祖灵、三神 供稻穗
三月初三	祖灵 供艾蒿饼
三月清明	扫墓
五月初五	祖灵、三神 供菖蒲酒
五月稻穗祭	祖灵、三神 供稻穗
七月初七	祖灵 供茶水
七月十二	扫墓
七月十三	忠尽堂施饿鬼、迎祖灵、烧香
七月十四、十五	招待祖先
七月十六	扫墓
八月初十	祖灵、三神 供桑枝
八月十五	祖灵 供饭菜
八月彼岸	祖灵 供茶水
九月初九	祖灵 供菊酒

❶『球陽』卷三，"蔡让女亚佳度捐资建祠奉安神主"条。
❷ 这里的"菩萨"指的是天妃，详见"天妃信仰"一节。

续表

祭祀时间	祭祀对象、形式
十一月吉日	大和神祭
十一月冬至	祖灵、三神 供芋头
十二月初八	祖灵、三神 供鬼饼（冲绳糕点的一种）
十二月二十四前	打扫祖先灵位
十二月二十四	菩萨、火神 上天祭

通过表4-1可知，祖先祭祀几乎贯穿于蔡氏一族的所有节日中，且家祭的次数占绝大多数。同样，可以推测该祭祀行为亦适用于久米村其他姓氏家族，久米村人强烈的祖先崇拜意识可见一斑。值得注意的是，家祭和祠祭都属于牌位祭祀的范畴，而在包括久米村在内的冲绳社会，牌位祭祀有一些不同于中国的规则，如强调嫡子单独继承直系本家的祖先牌位；冲绳的牌位祭祀具有二重性，即大宗家的神龛摆放祖神（男神和女神）的香炉、家族始祖和远祖的香炉及牌位，而旁系小宗家的佛坛则祭祀本家族的开基祖以及其后的历代祖先。中国福建地区的牌位祭祀则遵循"家庙（大宗）—祠堂（小宗）—祖厝（房族）"的多重性原则。

3. 墓祭

墓祭，即在祖先墓前致祭，主要是指清明祭。祖墓是族人祖先认同、宗族认同的一种物证，是宗族的一种载体。而围绕祖墓进行的墓祭活动，既寄托了孝思，也发挥了由祖宗认同而宗族认同的作用。在我国，清明节扫墓是自古以来的传统祭祖活动，这与我国根深蒂固的家族制度是分不开的，中国人的祖先崇拜在清明节的仪式上表现得最为明显。同样，在久米村乃至整个冲绳，每年清明节的墓祭是以门中为单位举行的最重要的祭祖活动。所谓门中，是以共同祖先为中心的父系血缘集团，是冲绳特有的亲族组织，其主要社会功能就是祭祀祖先。清明节的墓祭，在悼念祖先强调亲族血缘关系的同时，对内起到了敬宗收族的作用，对外则有显示家族在社会上的实力和树立家族声誉的意义。每年一次的扫墓，可以进行伦理纲常教育，明确相互间的血缘关系和辈分，强化宗族的认同，激发族人的共同使命感。

清明祭祖始终与家族制度联结在一起，而琉球在明清以前并无明确的家族观念，亦无家族制度。直到17世纪末期琉球近世身份制度确立以后，亲族组织的门中制度也随之形成，儒教风浓厚的清明祭与修纂家谱等习俗才正式传入琉球士族阶级。明治时期废藩置县后，琉球身份制的废除使得士族文化渗透到冲绳社会，清明祭也随之普及至冲绳各地。而在清明祭传来以前，琉球原本是在正月十六和七月初七举行墓前祭，直到现在冲绳本岛北部及宫古、八重山等一些个别地区仍在正月十六扫墓，但是绝大部分地区则在清明节举行墓祭。据《四本堂家礼》记载，清雍正六年（1728）蔡氏决定开始以门中为单位举行清明祭，这是史料中有关琉球清明祭的最早记载。而琉球王家的清明祭则出现在四十年后，尚穆王十七年（1768），"上欲每年清明时节谒先工之陵奉祭，特谕法司议奏。法司遵令，御物奉行、申口、诸大夫会议，兼并其议题奏。上依议，每年清明初日谒玉陵，照祭寝庙之例，供御三味物三通奉祭。至次日，亦谒极乐陵，供御三味物一通奉祭。又清明初日，国母、王妃谒玉陵，供御香、御花酒奉祭。次日，恭遣座敷大亲斋御香、御花酒诣极乐陵奉祭。"❶ 此为琉球王府贵族正式实行清明祭祖扫墓之始。但这是史料的记载，由当时福建地区的清明祭祖状况可以推测，闽人三十六姓移居琉球后必会保持其清明祭祖行为，纵然祖坟远在福建，想必清明节也会遥拜如仪，若干年后出现了逝世而葬琉球者，也就开始了扫墓祭祖。

冲绳的清明祭根据祭祀对象和祭祀成员的不同，可以分为"神御清明"和"御清明"两种。前者是由门中成员出资、由宗家（本家）组织、集合门中的女性神职人员及各家的男性代表，到有血缘关系的始祖墓、历代祖先墓、按司墓以及祝女墓（冲绳古代女神官）等祭拜，简言之是以宗家为中心、以门中为单位的清明祭；后者是以家族为单位、各自准备供品到近亲祖墓祭拜。御清明祭通常在神御清明祭之后举行。为配合现代社会的作息步调，越来越多的门中选择在进入清明节气的第一个周日举行清明祭，以方便路途遥远的门中成员赶回祖墓祭拜。

久米村人的清明祭主要以门中为单位、以宗家（本家）为中心进行的宗家墓前祭祖活动（御清明祭）。久米村的主要门中如毛氏、梁氏、阮氏、蔡氏、王氏等的始祖墓都在那霸。笔者在2013年4月6、7日，全程参与了久米梁氏门中清明祭的准备及祭祀过程。梁氏大宗家是龟岛家，宗墓位于那霸市牧志，里面葬祭了四世至十七世的梁氏宗家祖先。由于现在的宗家当主已移居日本本土的琦玉县，梁氏门中的祖先供养一般以门中会"梁氏吴江会"❷为中心进行。下

---

❶『球陽』卷十五，尚穆王十七年（1768）"二月十二日始定每年清明之节上谒玉陵奉祭"条。
❷ 有关梁氏门中会的具体内容、组织方式等，详见第五章。根据梁氏门中会龟岛会长介绍，梁氏始祖至三世之墓无从考证，可以确定的是从四世开始。梁氏宗家从十八世移居琦玉县，将门中墓中的历代祖先骨灰进行了"分骨"，移葬至琦玉县，现在梁氏宗家已到二十世。由于祖墓及大多数门中成员都在冲绳，所以每年的门中清明祭由梁氏门中会组织进行。

面笔者以梁氏门中的清明祭为例来解析现代久米村人的墓祭习俗。

2013年久米梁氏门中清明节的准备及祭祀过程：

4月6日（周六，清明祭前一天）

8：00 梁氏门中会事务局长及门中两位成员，购买祭祀用的食材、用品。

13：00 祭祀委员（三名女性）在梁氏俱乐部（门中集会所）准备祭祀用的御三味（猪、鸡、鱼）❶，把煮好的猪肉切成薄片，蒸好的鸡肉撕成小块（第二天早上蒸鱼）；准备黄瓜片，闷油饭要用的姜汁、香菇、牛蒡等材料。

4月7日（周日，清明祭当天）

7：00 祭祀委员（五名女性）在梁氏俱乐部集合，开始准备祭祀用品。祭祀委员要准备的主要有：加热前一天准备的猪肉和鸡肉，蒸鱼并剔骨，煮鸡蛋切成两半，焖油饭，做汤汁。材料准备好后，与前一天准备好的猪肉、鸡肉一起装盒。首先准备供奉祖先的"重箱"料理，里面包括御三味、油饭和年糕，并准备祭祀用的点心盘、果盘、花束（菊花）等；然后准备100份御三味便当（根据每年参加人数的不同数量有所变动）。另一方面，门中的几名男性则到宗墓清理杂草，在墓前搭棚、铺席、搬运桌椅、饮料等。

12：00 从梁氏俱乐部出发，将准备好的祭品、用品搬运至宗墓。

12：20 祭祀委员到达宗墓。梁氏宗墓前方建有影壁，是风水思想的体现。祭祀委员在宗墓前及土地公前摆放祭品，宗墓的入口处右侧设置接待处，迎接门中祭祖成员的到来。

12：50 参加祭祖的门中成员陆续到齐并登记完毕，人数约90人。

13：00 梁氏门中清明祭开始。梁氏门中会事务局长上江洲先生致辞，并主持祭祀程序。

13：03 烧香祈愿。宗家代表及门中会会长首先对着左侧的土地公（面向墓的右侧）上香、跪拜；然后再移至宗墓前烧香、跪拜、祈愿，门中其他成员跪坐在墓前双手合十，一同祭拜。

13：08 礼成后，门中会会长龟岛先生致辞，报告梁氏门中上年度及本年度

---

❶ 关于"三味"的具体内容并无确切的史料记载，中国古代祭祀用的供品中有"三牲"之说，即猪、牛、羊三种祭品，据推测，"三味"应是始于中国的"三牲"之说。据窪德忠的研究，明清时期的琉球，"三味"根据祭祀对象、时间、场所的不同而改变（具体参见窪德忠：『沖縄の習俗と信仰—中国との比較研究—』，東京大学出版会，1971年，第210-211页）。笔者在实地考察时，据久米村人后裔介绍，"三味"现在只用于久米孔子庙的孔子祭及久米系门中的清明祭，在战前是猪、羊、鱼，后来演变为猪、鸡、鱼，是久米村人保存至今且区别于普通冲绳人的特色之一。

的活动内容和动向。

13：12 宗家代表（宗家第十九世六男）致辞，讲述琉球王国时代梁氏祖先的历史，以及门中会和祭祖的重要性。

13：25 事务局长上江洲先生报告平成25年度梁氏门中清明祭的参加者人数，并介绍初次参加者。

13：30 分发御三味便当及饮料，出门中会副会长国吉先生宣布联欢会开始。门中诸成员在墓前聚餐畅谈，与祖先共进御三味。

14：20 参加者用餐完毕。事务局长上江洲先生宣布清明节墓祭结束。

16：00 宗家代表及一部分门中成员在梁氏门中俱乐部举办二次会。

18：00 在梁氏门中俱乐部的神龛前举行"イナグシーミー"（inagusi-mi-女清明），即只有女性（祭祀委员）参加的小型祭祖仪式，祭品种类与墓祭相同；祭祖结束后，移至厨房祭拜火神，香炉便是火神的象征，祭品中只有水果、年糕和点心，没有御三味，且火神只能由女性来祭拜。由此，梁氏门中的清明祭正式结束。

通过上述记录过程，可以对梁氏门中的清明祭作概括总结，并由此解明久米村人清明祭的传统及特点。在久米村，清明祭是祖先祭祀的象征性行事，主祭者一般为宗家子孙，不论年龄只论辈分（由于梁氏宗家现居日本本土，无法参加清明祭时由梁氏门中会会长代替）。门中成员从各地赶来，集合在宗家的门中墓前祭拜祖先，祈祷祖灵能庇佑子孙后代。值得注意的是，在祭祖之前要先拜土地神（又称土地公、土帝君），当地人的解释是：土地神与祖先祭祀结合在一起，土地神守护祖先的神灵；同时，土地神代表土地，土地生产粮食，养育子孙后代，可以说是所有先祖和后代生命的源泉（图4-3~图4-6）。

清明祭是以男性为中心的祭祀活动，对参加者有严格的限制，即必须为本族男性，这也是整个久米村的传统。据梁氏祭祀委员介绍，以前祭祀用的御三味等供品也是由男性准备的，清明祭完全是只限男性参与的祭祖活动。但是，近年来尊重女权的呼声高涨，加上现代人的亲族意识逐渐淡薄，门中也希望更多的成员参与祭祖，因此越来越多的门中清明祭向女性开放。久米系门中里"解禁"最早的是毛氏门中的清明祭，男女老少均可参加，每年的参加人数在四五百人左右，也是久米系门中里规模最大的（图4-7）。❶

---

❶ 2013年度久米毛氏门中的清明祭于4月7日下午两点开始举行，而且毛氏宗墓与梁氏宗墓相距不远，所以笔者有幸也参与了毛氏门中清明祭的大部分过程。近年来由于毛氏门中清明祭规模庞大，门中成员聚餐用的御三味便当交给专门的外送饭店制作。

图 4-3　梁氏宗墓 ❶

图 4-4　宗墓前的祭品

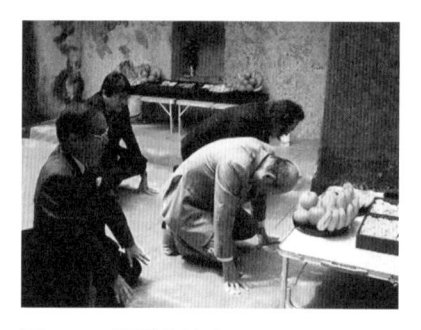

图 4-5　祭拜土地公

图 4-6　祭拜祖先

图 4-7　久米系毛氏门中清明祭

此次梁氏门中清明祭的参加人数共约 90 人，绝大多数成员为 60 岁以上，另外有六七个 30 岁左右的年轻人，他们均是在父辈或祖辈的引导下来参加门中清明祭祖的。另外，加上三名女性祭祀委员，此次共有六名女性参与了清明祭祖。笔者曾采访一位参加祭祖的五十多岁的女性，她是嫁到梁氏的冲绳人，从 2012 年开始才跟随丈夫参加梁氏门中的清明祭祖，该女士对笔者说道："从前的门中清明祭要求特别严格，可以说是一个男性的社会，女性别说是参加了，就连过问都不能，但这仅限于久米系门中，与冲绳其他地方不同，因此以前我都

❶ 图 4-3～图 4-7 由笔者摄影于 2013 年 4 月。

是回娘家参加清明祭。现在梁氏门中对女性也不加以限制了，以后我也会尽量每年都来参加清明祭。"由此可以看出，久米村人受儒家思想的影响可谓是根深蒂固，是以男性为中心的社会。龟岛会长谈到，最近十年来才逐步取消对女性的限制，梁氏门中成员多居住在那霸、嘉手纳等地，每年的清明祭是生活在各地的亲族齐聚一堂的盛大节日，今年的清明祭是定居在本土的宗家最近十年来第一次来参加，因而也具有特殊的意义。

清明墓祭结束后的"女清明"（イナグシーミー）是梁氏门中特有的行事，以前是在清明祭的第二天举行，最近几年才变为在清明祭的当天下午举行，本来是参拜西原的我谢祝女墓（被当作是梁氏门中的女性先祖来祭拜），但现在已经无法确定墓之处所，就改为在门中俱乐部的神龛及火神前举行。由于历代祖先牌位均有宗家长子继承，梁氏门中的祖先牌位就随着宗家迁居日本本土，因而门中俱乐部的神龛只供奉香炉，后来在旁边贴上了历代祖先的名字来代表神位，门中的主要祭祀均在此举行。另外，御三味、油饭只用于清明祭祖，因此火神前的祭品没有这两样。

前面也提到过久米村祭祖用的御三味，即鸡、猪、鱼，分别象征着养育万物的天、地、海，是久米村自古以来的传统供品。此外，ジューシー（油饭）也是不同于冲绳其他地方的久米村特有的祭品。冲绳各地的清明祭一般都会烧纸钱，冲绳的纸钱是打有35个一文钱印子的稻草半纸，半纸长34厘米，宽24厘米，祭拜时将纸钱折成四折，三枚或五枚重叠摆在供桌上。但是在梁氏门中的清明祭中，笔者并未见到有烧纸钱的环节。据事务局长上江洲先生介绍，梁氏门中的清明祭大概从战后开始摒弃了烧纸钱的习俗，至于原因，不得而知。总的来说，久米系各门中的清明祭虽然在具体内容、形式等方面略有差异，但是其本质是相同的，具有一些冲绳其他地方所没有的传统特色。

笔者曾在识名陵园（那霸市最大的墓地）参观了非久米系门中的清明祭，根据其墓碑及参加人数可以推测是以家族为单位的"御清明祭"。据墓地的管理人员介绍，其形式及供品与门中清明祭大同小异。冲绳清明祭的供品一般为水果、点心、年糕重箱、放有米、酒等东西的重箱，和装有海带卷、炸豆腐、红色鱼糕、黄色鱼糕、煮牛蒡、煮蒟蒻、煮白萝卜、炖猪肉、油炸鱼九种食物的重箱。由于地域及门中的不同，重箱的内容也会有所差异，但基本原则是里面的食物都是九种。冲绳人对"九"的认知估计与道家思想不无关系。

至今，每年阳历4月5日前后的两个星期日，有成千上万的冲绳人集体扫墓，构成了一道独具冲绳特色的风景。清明祭是门中成员祭祀共同祖先的重要活动，强调了血缘关系的精神纽带，对强化家族内部的凝集力起了重要作用；族人们在墓前聚餐畅谈，也起到了加深亲族交流、加强同族和睦团结的作用。

总而言之，不论是家祭、祠祭还是墓祭，都是久米村人祖先崇拜的表现。同一种姓氏、同一个家族、同一支血脉的成员团聚在一起，通过集体性的祭祖活动表达对同一祖先的深切缅怀之情，起到了敬宗睦旗、强化家族意识、增进宗亲凝聚力的作用，而且还有利于形成并加强族众的社会集体认同。尽管近代以来久米村人在家祭和祠祭方面发生了很大变化，其内容和形式已经基本冲绳化，但是其代表性的祭祖活动——清明节的墓祭依旧具有浓厚的中国色彩，可以说是久米村人中国性身份认同的强调和体现。

二、道教信仰

1. 天妃信仰

（1）琉球的三个天妃宫

天妃，又称妈祖、天后、天上圣母、娘妈等，是我国东南沿海一带渔民、船工、海商等所信奉的海神之一。妈祖信仰从产生至今，历经一千多年，对后人影响深远，并随华人传播到世界各地。中琉航海贸易时代，航海技术条件相对落后，远洋航海不仅超出人力所能，而且福建与那霸之间的海路充满艰险。明代册封副使高澄在《操舟记》中曰："讵知琉球之行，若是其险哉。盖西南诸国，行不二、三日，即有小港以避风。岂若琉球去闽万里，殊无止宿之地，焉能保其行不遇风，风不为害也哉。一舟之人不死者，真天幸也，真公庇也。"❶根据赤岭诚纪的研究，从1390年到1876年的约500年间，中琉航路上各类船只罹难的有案可稽者达645起，其中死亡人数约3300余人。❷由此可以反映出当时中琉间的航路之凶险。因此，当时中国的官方海神信仰——妈祖就借由中琉两国之间的册封和朝贡活动传入了琉球。另一方面，明洪武年间东渡琉球的闽人三十六姓，多善操舟者，以海为生，妈祖信仰在他们心中早已根深蒂固，因

---

❶ 萧崇业：《使琉球录》，台湾文献史料丛刊第三辑《使琉球录三种》，台湾大通书局印行，1997年，第90页。
❷ 赤嶺誠紀：『大航海時代の琉球』，沖縄タイムス社，1988年，第52-75页。

此闽人三十六姓也是妈祖信仰传播到琉球的重要途径。妈祖在元世祖至元十八年（1281）被封为"护国明著天妃"，此称延至明朝，而妈祖又在明朝时期传入琉球，故在琉球一般称其为"天妃"，民间亦俗称"菩萨"。

据史料记载，明清两朝的册封使及朝贡使在出航之时必先祭拜妈祖，并在海船上供奉妈祖神像以保航海平安。由此可见当时天妃信仰在中国、琉球都备受重视。明清时期，琉球共兴建了三座天妃宫，分别为：那霸天使馆旁的下天妃宫、久米村的上天妃宫和姑米岛的天后宫。

下天妃宫，为琉球国王尚巴志下令所建。关于下天妃宫的修建年代，《中山世谱》记载，明永乐二十二年（1424）尚巴志"命辅臣创建下天妃宫"。❶ 而此资料来源于《琉球国由来记》"唐荣旧记全集"中的记载，即"下天妃庙，历年既久，无从稽考。幸庙内有一片旧板仅存，而板面书'永乐二十二年造'七字，固足征焉……然则建庙也先，铸钟也后，而有得其序次。则于永乐年间，乃造斯庙也无疑矣。"❷ 由此可以推测，下天妃宫创建于1424年的可能性较大。徐葆光在《中山传信录》中对下天妃宫作了如下描述："下天妃宫，天使馆之东，应普济神门南向。前广数十亩，有方沼池。宫门前，石神二。入门甬道，至神堂三十步许。堂内有崇祯六年册使杜三策、杨抡'慈航普度'匾，顺治六年招抚谢必振'普济万灵'匾……两旁皆民房，国中案牍多储于此。"❸ 可见，琉球王府所建的下天妃宫，是册封使者必然到访之地；下天妃宫不仅具有信仰功能，同时也是"国中案牍"的存放之地，与琉球王府的内政有着不可分割的联系。

上天妃宫位于久米村，徐葆光对其亦有描述："（上天妃）宫在曲巷中，门南向，神堂东向。门旁，亦有石神二。进门，上甬道，左右宽数亩，缭垣周环。止为大妃神堂，右一楹为关帝神堂、左为僧寮。阶下，钟一所。大门左有神堂，上飨供龙神。"❹ 有关上天妃宫的创建年代及创建者，史书上并无确切记载。《唐荣旧记全集》中曰："上天妃庙，有遗老传说云：后于下天妃庙而建焉。见其钟铭文，于景泰八年铸之。据此考之，虽后于下天妃庙而建，而二庙相去，决不远焉。想必宣德、正统间，创建斯庙也明矣。"❺ 根据此记载可知，上天妃宫是建

---

❶『中山世谱』卷四，"尚巴志"篇。
❷「唐荣旧记全集」，『琉球国由来记』卷九，1713年。
❸ 徐葆光：《中山传信录》卷二，1721年。《重刻中山传信录》，平安兰园藏板，第10页。
❹ 徐葆光：《中山传信录》卷二，第11页。
❺「唐荣旧记全集」，『琉球国由来记』卷九，1713年。

于下天妃宫之后，为明宣德、正统年间（1426—1449）。但是，根据李献璋的研究，琉球千佛灵阁碑记中有"宣德八年，……重修弘仁普济之宫，引泉凿井于宫之南，鼎造大安千佛灵阁……"的字样，里面的"弘仁普济之宫"即为上天妃宫，而"弘仁普济"的封号始于明永乐七年（1409），他又根据其他史料旁证出上天妃宫的创建早于下天妃宫，即上天妃宫创建于1424年以前。❶笔者认为李献璋的观点不无道理，关于上天妃宫的建立年代无明确史料可寻，但从下天妃宫的命名来看，"下"与"上"对应，当时很可能已经存在另外一座天妃宫，两者为了区别而命名为上天妃宫和下天妃宫。且史料记载上天妃宫位于半山，对照《中山传信录》中的"天使馆图"和《冲绳志》中的"那霸及久米村图"可知，相对于天使馆旁的下天妃宫来说，上天妃宫位于山高之处，但这也只是笔者的一种猜测。

关于上天妃宫的建造者，明崇祯六年（1633）担任册封正使杜三策从客的胡靖在《琉球记》中记载："那霸近岷山，山回水绕。……沿湖东而陟，山半有天妃新殿，造自郭公。凡册使往还，皆于斯起福醮五昼夜。"❷书中认为上天妃宫为明嘉靖年间册封使郭汝霖所建，此后历代册封使记录中均沿用了此说法。然而《唐荣旧记全集》中则指出："此与钟铭，先后龃龉，恐杜公误矣。不然则，庙坏阶崩，或系郭公所重修也矣。"❸加之李献璋对上天妃宫的研究，可以推测上天妃宫为天妃之信徒久米村人所建，而非册封使郭汝霖。

琉球第三座天妃宫为姑米岛（现在的久米岛）的天后宫，当地人称之为"菩萨堂"。天后宫由册封使全魁、周煌奏请琉球国王代为创建，创建理由是册封使在清乾隆二十一年（1756）去往那霸途中遭遇海难漂至久米岛获救，认为是天妃庇护之结果，遂奏请国王在此兴建天后宫（清康熙二十三年（1684）天妃被封为"护国庇民妙灵昭应仁慈天后"，所以此后兴建的妈祖庙被称为"天后宫"）。周煌在《琉球国志略》中曰："兹役触礁，神灯示见，且姑米为全琉门户，封贡海道往来标准，臣煌谨同臣魁公启国王代建新宫，崇报灵迹。中山王尚穆，现在遴员鸠工。臣煌使旋有日，恭制匾、联各一：匾曰'玉山仙姥'，联曰'凤舸灿神光，一片婆心扶泰运；龙津标圣迹，万年福耀镇安嘉。'"❹这是周煌写给久米岛天后宫的碑文，但是该碑文是在天后宫建造之前写的，实际建成

---

❶ 李献璋：『媽祖信仰の研究』，泰山文物社刊，1979年，第469-471页。
❷ 胡靖：《琉球记》（《杜天使册封琉球真记奇观》），琉球大学图书馆私制版。
❸「唐荣旧记全集」，『琉球国由来记』卷九，1713年。
❹ 周煌：《琉球国志略》卷七，乾隆己卯年刊（1759年），漱润堂藏板，第4页。

时间是在三年后的清乾隆二十四年（1759）。《球阳》亦记载了天后宫创建的经纬："封舟在姑米山破坏之时，通船幸赖菩萨灵佑，得以活命。可知菩萨之灵，往往于危险之际，救难济生者无穷，故中国各处皆崇祀焉。今夫真谢港群船出入之洋，吾欲于彼处建立天后宫，以酬救生之德。望国王亦舍银，共建神宫等因，二册使既达之于王。而又以工费银一百二十两及匾字对联二付送之，其副使内司九人亦送助银三十七两二钱。王于乙卯年命建天后宫于姑米山，而其神像购之于闽。是年十二月初一日，安奉其宫。"❶文中的"乙卯年"记录有误，应是清乾隆二十四"己卯年"（1759）。天妃神像及二神（千里眼、顺风耳）从福建迎请，于天后宫建成后的第二年安奉于殿中（表4-2）。

天后宫建成后，当地有渔船出海时，船员的家人便会到天后宫祈祷航海安全。据说当地人通过天后宫前时，会深鞠一躬，孩童若误指祭坛的话，则要从左侧绕宫三圈，再鞠一躬。举办葬礼时，绝对不能从天后宫前通过。在明治年间，当地人还在天后宫举行祈雨仪式，祈祷农业丰收。由此可见，久米岛人把天后（菩萨）看作是航海守护神的同时，从广义上来说也将其列入了农业神的范畴。到了明治末年，天后宫破旧不堪，未能修缮，二神神像遭窃，而天妃神像也一度下落不明，但在第二次世界大战后失而复得。1956年久米岛天后宫被冲绳县指定为"有形文化财"。

表4-2 琉球三座天妃宫对照表 ❷

琉球天妃宫	上天妃宫	下天妃宫	天后宫
创建者	闽人三十六姓	尚巴志下令所建	尚穆王下令所建
年代	不详	1424年	1759年
位置	那霸久米村内	那霸天使馆之东	久米岛
祭祀日期	天妃诞辰、年节、整个朝贡过程、册封使滞琉期间	天妃诞辰、年节、整个朝贡过程	渔民出海时、农历五月稻穗祭
信徒	有	有	有
功能	供奉航海安全之神及护国之神、册封船上天妃等海神神像的临时供奉处、久米村人朝贡事务的办公场所、编集琉球外交文书《历代宝案》之地、久米村子弟的"学堂"	供奉朝贡船用的天妃神像、存放琉球王国案牍、掌管琉球王府的内政和住民管理、办理"宗门改"之事务所	被当地人称作"菩萨"，守护航海安全、祈雨、祈求丰收

❶『球陽』卷十五，尚穆王八年"册使建天后宫于姑米岛"条。
❷ 参照李献璋：《妈祖信仰的研究》，具志坚以德·国吉有庆：《久米村の民俗》，周煌：《琉球国志略》卷七。

（2）久米村的天妃信仰

天妃对于频繁往返于中琉航路的久米村人来说是极其重要的信仰，久米村的上天妃宫是久米村人信仰生活的中心，并与其日常生活紧密地连接在一起。据《唐荣旧记全集》记载："两天妃庙，每年，正月初四日下天、五月初五日佳节、九月初九日佳节、十一月冬至、十二月二十四日上天之时，例供祭物（俗云'三昧'）。每年三月二十三日圣诞之时，例供祭物（俗云'三昧'），自大夫以至若秀才，皆诵'天妃经'。又，二、三、八月，祈福之时，例供御花、酒、香、灯等物。每月朔望，例供灯乙对。每年正月元日，每庙例供月饼八盘。自其十三日至十九日，每庙例供灯十个。"也就是说，除了三月二十三日天妃诞辰日之外，在其他的重要节日也都祭祀天妃，祭祀的频繁程度可以说明久米村人对天妃信仰的重视。

天妃宫的重要地位在朝贡及册封关系即官方场合表现得尤为突出。"贡船自开洋之日，至七日，于天妃二庙，自大夫至若秀才，烧香诵天妃经。拜毕，于天尊、龙王二庙，烧香拜祷焉。自其次日，至贡船归国每日，大夫以下、若秀才及乡官士，更番拜祷于四庙。"❶虽然，天妃和天尊、龙王都具有航海安全的功能，但是天妃信仰却是久米村人航海安全信仰的中心。此外，久米村人还会在家中举行祭拜仪式，首先选好黄道吉日，在火神、祖先灵位前祈求航海平安；登船前四五天，到门中宗家上香祭拜，祝告登船日期；在登船当日向火神、祖先灵位烧香报告即将出航，后与家人敬酒，祈愿海上能平安无事；待平安归来后，又举行相同的仪式。

另一方面，上天妃宫对于中国册封琉球的使臣也具有特殊意义。由胡靖《琉球记》中的"凡册使往还，皆于斯（上天妃宫）起福醮五昼夜"可知，册封使们在往返之际，有在上天妃宫祈祷五昼夜的惯例；汪楫在《使琉球杂录》中曰："上天妃宫，在孔子庙之右。……使臣朔望，必肃谒香火。"❷另徐葆光在《中山传信录》"天妃宫行香"条记载："入（天使）馆后，涓吉鼓乐仪从，奉迎船上天妃及挈公诸海神之位。供于上天妃宫内，朔望日行香。"❸可知，上天妃宫对于册封使是举行航海仪礼的重要场所，也是册封船滞留琉球期间，安奉其船上妈祖及其他海神神像的场所。这些重要作用是由久米村的上天妃宫来完成的，而不是琉球王府所建的离天使馆较近的下天妃宫，由此也可以看上天妃宫对于

---

❶「唐荣旧记全集」，『琉球国由来记』卷九，1713 年。
❷ 汪楫：《使琉球杂录》卷二，"疆域"篇。
❸ 徐葆光：《中山传信录》卷二，1721 年。《重刻中山传信录》，平安兰园藏板，第 10 页。

册封使的重要性和特殊性。或许是因为册封使臣将上天妃宫当作中国的"驻琉使馆",才会在此举行航海仪礼,并把册封船上的诸海神供奉于此。

上天妃宫不仅是久米村人宗教信仰的中心,具有宗教祭祀功能,而且还是久米村人平日处理朝贡事务及编纂琉球外交文书的办公场所,具有较强的贸易、外交功能。据《冲绳县的地名》中"上天妃宫迹"项记载:"王府的外交文书保管于天妃宫,恐有破损散失的叮能,清康熙三十六年(1697)国相向弘才、法司(三司官)向世俊命令蔡铎等人编纂《历代宝案》,编纂事业在当宫(天妃宫)进行,同年4月4日开始,11月30日完成。《历代宝案》共有两部,一部收藏在首里城,另一部保管于天妃宫。"❶ 同时,琉球王府所建的下天妃宫掌管着琉球王府的内政和住民管理,是"亲见世"(琉球王国的贸易官厅)的官员集合之地。❷ 总而言之,在近世琉球时期,上天妃宫和下天妃宫是琉球人特别是久米村人信仰天妃的重要场所,同时也作为琉球王府的行政机关,分管外交和内政,为中琉两国的友好交流起到了积极的作用。

除了以上功能之外,在明伦堂建立以前,上天妃宫还是教育久米村子弟的"学堂"。只是,17世纪后期至18世纪前期,随着孔子庙和明伦堂的建立,久米村人的主要职能也发生了变化,由从事朝贡贸易的技能集团转变为琉球儒教发展的推动者和培养儒学人才的教育者,上天妃宫作为"学堂"的教育功能及处理政府公务的功能逐渐消减,而琉球王府所建的下天妃宫则被江户幕府用作办理"宗门改"❸的事务所。

(3)家庭中的天妃信仰

久米村人及琉球人除了在三个天妃宫祭祀天妃以外,史料记载中还出现了在家庭中供奉天妃的例子。

据《四本堂家礼》记载,蔡氏在家中供奉有天妃像。《四本堂家礼》(又名《蔡家家宪》),是久米村蔡氏后裔蔡文溥于1736年所著,是蔡氏子孙需要遵守的行为规范,同时也是了解久米村及琉球社会祭礼习俗的重要资料。蔡文溥(1671—1745),字天章,号如亭,堂号四本堂。清康熙二十七年(1688),蔡文溥与梁成楫、阮维新等人奉命入太学,后官至正议大夫。蔡文溥先后在中国

---

❶ 高良仓吉ほか编:『郷土歴史大事典:沖縄県の地名』,平凡社,2002年,第159页。
❷ 高橋康夫:「古琉球期那覇の三つの天妃宮—成立と展開、立地をめぐって—」,『沖縄文化研究』36,2010年,第60页。
❸ 宗门改,是指每年12月,在记有每个人姓名、身份、性别、年龄的木札上,烧印上"更"字,以町方的村或间切为单位,各造一册,然后由年初使者带回,向萨摩藩呈报。

居留时间长达六年以上，在儒学方面颇有造诣，他在研读《朱子家礼》及其他家礼、家训的基础上撰写了《四本堂家礼》。该书不仅展现了当时的久米村人对于中国习俗和信仰的态度及接受方式，而且也是考察中琉两国的信仰习俗关系的重要文献资料。

该书"通礼·年中诸礼式之事"一条中曰："家中安置菩萨，因祖父高良亲方尊崇遂劝请而来，每年三月二十三日圣诞日祭祀，至其日拂地，生花、御茶花、五水相餙，同居之子孙皆读经，并奉三味。每月朔望俗节供上生花、灯明、御茶、御酒、御佛，但十五日不供御酒。"❶ 文中的"菩萨"并非我们常说的"观音菩萨"，而是"天妃"的音译。至于为何用"菩萨"来表示，窪德忠认为当时的琉球人把天妃当作佛教诸佛的一员来理解，又因为是女神，所以被看作是类似于观音菩萨一样的崇拜对象。❷ 由此记载可知，除了天妃诞生日之外，蔡氏家族在每月的初一十五以及其他主要节日都会祭祀天妃（表4-1）。另外还要求同住的子孙诵读《天妃经》，至于分家的子孙不得而知。

那么，在琉球已经有上、下天妃宫的情况下，蔡文溥的祖父高良亲方为什么还要迎请天妃神像在家中供奉呢？根据渡口真清的研究，高良亲方的唐名为蔡国器，他于清顺治十年（1653）担任通事赴中国朝贡，由于当时的福州被海贼占领，不得已久居中国，在清康熙二年（1663）终于回到了琉球，之后又分别在康熙九年、十五年、二十一年三次远赴中国。❸ 由蔡国器的种种经历可以推测，他对航海的艰难和危险深有感触，仅依靠在航海途中供奉天妃、朝贡前后在天妃宫祭拜以祈求航海安全和平安归来已经无法满足他的内心需求，于是他将天妃神像迎请到家中，除了祈求航海安全外，更多的是把天妃和祖先、火神等神灵一样当成了家族的守护神来祭拜。另外，除了前面指出的三月二十三日诞生日祭拜天妃以外，在元日、正月初二、初四、初七、十五、二十及其他年节几乎都会祭拜天妃。由此也可以看出，天妃在蔡家已经具备了家神的功能。《四本堂家礼》中记载的天妃信仰虽然只是蔡氏一族的家中祭祀行为，在久米村算是一个特殊的例子，但也足以反映出以蔡氏为代表的久米村人对天妃信仰的重视和虔诚。

❶ 蔡文溥：『四本堂家礼』，崎浜秀明编：『冲绳法制史料集成』第5卷，1971年，第189页。
❷ 窪德忠：「『四本堂家礼』にみえる天妃信仰」，『社会と伝承』第十四卷第四号，1975年，第139页。
❸ 渡口真清：「『冲绳法制史料集成』所收『四本堂家礼』にふれて」，『冲绳文化』第九卷第四号，1972年，第70-73页。

除此之外，家谱资料中也出现了琉球人家中供奉天妃的记录。据那霸系《新参林姓家谱》（佐久川家）记载，新参一世泰乡因扶危之功被赐家谱荣升士籍，因其父"常托天后之荫庇，海上无惊涛之虞"，于是谨请"林"字为姓，"使至百世识其光于不忘也"，可知佐久川家的林姓来自于天妃原名林默。该书中还记载，清乾隆三十八年（1773）"世子尚哲公（尚穆王的长男）赴萨州之时，将先父（泰乡之父）所尊崇之天后菩萨为宝船之护神"。另外，"（乾隆）二十二年丁丑（1757）谢恩船只及三十九年甲午（1774）、四十一年丙申（1776）两次贡船之护神，俱得平安，每上下船之时大备仪范鼓乐以行寒舍庭中，且世子特遣亲方大亲及扈随各员役等，致祭还愿此，虽系天后之神灵亦属家门之荣光也。"❶ 由此可见，世子曾将佐久川家供奉的天后神像当作护船之神，谢恩船和进贡船的相关人员在上下船时亦会到佐久川家中行礼祭拜、还愿，以谢天后之庇佑。

2. 久米村的龙王、关帝、天尊信仰

除了天妃信仰以外，久米村的主要信仰还有龙王、关帝和天尊。徐葆光在《中山传信录》"上天妃宫"的记载："……正为天妃神堂，右一楹为关帝神堂、左为僧寮。阶下，钟一所。大门左有神堂，上飨供龙神。"❷ 可见，上天妃宫内除了供奉天妃以外，还兼祭龙王和关帝，设有龙王殿和关帝庙。

《唐荣旧记全集》记载，龙王殿原建于那霸三重城，但因风雨所破，迁移至上天妃宫，具体所建年代及迁移年代不详，但是可以明确的是在18世纪初期龙王殿已经位于上天妃宫内。龙王殿每年的祭祀为"正月初四日下天、五月初五日佳节、九月初九日佳节、十一月冬至、十二月二十四日上天、六月十三日圣诞，皆例供祭物（俗云'三味'），又二、三、八月祈福之时，例供御花、酒、香、灯等物。每月朔望，例供灯乙对，每年止月元日，例供月饼九盘，自其十三日至十九日，例供灯四个。"同书记载，关帝庙于1691年建于上天妃宫内，其创建始末为："关帝庙者，乃护国伏魔之神。天下无不尊敬焉。但本国，未有创建斯庙耳。康熙二十二年，尚贞王受封时，钦差汪·林二公，遍谒寺院神庙，独惜斯庙之未建。遂能许愿，各发银两，因嘱唐荣官员云：迄我旋后，请代建庙。是故，紫金大夫蔡铎志多伯亲方，奏允其事。康熙二十九年，乃当入贡之

---

❶『新参林姓家谱』，那霸市史编集室编：『那霸市史资料篇第1卷8 那霸·泊系家谱』，1983年，第542页。
❷ 徐葆光：《中山传信录》卷二，1721年。《重刻中山传信录》，平安兰园藏板，第11页。

期，便托使者，能塑关帝及关平、周仓，三位圣像。越明年，奉此而旋。故于上天妃庙内，别筑一坛，奉安其像，永为护国之神焉。"关帝庙的祭祀日为"每年五月十三日圣诞、六月二十三日显神、八月十五日单刀会，皆例供祭物（俗云'三味'）。每月朔望，例供灯乙对。每年正月元日，例供月饼三盘。十三日至十九日，例供灯五个。"

除了天妃、龙王、关帝以外，久米村人还信奉天尊。《唐荣旧记全集》记载："天尊堂建于唐荣西门外，乃与南门能齐其向。亦系唐荣风水，而属唐荣久矣。且按，天尊者，护国庇民天神也。吾国寺院，无能奉祀斯神者。但，中华之人，乃能奉祀斯神焉。据此考之，三十六姓，始营邑宅时，或建此庙于斯乎。"天尊庙"每年正月初四下天、五月五日佳节、九月初九佳节、十一月冬至、十二月二十四日上天、六月二十四日圣诞之时，皆例供祭物。又二、三、八月祈福之时，例供御花、酒、香、灯等物。每月朔望，例供灯乙对。每年正月元日，例供月饼八盘。自其十三日至十九日，例供灯七个。"

由以上可知，中国的道教神天妃、龙王、关帝、天尊曾是久米村人的主要信仰。有关天妃、龙王、关帝、天尊的祭祀日期除了各自的圣诞日外，相差不大；供物也大同小异，其中"三味"尤为重要，至今仍是久米村人后裔清明祭祀中最重要的供品，也是其区别于冲绳当地人的一个显著"标识"。笔者根据《琉球国由来记》卷一"王城之公事"以及卷九"唐荣旧记全集"的记载，将琉球王国时期有关中国道教诸神信仰的年中祭祀整理，见表4-3。

表4-3 久米村诸神信仰年中祭祀表

日期	节日	祭祀对象、祭品、形式等
正月初一	元日	上下天妃宫、龙王殿、关帝庙、天尊堂（月饼各八盘、九盘、三盘、八盘）。社参，即王府派遣三百余名官员到各地的寺、社、庙参拜，祈求国王长寿、王室繁荣、国家安泰，到久米村则参拜上下天妃宫、龙王殿和天尊堂
正月初四	诸神下天日	上下天妃宫、龙王殿、天尊堂供奉（三味）
正月十五	上元节	社参（同元日）
正月十三至十九	—	上下天妃宫灯各十个，龙王殿灯四个，关帝庙灯五个，天尊堂灯七个，久米村紫金大夫以下，每庙各供灯一个。久米村大门、西门、上下天妃宫各设一座"结采门"
三月二十三	天妃圣诞	上下天妃宫供物（三味），久米村的外交官员诵读"天妃经"
五月初五	端午节	上下天妃宫、龙王殿、天尊堂供物（三味）
五月三十	关帝圣诞	关帝庙供物（三味）

续表

日期	节日	祭祀对象、祭品、形式等
六月十三	龙王圣诞	龙王殿供物（三味）
六月二十三	关帝显神	关帝庙供物（三味）
六月二十四	天尊圣诞	天尊堂供物（三味）
八月十五	关帝单刀会	关帝庙供物（三味）
九月初九	重阳节	上下天妃宫、龙王殿、天尊堂供物（三味）
十一月冬至	冬至	上下天妃宫、龙王殿、天尊堂供物（三味）
十二月二十四	诸神上天日	上下天妃宫、龙王殿、天尊堂供物（三味）
每月朔望（初一、十五）	—	上下天妃宫、龙王殿、关帝庙、天尊堂各供灯一对
二、三、八月	—	祈福。上下天妃宫、龙王殿、天尊堂供奉御花、酒、香、灯等

如前所述，在琉球船进贡启程前的七天时间里，进贡官员会到上、下天妃宫烧香诵读天妃经，并到天尊、龙王二庙烧香祈祷；进贡期间，在留官员也要轮番到四庙祈祷。可知，天尊、龙王与天妃信仰一样，对久米村及琉球官方来说均有航海安全的功能。此外，天尊、龙王二神在祈雨中也起着至关重要的作用。据《中山传信录》记载："请雨，每于十月垦种后，先三日斋，各官皆诣龙王殿及天尊庙拜请；又请龙王神像升龙舟，至丰见城，设雨坛拜请。"❶《唐荣旧记全集》亦载：

祷雨之时，于天尊、龙王二庙，大夫乙员，都通事二员，黄冠通事二员，通事乙员，秀才乙员，每庙七人烧香，诵太上玉枢宝经、太上洞渊说、请雨龙王三品经。紫巾官奉命主祷。时供御花、酒、洗米、灯油、香、茶、橘子、甘蔗饼、烧饼、烧纸、斗帐、旗等物。久米村、那霸官士，皆从拜焉。时遇大旱，或二夜三日，或六夜七日，每庙七人，诵经如前。法司官奉命主祷。时供御花、酒、洗米、灯油、香、茶、橘子、甘蔗饼、烧饼、烧纸、斗帐、旗及米䴗等物。且初祷之日，请奉绿衣龙王一位。必用久米村爬龙舟，前至丰见城祷焉。❷

在前面的文献记载中具有祈雨功能的只有龙王和天尊，但是清代册封使李鼎元在其《使琉球记》中曰："六月朔日壬子晴，连日球阳少雨，农家望雨甚切，因与介山至文庙、天后宫行香，遂默祷于天后、关帝，求赐甘霖以救

---

❶ 徐葆光：《中山传信录》卷五，1721年。《重刻中山传信录》，平安兰园藏板，第44页。
❷ 「唐荣旧记全集」，『琉球国由来记』卷九，1713年。

一方。"❶ 由此可知，在琉球天后、关帝也具有祈雨功能，被赋予了"农业神"的角色。此外，关帝作为护国伏魔之神，其性质与其他诸神略显不同。既然为"护国"之神，理应独建一庙供之，但却陪祀在天妃之侧。日本学者窪德忠推测，在琉球关帝的神位低于天妃、天尊等诸神，且加之建设的经费有限，故将其"别筑一坛"，供于上天妃宫内。❷ 但是可以肯定的是，正因为上天妃宫是久米村信仰的中心，所以才将龙王和关帝合祀至此，在广泛意义上来说，包含了关帝庙和龙王殿的上天妃宫成为在琉球的中国信仰的综合性祭祀场所。

天妃、天尊、龙王和关帝信仰与中琉朝贡贸易关系密切，尤其是天妃信仰，可以说其在琉球的传播是册封体制的产物，也可看作是公领域即琉球官方的祭祀行为。这些信仰在久米村盛行，并在琉球王国的上层阶级影响广泛，波及首里、那霸、泊村的士族，但是并未普及到琉球各地，民众基础薄弱，因此在琉球王国灭亡后迅速衰微。此外，福建地区的临水夫人、拏公、陈尚书等海神信仰也随着中琉朝贡贸易的往来传播到琉球，但是影响较小，并未普及开来。除了以上官方信仰以外，对于久米村的家庭、个人来说，中国的土地公、灶神、观音等信仰相当普及，并逐渐渗透到琉球各地，至今仍是冲绳人的重要信仰。

3. 近代以来的天妃及诸神信仰

1879 年日本占领琉球后，上、下天妃宫被移作学校用地。起初，下天妃宫用作师范学校，宫内的天妃神像也被奉遣至上天妃宫，1899 年上天妃宫用作天妃寻常高等小学，天妃神像及龙王、关帝神像均被移至波之上的天尊庙。在日本政府的同化政策下，久米村人受冲绳当地及日本本土的影响，在习俗信仰等方面被同化，天尊庙日渐荒废，天妃及其他诸神信仰逐渐消失于久米村人的日常生活中。1914 年社团法人久米崇圣会成立后，久米村的传统文化在一定程度上得以复兴。由于种种原因天尊庙内除了供奉天尊外，还合祀着天妃、龙王、关帝诸神像，使得庙内狭窄拥挤，于是久米崇圣会在天尊庙境内新建了天妃宫，将上、下天妃宫的神像迁移至此，并于 1928 年旧历九月十七举行了天妃宫落成式及天妃祭典。天妃神像迁出后，天尊庙内仍合祀着天尊、关帝和龙王神像，

---

❶ 李鼎元：《使琉球记》卷三，台湾文献丛刊第 292 种，台湾银行经济研究室，1971 年，第 86 页。
❷ 窪德忠：『沖繩の習俗と信仰—中国との比較研究—』，東京大学出版会，1971 年，第 205 页。

延续至今。

第二次世界大战后，冲绳政府在上天妃宫遗址建立了天妃小学，而上天妃宫只剩下一扇石门静静矗立在天妃小学的东南角，后于 1977 年被指定为那霸市文化遗产。而下天妃宫遗迹则已所剩无几，地理位置相当于现在的那霸西消防署附近。后随着琉球传统文化的复兴热潮，1974 年久米村人后裔在天尊庙遗址重建孔子庙，与此同时天妃宫和天尊庙也被重建于孔子庙内，其中天尊庙内仍兼供着龙王和关帝，均由久米崇圣会负责管理。

而久米岛的天后宫在明治末年亦破旧不堪，神像被毁，对联脱落，香炉等佛具被偷，战后更是荒废不堪。近年来，天后宫被指定为冲绳县有形文化遗产，并修葺一新。据调查，当地人至今仍会在每年的端午、重阳、冬至及旧历正月初四去天后宫祭拜，但是当地的百姓几乎无人知道"菩萨堂"里供奉的是天妃。

另一方面，关于天妃、天尊、龙王和关帝的祭祀，从日本明治三十三年（1900）前后开始，由琉球王国时代的频繁祭祀改为春秋两次例祭（旧历二月十八和旧历八月十八）。战后则演变为由久米崇圣会举行一年四祭，即上天祭、下天祭，以及春秋例祭，参加者为久米崇圣会的理事，人数一般在十人左右，供品中已无"三昧"，只有水果、点心等。至于为何演变为春秋例祭，并无史料记载，笔者在调查采访中亦未得到明确说法。窪德忠认为有可能是因为现在的天妃宫是战后重建、且处于孔子庙内而被兼祭的缘故。[1] 笔者认为，窪德忠的推测不无道理，我国自清顺治二年（1645）起规定在每年仲春、仲秋上丁日祭祀孔子，即为春秋例祭，琉球王国时代的孔庙祭祀亦仿照中国习俗；天妃宫、天尊庙战后重建于孔子庙内，久米崇圣会又是专门负责管理孔子庙，以祭孔和普及儒家思想为己任的组织，或许加之经费等原因，使其保留了琉球王国时代的上天祭和下天祭，舍弃了诸神的圣诞祭，将其统一为祭孔的春秋例祭。

久米崇圣会以一个社会组织的形式每年在天妃宫、天尊庙举行小型祭祀活动，而在冲绳普通民众甚至久米村人后裔家中，天妃等道教信仰已经非常淡薄。根据日本学者白鸟芳郎在 20 世纪 60 年代进行的调查可知，久米村及那霸、泊等士族后裔家中，已无天妃、关帝等的信仰痕迹。[2] 笔者在采访过程

---

[1] 窪德忠：『沖縄の民間信仰—中国文化からみた—』，ひるぎ社，1989 年，第 125 页。
[2] 吕青华：《琉球久米村人的民族学研究》，台湾政治大学民族学系博士论文，2007 年，第 176 页。

中，得知现在久米村人后裔中虽很少有人信奉天妃，但是有些门中的成员会在正月到大成殿、天妃宫、天尊庙请愿。另外，久米村人后裔中有不少观音信徒。2013年6月，笔者到梁氏吴江会上江洲先生家中拜访时，发现其家里供有观音，据说该观音像是在琉球王国时代由其祖先从福州购得，之后由长子代代相传，供奉于家中（图4-8）。又如，蔡氏门中祠堂中曾供奉观音菩萨像，现在有不少蔡氏子孙仍信奉观音。如今，前往那霸天妃宫、天尊庙拜祭的当地人并不多，大多数是来自中国台湾、香港等地的游客。笔者在久米孔子庙曾见到过这样的情景：几位四十岁上下的冲绳女性跪坐在天妃宫前，供上琉球特有的纸钱、线香，以及装有米、茶、酒和年糕的木盒，虔诚地祈祷（图4-9）。事后通过笔者询问得知，她们居住在那霸，每当家族成员遇到重大事情或需要祈祷时便会选个吉日到天妃宫祭拜，一一诉说家庭成员的愿望，请求天妃庇佑。

图4-8　久米村人家中的观音像❶　　图4-9　在天妃宫前参拜的冲绳人

另外，随着我国台湾与冲绳的密切交流，天妃信仰经由台湾再次传入现代冲绳社会，首里天后宫就是一个典型的例子。首里天后宫由冲绳信徒个人创办，虽然规模较小，但影响力和信徒也在逐渐增加。除了日常的参拜以外，首里天后宫还会在农历三月二十三、九月初九，以及元旦举办抽签、新年参拜等活动，人们大多来祈求旅行安全、生意兴隆、家人和睦、生产顺利、成就良缘等。由此可见，冲绳的天妃信仰仍拥有一些信徒，不能说是已经销声匿迹了。

综观以天妃为代表的中国诸神信仰在琉球的发展过程，可知其影响程度及社会功能发生了很大变化。琉球王国时期，天妃信仰与朝贡贸易紧密相连，久米村人及琉球王府均对其非常重视。但是随着琉球王国的灭亡、朝贡贸易的终结，缺乏广泛的民众基础的天妃信仰迅速衰微。同时，朝贡时代结束后，

❶ 笔者摄影于2013年4月和6月。

天妃的航海守护功能亦被家庭平安、交通安全、农作丰收、事业顺利等现代功能所取代。林国平指出，天妃信仰衰落的原因是天妃信仰是册封制度的产物，其来源比较单一，随着中国册封制度的崩溃，天妃信仰在琉球走向衰落在所难免；虽然天妃的主要职能是保护航海平安，很适合琉球社会的客观要求，但只得到册封使和久米村人及士族阶级的认同，在局部地区和特定群体中流传，民众基础薄弱，因而近代以后急剧衰落。❶ 笔者认为，天妃信仰在琉球之所以未在普通民众中普及开来，很大原因在于琉球自古以来存在着航海守护女神——姊妹神信仰，天妃信仰传播到琉球后，在民间传说等方面虽然对姊妹神信仰产生了一定的影响，但是琉球的姊妹神信仰已经根深蒂固，因此天妃信仰无法融入当地民众的生产和生活中，建构深厚的信仰基础。但是另一方面，天妃信仰又以另外一种形式再次传播到现代冲绳社会，构成冲绳人信仰的一部分。可以说冲绳的天妃信仰既承载着厚重的历史记忆，又包含了新时代的继承和发展。

三、佛教信仰

在闽人三十六姓移居琉球以前，琉球就已经出现了佛教。有关佛教传入琉球的最早文献记载见于《球阳》，文曰："咸淳年间，一僧名禅鉴，不知何处人，驾舟飘至那霸。王命辅臣构精舍于浦添城之西，名极乐寺，令禅鉴禅师居焉。是我国佛僧之始也。"❷ 可知，佛教是在13世纪60年代前后就已传入琉球。而禅鉴禅师为何许人也，则缺少明确的史料记载。对此学界一般有中国说、朝鲜说和日本说三种观点，其中以日本说为主。冈本佑山认为，"虽然琉球很早就展开了与中国之间的交流，也接受了中国的若干文化，但琉球佛教并非传自于中国，而是由日本传入的，从中国传入的只有儒教和道教。"❸ 14世纪后半叶，即察度王时期（1350—1395），萨摩藩僧人赖重法印将真言宗传入琉球，这是琉日间佛教初次交流的确切记载。1450年，京都僧人芥隐又将临济宗南禅寺派传入琉球。琉球王府为了提高本国僧人的素质，定期选拔僧侣到日本参禅学道。据《球阳》记载："往昔之世，琉球僧为参禅学道事，云游日本国。或有于萨州传

---

❶ 林国平：《琉球观音信仰研究》，《海交史研究》2010年第1期，第120页。
❷ 『球陽』卷一，"英祖王"篇。
❸ 冈本祐山：『禅宗史略伝：琉球妙心寺派末寺』，1993年，第79页。

授密法者,或有于京都传授妙法者。"❶ 由此可见,琉球与日本之间佛僧的交流之密切频繁,而官方的推崇,使得佛教在琉球上层建筑中被广泛信仰。也就是说,在闽人三十六姓到来之初,琉球贵族阶级已经普遍信奉佛教,而闽人三十六姓自身作为佛教信徒,也势必会将中国的佛教带入琉球,因而久米村人深受中国和琉球佛教的影响,亦是佛教信徒。

久米村人的佛教信仰主要可以体现在久米村的诸多寺院中。据记载,久米村的寺院主要有清泰寺、东寿寺、东禅寺。

1. 清泰寺

前文中提到,亚佳度在蔡氏宗祠忠尽堂内另辟一室安奉观音菩萨,以纪念观音菩萨庇护其父蔡让在海上死里逃生,题曰"清泰",其位置相当于现今久米町二丁目106、107番地。忠尽堂供奉了蔡家历代祖先的牌位,原本由蔡氏门中成员轮流看守、管理,但九世紫金大夫蔡坚(1585—1647)以"族人之不便于祠堂换班看守,遂托友僧参雪居守之",❷ 故此处又曰清泰寺。后来,清泰寺演变为首里圆觉寺的分寺。蔡氏宗祠原本为祭祖之地,其内供奉观音菩萨,而后来却发展为圆觉寺的末寺,成为附属在神社的寺院,这是受到了日本"神佛习合"思想的影响。但是在清雍正十年(1732),蔡渊(1680—1738)等七名门中代表联名上书,陈述忠尽堂建立之初衷,决定由蔡氏门中继续轮番看守,请求解除圆觉寺分寺之名,并得到王府的许可,清泰寺也由此退出历史舞台。周煌在《琉球国志略》中曰:"清泰寺,在东禅寺北,今废为蔡氏家祠。"❸ 寥寥数字,记载了清泰寺当时的状况,不过据此也可以推测,周煌大概对于清泰寺本为蔡氏宗祠的历史经纬不甚了解。

2. 东寿寺

东寿寺由僧人赖雄创建于明嘉靖三十七年(1558),以此寺作为隐居之所。东寿寺是琉球护国寺的末寺,寺内供奉大日如来像,位于现今久米町二丁目87番地附近,因该寺周围房屋林立,所以俗称"堂小屋敷""堂小"。《球阳》中有关东寿寺的记载如下:

顺治年间,有赖庆座主者,其为僧也,质资敏捷,颖悟绝伦。已飞锡扶桑,窃授密法之奥旨,亦极两部之深源,兼学儒道之书籍,颇知义理之精微。既而归来本

---

❶『球陽』附卷二,"尚贞王"篇。
❷『蔡氏家譜』,那霸市史编集室编:『那霸市史资料篇第一卷六·久米村系家谱』,1980年,第337页。
❸ 周煌:《琉球国志略》卷七,乾隆己卯年刊(1759年),漱润堂藏板,第25页。

国,即住东寿寺,说法讲道,以教诸徒。时尚质王令赖庆侍讲儒书,而自唐荣至禁城道路已远,往来甚劳。由是王赐宅于首里内金城邑,创建此寺院,叫东照山(原号东林)大日寺,又号遍明院,奉安大日如来像,以为崇信焉。❶

尚质王聘请日本僧人赖庆讲经说法、侍讲儒道,并为此创建东照山大日寺,足以证明当时琉球王府对日本佛教的重视,由此也可以窥探出佛僧参与政治的端倪。东寿寺虽然毁于第二次世界大战中,但作为久米村的历史遗迹保留至今。据梁氏门中神崎先生介绍,现在这块土地属于他的个人财产,在门中的帮助下,堂小于2013年3月得以重建,虽然面积较小,但也是久米村的历史文化的见证。

3. 东禅寺

东禅寺亦称长门寺,建于明崇祯元年(1628),由一舟和尚所建,作为其隐居之所,朝夕念经为国求福,位于现今那霸市久米町二丁目46番地。东禅寺是圆觉寺之末寺,是近世时期久米村的临济宗寺院,对此《中山传信录》中亦有相关记载:"东禅寺,在久米东北,圆觉寺下院也。相近有清泰寺,皆止三、四楹小寺也。那霸惟此二寺及广严寺系禅僧,余俱真言教。"❷清嘉庆四年(1799)的册封正使赵文楷曾作过一首"游东禅寺"的诗,内容为:"蕉衫蒲簟晚风凉,偶为寻幽到上方;禅榻不收松子落,佛灯初上篆烟香。阁前海气留残雨,花外钟声散夕阳;懒向夷僧频问讯,无言对我澹相忘。"❸册封副使李鼎元也在其《使琉球记》中提及游东禅寺之事;《琉球实录》中称东禅寺为琉球名胜之区,曰:"东禅寺,在那霸东南极幽僻处,曲径盘旋,苍松翠柏相夹道。……室悬我国徐葆光八分书,以其康熙时为使臣临此,制古风以赠主持僧者。旁联系我国殿撰林鸿年所书,尚有前明名宿笔墨。寺中尤多古迹,盖其寺以胜地著称,由来久矣。"❹诸多琉球册封使对东禅寺均留下了记录或诗作,可见东禅寺地处久米村便利之地,为久米村人陪同册封使经常造访之地,同时也说明了东禅寺在久米村的重要地位和作用。

除此之外,在近世琉球时期,久米村境内还有和光寺、长寿寺、东龙寺、

---

❶『球陽』附卷一,尚质王"始赐大日寺于赖庆座主"条。
❷ 徐葆光:《中山传信录》卷四,1721年。《重刻中山传信录》,平安兰园藏板,第23页。
❸ 赵文楷:《槎上存稿》,《清代琉球纪录辑集》(上),台湾文献丛刊第292种,台湾银行经济研究室,1971年。
❹ 钱□□:《琉球实录》,《清代琉球纪录辑集》(下),台湾文献丛刊第292种,台湾银行经济研究室,1971年。

西福寺、松林寺、善兴寺等寺院,由此可见久米村佛教信仰之兴盛。

第二节 久米村对琉球、日本信仰的吸收

久米村人作为主要的传播媒介,将中国特别是福建地区的民俗文化和宗教信仰带到琉球,给琉球的民俗信仰文化打上了深刻的中国烙印。直至今日,冲绳诸岛仍保留着许多浓厚的中国特色。但是,文化的影响不是单方面的,而是相互的,任何习俗和信仰传播到别的地方,都会受到当地固有传统的影响和制约,因而会发生诸多嬗变。同样,久米村人长期扎根于琉球社会,在生活习俗方面较早地本土化,除了保持代代相传的福建地区的传统信仰外,亦受到琉球以及日本民俗信仰的影响和同化。中、琉、日三国民俗文化的融合,构成了久米村人的精神文化,也造就了久米村人复杂的多重身份认同。下面笔者主要从琉球的传统信仰和日本的宗教信仰两个方面,来探讨久米村人在习俗信仰方面的本土化。

一、琉球传统信仰的影响

自古以来,琉球就是个多神信仰的国家,人们相信万物皆有灵性。琉球的传统信仰中充满着各种各样的神明,人们通过祭祀等途径与这些神灵之间进行沟通,实现"互惠互利"。提起祭祀则离不开琉球传统信仰文化核心之一的御岳信仰。"御岳"是圣地的统称,是神明之所在,是村落呪术和宗教生活的中心。御岳信仰及其祭祀,体现了冲绳人对神的观念,其中包含着祭祀集团的构成、女性祭祀的作用、村落的组织结构等诸多冲绳文化的特性。日本学者大本宪夫指出,御岳信仰构成了冲绳文化的核心,如果不搞清楚御岳信仰及其祭祀的诸形态,就无法理解冲绳的社会和文化。[1] 御岳一般位于村落背后的最高处,是村落的守护神,与村民的日常生活紧密相连。由于自然灾害等诸多原因,经常会出现村落迁移的情况,迁移的村民们往往在原来的村落里有御岳,但又

---

[1] 大本宪夫:「沖縄の御嶽信仰」,植松明石编:『環中国海の民俗と文化:神々の祭祀』第2卷,1991年,第38页。

不便回去祭拜，所以通常会在新村里面向原来的村落建一个"遥拜御岳"（遥拜所）。移民与原住民有不同的拜所，这样就形成了一个村落中有多个御岳的现象。

在御岳的祭祀中，神职人员通常是由女性担任的，称为"祝女"或神女，这体现了琉球宗教传统的特殊性，即女性的宗教性。在琉球人的宗教观念中，圣和俗的界限并非很明确，人和神不是隔绝的而是连续的关系。女性生来具有灵力，她们可与神沟通，体现神的意志，因而维持人和神之间的连续性的正是在共同体和王权祭祀中神和人的"中介"——神女。也就是说，女性的宗教性与人和神的连续性存在着不可分割的关系。❶在琉球的民俗信仰研究中，经常被提及的姊妹神信仰就是女性宗教性的典型体现，而姊妹神信仰的存在又使得琉球从未开化时代起，女性就一直保持着较高的宗教权威。所谓姊妹神信仰，是指姊妹以其灵力守护兄弟的一种信仰，冲绳"所有的女性都被其兄弟崇敬为'姊妹神'"。正是这种"女性优位"的思想使得琉球的女性在祭祀方面占有主导地位。在祭政一致的时代，琉球王府由两个最高权力机构组成：一个是宗教祭祀掌管者——闻得大君，另一个是政治权力掌管者——国王。闻得大君多由国王的姊妹（或王妃）来担任，其主要职责是定期举行琉球的重要祭祀，祈求国王长寿、王室繁荣、五谷丰登及航海安全等。闻得大君除了是为琉球祈求安全的祭司者以外，也是祭祀的对象，即作为航海守护神受到海民的信仰。从闻得大君通过祭祀活动来保佑其国王兄弟的方面来看，闻得大君也是姊妹神信仰的一种表现形态，是古琉球祭政一致的表现。与王权祭祀一样，村落及家庭的祭祀也由女性主持。掌握祭祀大权的神女，作为神的化身，具有人力不可及的神力，她们既从事祭祀活动，又守护着一家人的灵魂。在琉球王国时代，在许多祭祀活动中男性通常是禁止参加的，即"男子禁制"。近世以来，琉球虽然受到多种外来宗教文化的冲击，如中国的儒教、日本的神道以及佛教等，但是以神女为核心、以御岳为中心的冲绳民间信仰在近代以后，虽有所衰退但并未断绝。

那么，受到以男性为中心的儒家思想影响至深的久米村人，遇到"女性为神"、以女性祭祀为中心的琉球传统信仰后，会出现什么样的交融呢？前文已经提到琉球社会所受儒教思想的深刻影响，与此同时，久米村人也必然会被琉球

---

❶ 平良直:「沖縄の宗教の伝統における中心の象徴と神話の始原—御嶽と神歌の宗教学的研究—」，筑波大学博士論文，2000年，第46頁。

根深蒂固的传统信仰所同化。随着久米村人和琉球人的通婚，女性的"宗教权威"的观念也传入久米村人家中。从15世纪末尚真王时代起，在琉球固有信仰的影响下，久米村人开始男女分工，男性是儒教的代言人，女性则专司有关琉球传统信仰的职务。❶在前面的清明祭中也提到，久米村人在清明祭祖时，只有男性能参加，而祭祀火神等则由女性来担任。琉球的诸多传统祭祀活动也传入久米村，如（年后）初拜、稻穗祭、屋神祭、诸神感谢祭、圣地巡礼等，至今仍然存在于久米系门中的年节祭祀中。

下面以久米梁氏门中的"初拜"为例，来说明琉球传统信仰对久米村的影响。初拜是新年过后第一次祈求家庭平安、无病息灾、村落繁荣、五谷丰登的祭典。现在梁氏门中的初拜在正月初五举行，门中的女性代表首先在梁氏门中集会所祭拜火神，然后前往东寿寺（堂小）、孔子庙、天尊庙（天妃宫）、首里三殿内祭拜，最后再回到集会所的神龛前拜祭。

在搬入新居之前久米村人往往会举行屋神祭来祈祷平安顺利。如2013年5月2日，久米崇圣会在新建的久米孔子庙内举行了屋神祭（图4-10），祭司是居住在久高岛的阮氏后裔真荣田苗女士，参加者有久米崇圣会正副理事长等人。此次屋神祭的目的是净化新宅地、祈祷久米崇圣会和久米之地的繁荣发展和幸福。祭拜顺序为：大成殿—东西南北四角—厕所—至圣门前（正面玄关），祭品有神酒、米、洗过的米、盐、年糕、水果等。另外，毛氏门中每五年会举行一次、阮氏门中每三年举行一次的"圣地巡礼"，也是受

图4-10　大成殿前的屋神祭 ❷

到琉球传统信仰的影响，圣地巡礼本是琉球王府的传统行事，始于三山统一后的尚巴志时代，后来影响至久米村及整个琉球。如今久米系门中里只有毛氏、阮氏门中将该行事传承下来，举行时间多为旧历的8～10月，由门中的年长女性带领，巡礼路径一般是固定的，多为南部玉城周边的拜所、琉球至

---

❶ 吕青华：《琉球久米村人的民族学研究》，台湾政治大学民族学系博士论文，2007年，第181页。
❷ 出自『久米崇聖会レポート』NO.13，社団法人久米崇聖会，2013年。

高圣地"斋场御岳"等十多个圣地，目的是祈愿国家的安泰富饶、门中的繁荣昌盛、门中会的持续发展、门中成员的健康长寿、家庭圆满、生意兴隆、交通安全等。屋神祭和圣地巡礼是久米村人受琉球传统信仰习俗影响的又一侧面。

此外，受御岳信仰的影响，在久米村的区域内也出现了一些御岳，成为久米村人的祭祀圣地。与当地人一样，久米村的御岳祭祀也由女性来主持。根据《唐荣旧记全集》《球阳》及《遗老传说》等史料的记载可知，琉球王国时期的久米村主要有以下四处拜所。

1. 内兼久山拜所

内兼久山的位置相当于现在的那霸市久米町二丁目久米公园附近。内兼久山曾是久米村内的小山丘，久茂地川沿此山流经村中，是久米村的风水之地。山丘中央树木茂蔚之处，建有 H 型石门及石灯笼，放有香炉，便为久米村人之御岳。《唐荣旧记全集》中又称此拜所为"寄上森""内金宫岳"。《球阳》中对此也有记载："唐荣之东有一山林，山不高而秀雅，林不大而茂蔚。而其神曰辨财天女（中国斗姥），至圣至灵，祷无不应。常守护人民，呵禁不详，而知名于世已久矣。自昔而来，四面筑石作垣，栽植树木，竟封其地，以为崇信。"❶ 文中还介绍了"内金宫岳"名称的来历：明万历年间（1573—1619）日本山城国人（现在的京都府南部）重温，云游琉球，参拜内兼久山拜所后，遇辨财天女现身，便在内兼久山修建"内金宫"，以示谢恩，之后该拜所便改为"内金宫岳"。内兼久山拜所是琉球王国时期渡唐官人绕境祈福的拜所之一，可惜在第二次世界大战中被毁，只留有一块巨石代表着内兼久山拜所之遗迹。现在，久米妇人会❷ 在巨石旁边新建一处拜所，每年村祭时来祭拜。

2. 财之神岳

"财之神"又作"才之神"，其位置相当于现在的那霸市松下町一丁目一番地附近（即久米孔子庙旧迹附近）。《唐荣旧记全集》记载："财之神岳，在圣庙东，砌石作墙，以设其门。亦不知从何世，而尊此岳焉。"❸ 据推断，财之神（セーヌカン）是（さへのかみ）的讹音，因而财之神岳祭祀应为道祖神，但该拜

---

❶『球陽』附卷二，尚贞王十九年（1687）"东龙寺住僧盛海修内金宫"条。
❷ 久米妇人会是现在居住在那霸市久米一带的妇女组织，其中的大部分成员并非久米村人后裔。
❸「唐荣旧记全集」,『琉球国由来记』卷九，1713 年。

所具体成立于何时并无详细史料记载。

3. 仲本屋敷之井户

内兼久山附近的仲本家院子里的井，也是久米村的村祭（村御愿）拜所，位置是现在的久米町二丁目四十二番地。据《梁氏家谱》的记载，内兼久山沿路的小港被命名为"唐荣之吴江"，原因是梁氏始祖来自福建长乐县吴航江田，此地与自己的出身地极为相似，于是为怀念故乡而命此名。而仲本屋敷之井户拜所的由来亦与闽人三十六姓有着极深的渊源。据说闽人三十六姓来琉之初居住在久茂地川的支流沿岸，即内兼久山附近，并使用那里的井水，久米村人为纪念祖先，便将其使用过的井当作村落之圣地来祭拜。

4. 唐守岳

唐守岳，亦称"唐间森"，位于久米村西门外，现在的波之上辻町二丁目一带。《遗老传说》第二十话中述说了唐守岳的由来："唐荣之北，有一神岩，至灵至感，祷莫不应。人皆运石筑堆，四围为垣，以为神岳。由是本国之人赴中华时，必到此岳而祈福焉。故名之曰唐守岳。今在于那霸地，而事系乎唐荣也。然未知何世而建焉。"❶也就是说，在琉球王国时期，唐守岳并非为久米村之地，而是属于辻村管辖，但因往返中国之人必来此祈愿，与唐荣关系密切，因而亦成为久米村的御岳之一。

琉球的传统民间信仰对于久米村人的影响不仅仅局限于女性祭祀及御岳信仰两个方面，而是波及久米村人的日常生活及风俗习惯的诸多方面，这也是一个民族集团在移居他地后被当地所同化的必然结果。

二、日本宗教信仰的影响

日本宗教信仰对琉球的影响主要以佛教和神道为主，琉球王国灭亡后，日本本土的信仰、习俗逐渐渗透到冲绳各地。同样，日本的佛教和神道传入琉球之后，对久米村的宗教信仰也产生了一定的影响，近代以后，包括久米村在内的冲绳诸岛更是无法逃脱日本本土化的命运。

前文中提到，琉球的佛教由日本传来，受日本佛教影响较深，因而对久米村的佛教信仰也产生了一定的影响。此外，琉球的春秋彼岸祭也由日本传入，

---

❶『遺老伝説（球陽外卷一）』，『那霸市史資料篇第1卷1』，那霸市史编集室，1968年，第93页。

并影响到久米村人的祭祀习俗，成为整个琉球的重要年节祭祀之一。

神道教，简称神道，是日本土生土长的宗教信仰，迄今为止大约已有两千余年的历史。神道起源于日本民族的原始信仰、自然崇拜、生活习惯和理念，在外来文化、宗教信仰的影响下，不断地充实和完善自己的学说和教义，成为日本宗教中流派最多、影响最大的宗教。神道的历史发展大致可分为原始神道、神社神道、学派神道、国家神道、教派神道五个阶段。佛教和儒教传到日本以后，神道出现了"神佛习合""神儒习合"的思想观念，在近代的特殊时期，也出现了国家神道这样的服务于日本强权政治的、为法西斯侵略战争服务的国家宗教形式。

在近代以前，较之于佛教来说，日本的神道并未对琉球产生太大的影响，很大原因是琉球有其固有的多神信仰，如御岳信仰、女巫信仰、火神信仰等，这些也被统称为"琉球神道"。由于日本佛教中带有浓厚的神道烙印，神佛习合的思想对琉球的宗教信仰也产生了一定的影响。近世时期，受日本权现信仰的影响，琉球八社（波上宫、冲宫、识名宫、普天满宫、末吉宫、安里八幡宫、天久宫、金武宫）为真言宗供寺，虽然其佛教性质强烈，但里面均设置了神社，除了安里八幡宫祭奉八幡神之外，其余均为熊野权现。

琉球王国灭亡后，正值日本国家神道势力抬头时期，国家神道强势地进入冲绳，逐渐渗透到包括久米村人在内的冲绳人的生活中。明治时期，冲绳的寺院改为神社，波上宫于日本明治二十二年（1889）被认定为冲绳唯一的官币小社，为配合日本本土的夏日庆典，祭祀日期由原本的12月29日改为5月17日，庆典中出现了花车游行等大和风，其形式逐渐日本化。❶ 明治以后，冲绳新建了三座神社，分别是首里的冲绳神社、那霸奥武山公园内的世持神社和冲绳具护国神社。冲绳县护国神社原为招魂社，祭祀日清、日俄战争中的战死者，1940年改称为冲绳县护国神社，1959年重建后，亦祭祀在冲绳战中牺牲的冲绳县民及日本本土人。

随着时代的发展，神道在冲绳民众生活中的影响日益显著，久米村人亦不例外。从1939年起，久米孔子庙采用东京汤岛圣堂（孔子庙）的祭神形式举办释奠，受到日本神道的较大影响，曾几何时，大成殿前也挂起了日本神社中必不可少、代表着神域的"注连绳"；1988年，梁氏门中在建设门中事务所时，举行了神式安全祈愿祭，主持祭典的是波上宫的宫司（神职名），神道中祈祷工事

---

❶ 那霸市史编集室：『那霸市史資料篇第二巻七・那霸の民俗』，1979年，第432页。

安全的"地镇祭"可谓是日本神道对久米村人生活影响的一个体现；在2012年3月19日，久米崇圣会也在久米孔子庙新址举行了建设工事安全祈愿祭。日本神道中的"地镇祭"已经普及到冲绳各地，成为当地人在建房前必定会举办的一个仪式。

除了神道和佛教之外，日本本土的生活习俗等也对包括久米村人在内的冲绳人产生了诸多影响。如冲绳大部分地方都已不过传统的农历新年，而是同日本本土一样过元旦，去神社祈愿参拜。在2013年6月15日久米崇圣会举行的新久米孔子庙的落成典礼中也可以看到日本本土习俗的影响。在落成式中，其中有一项内容为"鏡開き"（"镜开"仪式），由冲绳县知事、副知事、那霸市市长、久米村崇圣会理事长、"中琉"文化经济协会（台湾民间组织）理事长共同用木槌把装有"泡盛"（琉球酒）的木制酒桶盖敲开。"鏡開き"源于日本本土在一月中旬进行的"开镜饼"仪式，即全家分吃新年供奉给神明的年糕，象征着家庭圆满，健康幸福。现在在一些婚礼宴会、庆祝会等喜庆场合，通常会举行酒的开镜仪式，多是由几个代表一起用木槌把木制酒桶的酒盖敲开，大家共同饮用，烘托气氛，表示庆祝。"鏡開き"最初叫"鏡割り"，但由于"割り"为"切、割"之意，带有不祥之感，忌讳在喜庆的场合使用，因而采用"開き"一词，预示着开运、好运。这种源于日本本土的忌讳观念，现在已融入冲绳人的日常生活中。

小　结

宗教信仰代表着一个民族最重要的精神文化，是构建其民族文化身份认同的重要基础。久米村人的祖先闽人三十六姓作为一个民族集团，他们在移居琉球后仍保持着中国的精神信仰，也给琉球文化也带来了深刻的影响。但是文化的影响是相互的，任何习俗和信仰传播到别的地方，都会受到当地固有传统的影响和制约，发生同化现象。在与琉球民族进行长期的交流过程中，久米村人日益融入琉球社会，其生活习俗和宗教信仰与琉球的民俗文化相互交融，逐渐本土化。宗教信仰虽然不会因为国家政权的改变而即刻发生变化，但随着时间的流逝，必定会受到影响。琉球王国时期与朝贡紧密相连的天妃、天尊、龙王等道教信仰，现在已经不常出现在久米村人的宗教信仰中；琉球传统的民间信仰已与久米村人的生活密不可分，而日本本土的习俗和信仰也已根植于包括久米村人在内的冲绳人的日常生活中。

  然而，祖先遗留下来且传承数代的精神文化依然根植于久米村人的内心深处。与儒教思想密切相关的祖先崇拜，结合冲绳的门中组织，构成了冲绳特有的清明祭，这也是日本本土所不具备的。而今，久米村人在生活习俗和宗教信仰方面虽然深受冲绳、日本本土的影响，但是他们仍坚持着一些带有中国色彩但又不完全等同于中国的久米村传统文化，努力复兴与历史一脉相承的儒教传统，通过建构共同的民族文化记忆来凝聚力量，并在传统的基础上打造新久米特色。久米村人有意识地强化这些"久米特色"，来寻求不同于冲绳人、日本人的文化因素。可以说中、琉、日三国民俗文化的融合，构成了久米村人复杂的精神文化，从而也造就了久米村人的多重身份认同。

第五章 久米村的社会组织及其功能

琉球被日本占领后，断绝了与中国的朝贡贸易关系，久米村被迫解散，久米村人的社会地位一落千丈，由聚居变为散居，其发展也陷入低谷。近代以来的久米村人被迫选择融入当地社会，接受日本本土化的命运，他们在夹缝中求生存，久米村的传统文化也面临着销声匿迹的危险境地。但是，久米村人中的一些有志之士为了保存传统的久米文化而不懈努力，他们组织建立久米崇圣会，来管理运营象征着传统久米文化的孔子庙，并以各姓宗族为单位组成门中会，互助互爱。久米村人通过久米崇圣会和门中会来凝聚力量，强化久米村人之间的羁绊，并举办一些活动来传承、宣传久米特色文化，扩大其在冲绳社会影响力，以谋求新的发展。此外，久米村人还积极地与外界进行文化交流，久米崇圣会与日本本土、中国曲阜和中国台湾的孔子庙建立交流关系，各门中会则从20世纪80年代中期起掀起到福建寻根访祖的热潮，而祖源地福建省也积极应对，建立姓氏源流研究会，帮助冲绳的闽人后裔寻找亲人，使得他们与福建的宗族建立密切的联系，展开频繁的交流。本章通过久米村人的主要社会组织——久米崇圣会和门中会来解读久米文化的传承与创造，久米村人的意识变迁以及他们与外界进行的文化交流。

第一节　久米崇圣会

久米崇圣会是久米孔子庙的管理委员会，也是现代久米村人最重要的社会团体。久米崇圣会通过举行释奠（孔子祭）、久米孔子塾讲座、久米文化展等活动，弘扬儒家文化，强化久米特色。本节通过文献史料的记载，梳理久米孔子庙的发展过程，探讨孔子庙对久米村人的精神生活所产生的重要意义；通过对久米崇圣会进行多次采访调查，围绕久米崇圣会的主要祭祀活动、社会活动以及对外文化交流等方面展开论述，探讨久米村人的现状。

一、孔子庙与久米崇圣会

1. 久米孔子庙的历史

孔子庙即孔庙，又称文庙、夫子庙、至圣庙等，是为纪念我国伟大思想家、教育家孔子而建的祠庙。久米孔子庙在冲绳被称作"至圣庙"，方言读作"チーシンブー"（chi-shinbu-），建成于清康熙十二年（1674）。久米孔子庙内立有"琉球国新建至圣庙记"的石碑，系儒学大师程顺则所书，根据该记录可知久米孔子庙的建立背景及经纬：

琉球远在海外，去中国万里，宜若不闻圣道者然。自明初，通中朝、膺王爵。至洪武二十五年，王子泹陪臣子弟始入太学，复遣闽人三十六姓往铎焉。虽东鲁之教泽渐儒，而尼山之仪容未观及。万历年间，紫金大夫蔡坚始绘圣像，率乡中缙绅祀于其家，望之俨然，令人兴仰止之思，不可谓非圣教之流于海外也。至皇清定鼎，文教诞敷，斯文丕振，较前尤盛。时有紫金大夫金正春于康熙十一年议请立庙，王允其议，乃卜地久米村，命匠氏庀材，运以斧斤，施以丹雘，至康熙十三年告竣。越明年，塑像于庙中，左右列四配，如中国制。王乃命儒臣行春、秋二丁释奠礼。既新轮奂，复肃俎豆，猗欤盛哉。从此睹车服、礼器，恍如登阙里之堂，躬逢其盛也。师天下之功，不于此而见其无外哉。

爱臣顺则奉王命，纪建庙颠末；谨摘笔而记，以勒诸石，永垂不朽云。[1]

具体来说，1610年紫金大夫蔡坚作为进贡使成员到中国朝贡，途经山东曲阜，在参拜孔子庙后请回孔子及四配（颜子、曾子、子思子、孟子）的画像，在久米村的士大夫家中轮番供奉，举行祭典，此为琉球祭孔活动的开始。1671年，紫金大夫金正春为普及儒教道德、振兴教育，向琉球国王尚真提出了创建孔子庙的请求并获得许可。翌年，孔子庙在那霸泉崎桥头（现在的那霸商工会议所附近）动工，于1674年竣工。1675年着手制作孔子及四配的塑像，次年正月完成。1676年2月，在新建成的孔子庙内举行了第一次释奠，此后仿照中国的制度于每年春秋二仲上丁日举行释奠。

有关久米孔子庙的外观及格局可见于清代册封使的诸多使录记载中。徐葆光在《中山传信录》中曰："圣庙，在久米村泉崎桥北门，南向。进大门，庭方广十余亩，上设拜台。正堂三间，夫子像前又设木主，四配各手一经。正中梁上，亦摹御书'万世师表'四大字榜书；前使汪、林各有记书木牌上，立

---

[1]『久米村孔子聖廟記』，手抄版，社团法人久米崇圣会藏，第73页。

左右。"❶周煌在《琉球国志略》中亦有类似描述："文庙，在久米村泉崎桥北，南向。红墙朱扉，左右立'下马'碑。内棂星门三。进门，广庭甬道，上设拜台，大殿三间，奉先师孔子神位、圣像；两旁二龛，设四配位像，各手一经。……"❷由这些记载可知，久米孔子庙仿照了中国孔子庙的建筑风格。

但是，最初的久米孔子庙并非是"庙学合一"，而是"有庙无学"。到了清康熙五十六年（1717），程顺则向尚敬王提出在久米孔子庙内建立明伦堂作为普及儒学学堂的请求。1718年，明伦堂竣工，成为琉球的第一所学校。明伦堂左右两庑，蓄经书籍文略备，内部还设有启圣祠，祭祀孔子及四配的父亲。有关明伦堂的建立具体可见于《程氏家谱》的记载："康熙五十七年戊戌正月初六日，蒙允请建学校。初因学宫未备，旧岁（前年）四月十九日，（顺则）取汪、林二公庙记之意，启请建学。今春允之。夏五月筑东南内石墙，秋七月初四日起工，作明伦堂及儒学门神厨。闰八月二十五日，（顺则）奉命率子孙，初入门堂。……又请于明伦堂近北壁，分构小三间，为启圣祠，十月十三日告竣。十一月作启圣公并四配神主。"❸

上文中的"汪、林二公庙记"是指清康熙二十二年（1683）的册封正副使汪楫、林麟焻在造访久米孔子庙之后留下的记录。汪楫在《琉球国新建至圣庙记》中云："自州、县皆得建学，而吾孔子之庙祀始遍天下；然学以外，无所谓庙也。群州守、邑令、博士、弟子奔走对越，以为之礼；钟、鼓、管、弦、鼗、磬、柷、敔，以为之乐；牛、羊、鹿、豕、酒、脯、俎豆，以为之献享。不如是，则与浮屠、道士之事佛、老者，无以异。故孔子之祀，行于庙而备于学。呜呼！至矣。……虽然，君子之举事也，始定其规模，继必求其美善。今日者，庙既成矣；因庙而扩之为学，则费不繁而制大备。"❹在我国古代，各地的孔子庙不仅是祭祀大成至圣先师孔子的地方，也是当地的官办学校，并多以明伦堂来命名。清代册封正副使汪楫、林麟焻认为琉球的孔子庙是"有庙无学"，有违"庙学合一"的常理，应该"因庙而扩之为学"，正因如此，才有了后来明伦堂的建立。

在1718年明伦堂建成之前，久米孔子庙的主要职能是在每年春、秋二丁日

---

❶ 徐葆光：《中山传信录》卷五，1721年。《重刻中山传信录》，平安兰园藏板，第45页。
❷ 周煌：《琉球国志略》卷七，乾隆己卯年刊（1759年），漱润堂藏板，第2-3页。
❸ 『程氏家谱』，那霸市史编集室编：『那霸市史资料篇第一卷六·久米村系家谱』，1980年，第548页。
❹ 周煌：《琉球国志略》卷十五，乾隆己卯年刊（1759年），漱润堂藏板，第16-19页。

举行祭孔仪式。明伦堂建立后，久米孔子庙的机能得以完善，具有传播儒学和举办释奠双重作用，极大地推动了儒学在琉球的普及和发展。

但是，琉球王国灭亡后，久米孔子庙也随之发生了很大变化。废藩置县后，久米孔子庙（包括明伦堂，下同）归日本国家所有，由冲绳县负责管理。1885年由国家出资，对孔子庙进行了修缮。1901年，那霸区❶以充实教育设施为由，向国家提出无偿让渡孔子庙的请求，于次年获得许可。1912年，以久米村人为主的有志之士发起孔子庙修缮募捐运动，同时组建了以维持管理孔子庙和明伦堂、举行祭典、普及儒学为宗旨的崇圣会，并于1914年完成社团法人的登记认可，正式成为"社会法人久米崇圣会"。1915年，久米崇圣会接管孔子庙的土地、建筑物、藏书等一切物品。然而不幸的是，孔子庙在第二次世界大战中化为灰烬，明伦堂所藏的许多珍贵历史资料也被烧毁。1962年，闽人三十六姓后裔重组崇圣会，计划重建孔子庙和明伦堂。当时由于国道58号的建设，原久米孔子庙的土地大部分被征用，使得孔子庙在旧址重建的希望渺茫。1974年，久米崇圣会在位于那霸市若狭的原天尊庙址内重建了孔子庙，庙内建筑包括大成殿、明伦堂、天尊庙、天妃宫，以及崇圣会事务所，在大成殿的两侧还分别建有"中山孔子庙碑记"和久米村伟人蔡温、程顺则的颂德碑。与此同时，久米崇圣会还在原孔子庙的旧址建立了大成至圣先师孔子的铜像，后来在久米孔子庙复兴二十周年（1995）之际，又在此建立了"孔子庙·明伦堂旧址"的石碑。1975年1月25日，久米崇圣会举行了孔子铜像揭幕式、久米孔子庙落成式，并举行了战后第一次释奠。❷自此之后，久米孔子庙一直由久米崇圣会管理维护，由于我国曲阜、台湾等地的孔子庙于每年的9月28日孔子诞辰日举行释奠，加之经费等原因，久米孔子庙的释奠也由战前的春秋二祭变为每年9月28日举行。

战后重建的孔子庙，由于一些特殊原因，内部既有大成殿、明伦堂，亦有天尊庙（同时供奉着天尊、关帝、龙王）和天妃宫，这就使得冲绳的久米孔子庙兼具儒教和道教的双重性格，在日本诸多孔子庙中独树一帜。2013年6月，久米松山公园内新建的孔子庙正式投入使用。

由此可见，久米孔子庙在三百余年的发展过程中，几经变迁，其建立、重建、迁移、管理等均与久米村人息息相关。在历史上，孔子庙是久米村人的重

---

❶ 1896年冲绳县实行区制，那霸港成为那霸区，1921年实施市制，成为那霸市。
❷ 参见『久米至聖廟沿革概要』，社团法人久米崇聖会，1975年，第4—12页。

要活动场所,是儒教在琉球传播和发展的根据地,而世代接受儒家伦理教育的久米村人,则为儒教在琉球的落地生根起到了积极的推动作用。儒教思想对琉球王国的政治思想、法律制度、学问教育的发展和普及均起到了重大作用。近代以来,以久米崇圣会为代表,久米村人积极努力地管理运营孔子庙,将其作为久米传统文化的象征。他们通过举办释奠及儒学相关各种活动,期望能借助"孔子"这一具有国际影响力的文化符号,来凝聚族人力量,同时也提高自己的社会声望和影响力。

2. 久米孔子庙的释奠

释奠是祭祀礼的一种,我国古代是指在学校设置酒食以奠祭先圣先师的一种典礼,后来专指国家和社会祭祀大成至圣先师孔子的典礼。琉球的释奠始于久米孔子庙建成后的1676年,实行春、秋二祭,最初是由紫金大夫或长史官担任祭主,行八拜礼,无饮福受胙等礼仪,整个仪式过程甚是简单。1718年程顺则在修造明伦堂、启圣祠之后,认真考察了中国释奠之例,并仿照中国的形式修改了琉球的释奠之礼。《中山传信录》中对此有详细记载:

> 圣庙,春、秋二祭。清康熙五十八年正月,紫金大夫程顺则启请祭孔子,用大牢;祭启圣公,用少牢。其爵、帛、粢盛、笾豆之数,具图载之。其祭品,本国所无者,皆以土产代之。祭期前三日,与祭者皆斋戒。前一日,演礼省牲。丁日,王遣紫金大夫丑时祭启圣祠,遣法司官寅時祭圣庙,皆行三跪九叩首、饮福受胙礼。是年二月,始行此礼。自此以前,以紫金大夫或长史官为主祭,行八拜礼,不行饮福受胙礼;惟焚楮,不用帛,又无斋戒、省牲,礼似太简,故启请今礼如仪。❶

即从1719年起,久米孔子庙开始仿照中国的释奠形式,在大成殿举行大牢祭祀,在启圣祠举行少牢祭祀,且祭者在释奠三日前进行斋戒、一日前进行省牲,祭祀时行三跪九叩、饮福受胙之礼。近代以来,久米孔子庙的释奠由久米崇圣会负责举办,其祭祀仪式也随着时代形势的发展产生了诸多变化,在保持传统的基础上进行创新。

3. 久米崇圣会的成立与发展

如前所述,1912年以久米村人为主的有志之士发起了孔子庙与明伦堂的修缮募捐运动,与此同时组建了崇圣会,并于1914年完成社团法人的登记,正式成为"社会法人久米崇圣会"。1962年,久米崇圣会在琉球政府的认可下得以复活,并进行法人登记。社团法人久米崇圣会的成立目的是:"弘扬道德,维持

---

❶ 徐葆光:《中山传信录》卷五,1721年。《重刻中山传信录》,平安兰园藏板,第41页。

管理久米至圣庙（久米孔子庙）、天尊庙、天妃宫、明伦堂以及相关的物品设施，举行祭典，培养人才，为当地社会、世界和平做出贡献。"❶2013年，久米崇圣会由社团法人变更为一般社团法人，其目的稍作修改："广泛公开久米至圣庙、明伦堂及天尊庙、天妃宫，加强对琉球王朝的发展做出巨大贡献的久米三十六姓的历史研究，普及以论语为中心的东洋文化，谋求人才的培养，并为当地社会、世界和平做出贡献。"❷从久米崇圣会的目的变化可以看出，现今的久米村人强调其祖先对琉球所做的历史贡献，并以此为荣；同时，他们以儒学文化的传承者为己任，强调"久米"意识，以寻求新的发展。

久米崇圣会是现代久米村人的主要社会组织，整合了各门中的人员和力量，是久米村人团结在一起的中流砥柱。其内部组织主要由理事会、事务局和委员会构成。理事会包括1名理事长、1名副理事长、7~9名理事（包括正副理事长）、2名监事、若干名顾问，定期举行理事会议，并于每年上半年举行全体会员大会，理事长、副理事长的任期一般为两年，连任不得超过两届，其他理事的任期为六年；事务局由1名事务局长及若干名书记构成；委员会多为临时性的，根据实际需要可随时成立，成员人数及构成亦不固定，任务完成后，便自行解散，因而经常会发生变化（图5-1）。根据笔者调查采访可知，久米崇圣会的理事和监事是久米系较为活跃的几个门中会的主要代表，如现任理事长和副理事长分别为阮氏本家和王氏门中会会长。据统计，截至2013年3月久米崇圣会的会员共有195名。从久米崇圣会会员的年龄分布来看，60岁以上的会员约占总数的81.5%，40岁以下的年轻会员数量极少，仅有3名（图5-2）。笔者认为，久米崇圣会会员年龄比例的失调，与年轻一代久米意识的薄弱有着直接的关系。前文也提到，近代以来久米村人日益本土化，年轻的久米村人对儒教文化缺乏关心，很多人已经不知道何谓久米村，更不知道自己的祖先来自中国福建，所以也谈不上具备特殊的身份认同。久米崇圣会理事长谈到，崇圣会今后的重要课题就是使年轻一代认识并传承久米的传统文化，这也是他们积极开展与儒家文化相关的各种活动的动力之一。

---

❶『社団法人久米崇聖会定款・規程』，社団法人久米崇聖会，1999年版，第1页。
❷『一般社団法人久米崇聖会定款』，一般社団法人久米崇聖会，2013年，第1页。

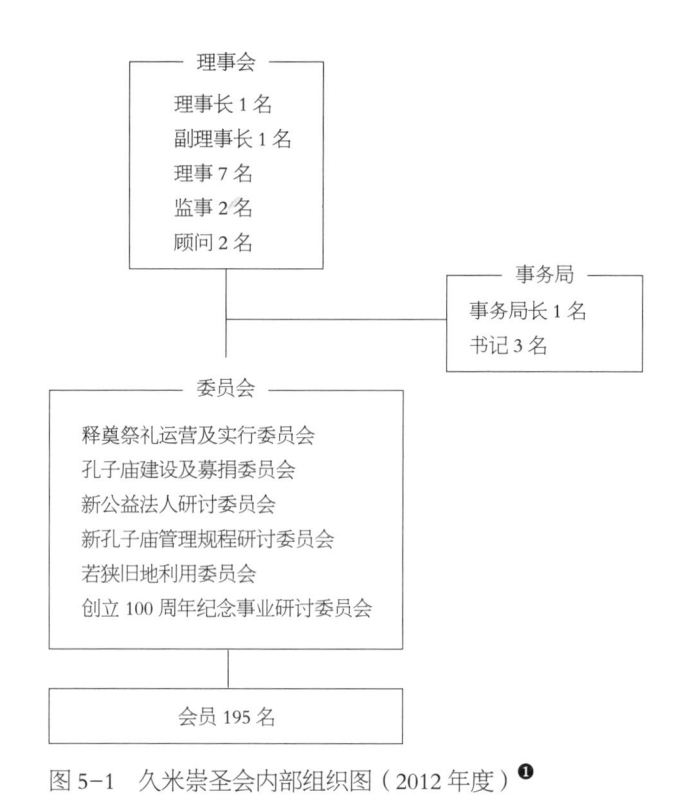

```
┌─ 理事会 ─────┐
│ 理事长 1 名    │
│ 副理事长 1 名  │         ┌─ 事务局 ──────┐
│ 理事 7 名     │─────────│ 事务局长 1 名  │
│ 监事 2 名     │         │ 书记 3 名      │
│ 顾问 2 名     │         └───────────────┘
└──────────────┘
        │
┌─ 委员会 ──────────────────┐
│ 释奠祭礼运营及实行委员会    │
│ 孔子庙建设及募捐委员会      │
│ 新公益法人研讨委员会        │
│ 新孔子庙管理规程研讨委员会  │
│ 若狭旧地利用委员会          │
│ 创立 100 周年纪念事业研讨委员会 │
└──────────────────────────┘
        │
┌──────────────┐
│ 会员 195 名   │
└──────────────┘
```

图 5-1　久米崇圣会内部组织图（2012 年度）❶

年龄	20代	30代	40代	50代	60代	70代	80代~	合计
会员数（人）	1	2	13	20	69	54	36	195

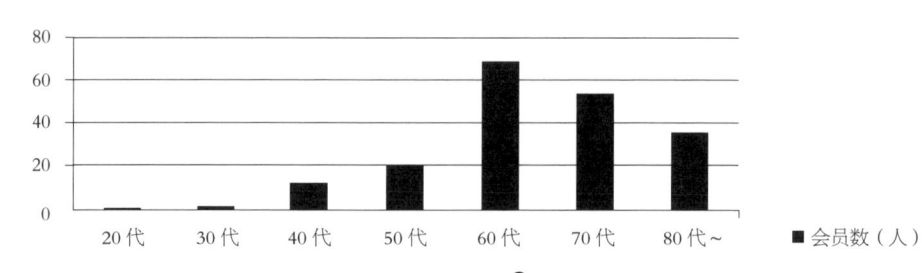

图 5-2　久米崇圣会不同年龄层会员数（2012 年度）❷

---

❶ 笔者根据『一般社団法人久米崇聖会平成 25 年度定時総会』和『一般社団法人久米崇聖会定款』制成。

❷ 图 5-2、表 5-1 均出自久米崇圣会内部资料。

表 5-1 久米崇圣会年度会员数

年度	会员人数	新入会人数
平成 22 年度	167（2011 年 2 月）	11
平成 23 年度	181（2012 年 3 月）	17
平成 24 年度	195（2013 年 3 月）	18
平成 25 年度	234（2014 年 10 月）	39

从表 5-1 可以看出，2014 年的会员人数相比之前增加了不少，这与 2013 年新久米孔子庙的建立不无关系。值得注意的是，久米崇圣会的会员全部是男性，且均为久米村人后裔。对于笔者提出的"闽人后裔以外的人以及女性可否加入崇圣会"的问题，久米崇圣会理事长的回答是：久米崇圣会的规章制度上虽然没有明确规定，但原则上只有久米村人后裔才能入会，对该会有特殊贡献的个人也可以由总会推荐作为"特别会员"入会（但就笔者了解的情况来看，目前为止久米崇圣会尚未有特别会员）。而对于女性能否入会的回答则比较含糊，只是说自久米崇圣会建立以来尚未有女性会员。❶笔者在 2012 年 11 月进行实地调查时，久米崇圣会正在为申请"公益社团法人"做准备，而 2013 年 4 月再次调查时，该会已经撤销公益社团法人的申请，转而成为一般社团法人。理由之一是，久米崇圣会的会员仅限久米三十六姓后裔，这与公益社团法人的"不限定会员资格"的基本方针相违背。而成为一般社团法人之后，久米崇圣会的入会资格也即刻记入章程，明确规定"正会员为久米三十六姓后裔"，一直以来暧昧不明的入会资格得以明确限定，由此强化了久米崇圣会的精神支柱作用，产生了更强的内部凝聚力。

笔者在进行实地调查时感受最深的是，年长一些的久米村人以作为久米三十六姓的后裔为荣，他们曾经是拥有尊贵身份的久米村"士族"，是不同于普通的冲绳人和华侨的特殊群体。对于他们来说，久米孔子庙是传承祖先精神和意志的地方，久米崇圣会是使这种精神和文化发扬光大、只属于久米村人自己的团体，他们不允许"外人"的闯入，这种强烈的团体意识自然而然地就表现在了久米崇圣会的入会条件上。久米崇圣会的构成成员多为各门中的主要代表，具有较强的父系亲族集团的共同体性格，必然会重视系谱意识的连续性，因而是不允许女性参加的。另外，既然是孔子庙的管理委员会，必定会受到"以男性为中心"的儒教思想的影响，保持着"女主内、男主外"的传统。久米村蔡

---

❶ 2012 年 11 月田野调查资料。

氏后裔具志坚以德认为现代久米村人仍深受儒教思想的影响，他说："儒教的影响已经烙印在久米村人的内心深处，成为其体质和习惯。"[1]

4. 久米崇圣会与孔子庙的"回归久米"

（1）孔子庙的"回归久米"

1962年，久米崇圣会复活后便开始筹备重建孔子庙的计划。但是，当时由于国道58号的建设，原久米孔子庙的土地大部分被征用，在旧址重建的希望渺茫。于是久米崇圣会不得不重新选址，后来决定在地处若狭的原天尊庙址内重建孔子庙。1972年冲绳"复归"日本后，各项事业得到日本政府的大力支持，在这种情况下，久米崇圣会也付诸行动，于1974年重建了久米孔子庙。孔子庙作为久米村的精神象征，是久米村人能够确认其出自和历史、恪守久米传统文化和祖先家训的重要场所。对于久米村人来说，如此重要的孔子庙却未能在原久米村范围内重建，着实是件憾事，他们希望孔子庙有朝一日能"回归久米"。

为了能够使孔子庙回归久米之地、复归原点，久米崇圣会进行了坚持不懈的努力。2001年4月19日，以当时的久米崇圣会宜保理事长为首的11名成员，向那霸市长联名提交了"松山都市公园的扩张整备"的倡议书，文中指出了久米村在琉球历史上的重要作用，提出将包括久米邮局旧址、福州园、松山公园在内的一带建造成象征着旧久米村的历史（都市）公园。[2]2003年，那霸市建设管理部通过对久米村历史文化的调查，做成了《松山公园周边土地利用计划（案）策定业务报告书》。该报告书从地域文化振兴和观光的角度，计划以孔子庙、明伦堂的迁移为契机，将其与福州园、松山公园、周边的久米村历史遗迹（如久米村发祥地石碑、上天妃宫遗址、久米孔子庙旧址、仲岛大石等）等相连接，活用久米村的历史、文化和精神，来促进地域文化的繁荣；充分利用历史上久米村与中国的深厚渊源来打造与中国交流的新据点，建设新久米町，然后再与波上宫、护国寺、波上海滩等地形成观光网络，使之成为那霸的新门户，来振兴那霸的旅游观光事业。[3]建设管理部的该构想使久米村人看到了孔子庙"回归久米"的可行性。

从2005年起，那霸市建设管理部开始着手进行松山公园的整备工作，然而

---

[1] 具志堅以德：「久米村のならわし—いまにつたわる久米村の風俗習慣—」，『青い海』第110号，青い海出版社，1982年，第18页。
[2] 「松山都市公園の拡張整備について（要請書）」，笔者于2013年4月采访那霸市建设管理部时所获资料。
[3] 『松山公園周辺土地利用計画（案）策定業務報告書』，2003年，第20-24页。

在松山公园内重建久米孔子庙的许可却迟迟没有下来。笔者在采访久米崇圣会及那霸市建设管理部时得知，重建孔子庙最大的问题是出现了孔子庙是否为宗教设施的分歧。从那霸市行政方来说，有人认为儒教带有宗教性质，孔子庙属于宗教设施，本着政教分离的原则，孔子庙不能作为公用设施建在公园内，更不能由政府投资建设；而久米崇圣会则认为，儒教是由孔子创建的一门学问，孔子庙是缅怀伟大先人、对其表示尊敬的场所，是久米村几百年来传承下来的精神文化，并不属于宗教设施。由于这种分歧，使得孔子庙的迁移计划一再推迟。2011年，久米崇圣会经过与那霸市政府的多次交涉、协商，终于达成重建协议，那霸市政府免费为其提供用地，而孔子庙的建设事宜、资金等均由久米崇圣会自行解决，由此也可以看出久米村人复兴传统文化的意志之坚定、愿望之强烈。

2012年3月19日，久米崇圣会在久米土地上举行了"久米孔子庙·明伦堂"的破土典礼。久米孔子庙三换庙址，终于"回归久米"，久米村人也实现了多年的夙愿。2013年6月，新久米孔子庙竣工，内部建筑包括至圣门、大成殿、启圣祠（位于大成殿后面）、明伦堂，原有的"孔子庙"石碑和"琉球国新建至圣庙记"碑移至新孔子庙。原久米孔子庙复名为天尊庙，保留天尊庙和天妃宫，仍由久米崇圣会管理运营。6月15日，久米崇圣会举行了盛大的久米孔子庙迁座仪式和新久米孔子庙的落成典礼。

（2）孔子庙的迁座式和落成典礼中包含的中、琉、日因素

笔者在2013年6月15日全程参与了久米孔子庙的迁座仪式和落成典礼，从这两种仪式中看到了中国、琉球、日本文化的复合体，以及久米村人刻意强调的久米特色文化，这也印证了现代冲绳社会的久米村人仍是一个不完全等同于冲绳人、日本人的特殊群体。

首先，久米孔子庙的迁座仪式过程记录：

8：30 久米崇圣会干事、执事到明伦堂集合，开始更换黑朝礼服（琉装，共22人）。

9：00 久米崇圣会相关人员、久米和久茂地的拔河祭人员、交通保安、上山中学校学生集合。正副理事长及顾问身着黑朝礼服首先到孔子庙的东角礼拜土地神，感谢长期以来的保佑；然后在天尊庙、天妃宫前行礼；最后到大成殿祭拜孔子及四圣神位。

9：30 孔子等神位降坛。执事及所有相关人员在大成殿前礼拜。

9：55 相关人员在至圣庙前的御路和两边的草坪排列队形。

10：00 根据总指挥的号令，燃放爆竹，鸣法螺贝，开启至圣门，久米孔子庙迁座队列出发。

10：30 迁座队伍绕行途经久米大道、久米村中街，到达新孔子庙前。先头的横幅、太鼓队、久米拔河祭人员从东侧门入，久茂地拔河祭人员、拔河祭保存会、穿着便服的相关人员从西侧门入场；正副理事长、孔子等神位、执事停在中央的至圣门前。

10：35 理事长"开门"声令下，至圣门开启，入场的同时鸣法螺贝、燃爆竹，众人排列整齐敬迎孔子。

10：45 安放启圣祠神位，供奉爵、烛台。

10：50 安放孔子神位，供奉爵、烛台。

10：55 安放四圣神位（朝向大成殿时，颜子、子思子位于右侧，曾子和孟子位于左侧），供奉爵、烛台。

11：00 理事长及九名执事从大成殿东侧门进入大成殿，在诸神位前上香，行三鞠躬礼，然后从西侧门出来，复位。

11：10 空手奉纳表演。

11：25 久米旗头❶水仙（不染尘）和久茂地旗头盛鹤（与凤翔）的表演。

12：00 理事长宣布迁座仪式结束。

久米孔子庙的迁座队列大概有 200 人，除了久米村相关人员外，还有当地的中学生，手持论语旗帜，还有太鼓乐队等演出人员，大家身着盛装，使得迁座仪式极为华丽和隆重。久米崇圣会的干事和执事所穿的黑朝礼服，是琉球王国时代的官服，也是当时举行释奠时的服装，崇圣会从 2009 年的释奠起开始恢复此装束。笔者认为，琉装的恢复是久米村人传承历史、复兴传统的一个体现，也是强调其自身的独特性及唤醒人们对久米村人历史记忆的一种方式；而迁座的路线，用意也颇为深刻，采用绕行的方式经由久米大道和久米村中街，这些曾是久米村的龙脉和重要地带，象征着孔子庙进入久米之地，正式"回归久米"；祭拜土地神、燃放鞭炮、祭拜方式等则表现出了浓厚的中国文化色彩；太鼓、空手道、旗头等则是冲绳文化的一部分，久米旗头是久米村的代表，在久米村举行盛典之际为之添彩，并继续保佑久米村的繁荣。

---

❶ 旗头（旗頭）是村子（地域）的象征和保护神，其制作考究，代表着各地的文化和繁荣，旗号多出自古今名著。如久米的旗头是水仙，旗号是不染尘。每当有大型文化活动如那霸节、大拔河节日、那霸龙舟竞渡等活动时，他们都会亮出旗头加油助威。现在那霸拔河祭保存会登录的传统旗头共有 14 旗。据久米村人介绍，久茂地的旗头在琉球王朝时期属于久米村的一个分支。

其次，新久米孔子庙的落成典礼过程记录：

14：30 参加落成典礼人员陆续进场。

15：00 典礼开始，崇圣会副理事长致开幕词。

15：05 至圣庙匾额揭幕式，由崇圣会理事长和"中琉"文化经济协会（台湾组织）理事长、台北代表共同完成；大成殿匾额揭幕式，由崇圣会理事长、冲绳县知事和那霸市市长共同完成；明伦堂、启圣祠的匾额分别由崇圣会的理事进行。

15：15 琉球舞蹈表演。

15：25 崇圣会理事长致辞。

15：30 冲绳县知事和那霸市市长致辞。

15：45 "镜开"仪式，使用的是琉球泡盛瑞泉，由冲绳县知事、副知事、那霸市市长、崇圣会理事长、"中琉"文化经济协会理事长共同完成，然后进行献爵之礼。

15：50 司会宣布落成典礼闭幕。

16：00 久米孔子庙落成宴会。

久米孔子庙的落成典礼庄重而盛大，约有300人出席，其中不乏政要。孔子庙的落成典礼也融合了多种文化因素。原本是中国文化的代表、祭祀孔子的圣地，在大成殿前却出现了琉球的传统舞蹈和日本本土传来的"镜开"仪式，整个落成典礼可谓是久米村文化特征的典型体现。

总而言之，孔子庙的"回归久米"对久米村人来说是一件盛事，新久米孔子庙是久米村人确认自己的原点、重建与祖先的联系、再现并持续久米村人共同历史记忆的重要场所。崇圣会理事长在致辞中说道："由于战争的原因，久米孔子庙不得不搬至别处。69年了，孔子庙终于回到了久米的土地，我们久米村人长期以来的梦想终于实现了！"但是，由上述的迁座仪式和落成典礼也可以看出，久米孔子庙已经在很大程度上不同于中国的孔子庙，也不完全是琉球王国时期的孔子庙，它是经以久米崇圣会为代表的现代久米村人打造而成的具有新特色的精神场所。孔子庙之所以能够回归久米之地，可以认为是久米崇圣会的实力及社会影响力的体现。以此为契机，久米崇圣会将迎来新的发展。

5. 久米崇圣会的活动

（1）祭祀活动

对于孔子庙的管理委员会久米崇圣会来说，一年中最重要的祭祀活动莫过于祭孔大典——释奠。在举行释奠之前，久米崇圣会都会成立筹备委员会，根据全体大会得出的预算，提前几个月着手准备。释奠的执事共25名，均为崇圣会成员，其中祭主由理事长担任。久米孔子庙的释奠于每年的9月28日下午六时举行，其过程共分为19个步骤：

①释奠祭礼开始；②执事就位；③祭主就位（祭主被引导至大成殿前）；④启扉（开启至圣门）；⑤迎神（祭主和参加者一同朝向至圣门，恭迎孔子）；⑥进馔（执事打开祭品的盖子）；⑦上香（祭主洗手后向主位及四配上香）；⑧初献礼（祭主向主位及四配献帛和爵（神酒））；⑨奉读祝文（读祝官对着孔子神位奉读祝文）；⑩亚献礼（祭主第二次献爵）；⑪终献礼（祭主第三次献爵）；⑫来宾上香（来宾及久米崇圣会会员代表上香）；⑬饮福受胙（祭主分享福酒福胙）；⑭撤馔（执事合上供品的盖子）；⑮送神（祭主和参加者恭送孔子）；⑯燎祝文（按照祝文、帛、爵的顺序前往燎所，焚祝文）；⑰阖门（关闭至圣门）；⑱撤班（祭主和全体执事回到开始前的位置）；⑲释奠祭典终了。

整个祭礼过程庄严而隆重，在祭品中御三味（鱼、猪、鸡）是必不可少的，这也是久米村的特色之一。久米孔子庙的释奠随着时代的发展也在不断变化。如前文所述，自1719年起，久米孔子庙的释奠每年举行两次，即春秋二祭，并仿照中国在大成殿举行大牢祭祀，在启圣祠举行小牢祭祀，且有斋戒、省牲、三跪九叩、饮福受胙等礼仪，祭祀过程均采用官话（汉语）。由于资料的缺乏，对于近代时期的释奠情形只能通过一些年长者的回忆来了解一二。据久米崇圣会前任理事长介绍，琉球处分后的释奠礼亦保持着王国时期的祭祀传统，以及每年旧历二月和八月上丁日的春秋二祭。但是受20世纪30年代中日战争的爆发等国际环境的影响，日本国内对中国的负面情绪强烈，久米崇圣会不得不克制中国式仪礼。从1939年的秋季释奠起，仿照东京汤岛圣堂采取祭神的形式，祭祀语言也由汉语变为日语。久米孔子庙二百年来保持的三跪九叩、饮福受胙等中国式仪礼宣告结束。第二次世界大战的原因，释奠一度中断。1975年1月25日在孔子庙落成之际，久米崇圣会举办了战后第一次释奠，战后重建的孔子庙内未设启圣祠，因而只在大成殿举行释奠礼。孔子庙重建后举办的释奠，执事们的穿着是西式礼服，具体缘由笔者曾采访过几名年长的久米村人，但是并未得到明确的答案，或许是在美军统治期间冲绳深受西方文化影响的缘故吧。1976年起，久米崇圣会将每年的春秋二祭改为在每年9月28日举行释奠。2009年，久米孔子庙的释奠发生了改革，释奠祭者的服装由西式礼服恢复为传统的黑朝礼服；2012年，读祝官开始使用汉语奉读祝文，而且还组织当地的中小学生朗读《论语》。

2013年的释奠对于久米村人来说，可谓是具有划时代的特殊意义，这是他们时隔69年后第一次在久米的土地上举行祭孔大典。9月28日早上，崇圣会在新建的久米孔子庙内举办了战后以来最初的启圣祠释奠，祭主为崇圣会副理事长；当日下午六时，在大成殿举行庄严肃穆的释奠（图5-3），由理事长担任祭主。祭典伊始，由琉球大学名誉教授上里贤一指导上山中学的十八位学生朗读《论语·学而篇》，为释奠礼拉开了序幕。典礼依旧以19道程序进行，共约一个半小时。此次释奠约有300人观礼，其中冲绳县知事、县议长、那霸市市长、副市议长、台北驻那霸办事处处长等政要应邀出席并上香致敬。除了启圣祠释奠外，本次释奠让人眼前一亮的还有"三跪九叩"礼仪的复活。笔者认为，这些变化既是久米村人复归传统文化的一个体现，同时也是一个新的开始，预示着久米崇圣会将会以更加积极的姿态履行其继承传统、开拓创新的历史使命。

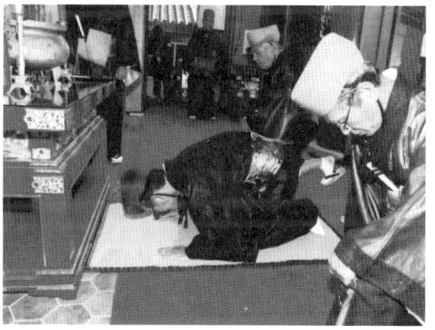

图5-3　2013年的大成殿释奠

除了每年9月28日的释奠之外，久米崇圣会还举行与天尊、天妃、关帝、龙王相关的祭祀（表5-2），包括农历正月初四的下天祭、农历二月十八日和八月十八日的春秋例祭以及农历十二月二十四日的上天祭，不过这些祭祀活动并不像释奠那么隆重，而是由理事长和理事进行的小规模祭祀。由此可知，比起道教来现代社会的久米村人更加重视儒教，天妃、天尊等道教信仰的社会功能随着朝贡时代的结束逐渐衰微，而儒教虽然在近代冲绳亦遭受重创，但是儒教思想始终贯穿于久米村人的精神生活层面，是现代久米村人与历史相接的媒介。因而他们选择儒教，极力塑造自己的儒教传人形象，进行历史和传统的再创造。

表 5-2　久米崇圣会的祭祀活动（笔者作成）

日期	场所	祭礼行事	祭祀对象	规模
农历正月初四	天尊庙（包括天妃宫、关帝庙、龙王殿）	下天祭	天尊、天妃、关帝、龙王	10 人左右
农历二月十八	同上	春季例祭	同上	同上
公历九月二十八	孔子庙（包括启圣祠、大成殿）	释奠	孔子之父、四圣之父、孔子、四圣	200 人以上
农历八月十八	天尊庙（包括天妃宫、关帝庙、龙王殿）	秋季例祭	天尊、天妃、关帝、龙王	10 人左右
农历十二月二十四	同上	上天祭	同上	同上

（2）从释奠的变化看久米村人意识的变迁

值得注意的是，第二次世界大战前的久米村孔子庙可以说是一个封闭的世界，鲜有久米村人以外的人参拜。久米村人以自己的祖先为荣，极力守护祖先遗留下来的传统，而孔子庙是恪守祖先传统的地方，他们最重要的职责就是守护孔子庙，延续祭祀。而释奠是只属于久米村人这一特殊群体的祭祀活动，至于久米以外的人是否知道孔子庙和释奠并不重要，所以也没有进行宣传的必要。但是，战后随着时代的发展，久米村人的认识也发生了变化，他们重新审视久米村对于冲绳历史的意义，以身为久米三十六姓这样一个伟大族群的子孙为荣，他们不再故步自封，而是走向开放❶。久米孔子庙对外开放以后，参拜者和观光客逐渐增加，久米崇圣会亦公开举办释奠，积极向世人展示久米村的历史和文化。近年来，久米崇圣会在举行释奠时，除了集合久米系各门中之外，还对政界、学界以及新闻界等广发请帖，使得参加释奠的来宾逐年增多，里面既有以冲绳县知事、那霸市市长为代表的重要官员，也有一些知名学者，以及冲绳华侨华人协会的代表等。需要说明的是，久米村人在对外开放的同时，依旧恪守着儒教传统，如释奠的执事从古至今均为男性，女性只能做一些幕后工作。据久米崇圣会的人员介绍，在前几年的释奠中，来宾上香环节中曾出现过一名女性，对此久米村的元老们还曾提出了不满之意。由此看来，久米崇圣会近乎绝对地遵循着儒教的"男性中心"的原则。

那么，现代久米村人为何如此热衷于大规模地举办释奠活动呢？理由之一

---

❶ 重松伸司ほか：『在日華人系知識人の生活意識調査―沖縄・久米崇聖会孔子祭の儀礼・慣行調査および沖縄・久米崇聖会生活慣行の聞き取り調査―』，2003 年度追手門学院大学共同研究助成研究成果報告書，2004 年，第 61-62 頁。

可以从国际背景中探知一二。我国自1978年改革开放以后，积极地展开了对外交流工作。从2004年起，我国政府与海外的大学等教育机构合作，进行汉语和中国文化的教育、宣传，并以友好交流为目的在海外设立多所孔子学院，作为汉语的教育机构宣扬中国文化。虽然孔子学院并不以儒学教育为目的，但是"孔子"作为中国文化的代表，在全球化的进程中已经成为一种"文化符号""名牌效应"向世界扩展和普及，这也为中外学界在研究孔子和儒教方面提供了新的视角和方向。

在这种国际大背景的影响下，久米崇圣会顺应时代潮流，追溯久米的历史文化，从中选择儒教作为代表，通过孔子庙和释奠，将历史的连续性以有形的方式展示给世人。孔子庙和释奠成为现代久米村人文化认同的根源，以拥有共同的文化根源来确认本群体的共通性。孔子庙是其身为久米三十六姓后裔的象征，也是其引以为豪的地方。同时，释奠本身的演变过程反映出了久米村人意识的变化。如前所述，从2009年起释奠中执事的服装采用黑朝礼服；2012年起使用汉语奉读祝文，并添加了朗读儒家经典《论语》的环节；2013年开始举行启圣祠祭典，恢复三跪九叩之礼。久米崇圣会不断地寻求不同于其他孔子庙的独具冲绳特色的释奠模式，在复兴传统文化的同时进行革新创造，构建新久米文化，在现代社会来凸显自身的与众不同。释奠的一系列变化使得久米孔子庙日益趋近中国本土的儒教祭祀形式，久米崇圣会通过复原释奠仪礼，在融合中国和琉球传统的基础上，进行独具久米特色的"传统的发明"。

在现代冲绳社会，久米孔子庙的释奠已经不仅仅是久米村人的庆典，已经成为整个冲绳的重要祭祀活动。笔者认为，久米崇圣会借助释奠的手段达到了两种效果：对内强化久米意识，增强闽人后裔的团结，对年轻一代起到了督促教育的作用；对外宣扬久米的传统文化，利用"孔子"这一世界通用的文化符号，重塑久米村人作为儒教传人的形象，进而提高自己的声望和地位。

（3）社会活动

笔者通过查阅久米崇圣会相关刊物以及当地的新闻报道，结合实地调查采访的内容，把久米崇圣会的社会活动归结为以下五个方面：

第一，儒教文化相关活动。久米崇圣会的文化活动主要是围绕"复兴久米文化、弘扬儒教思想"展开的。1983年该会建立了"崇圣会文库"，目的在于"高扬儒教道德，普及儒学思想，促进社会文化发展。"❶文库中收藏了大量有关

---

❶『至聖廟復興二十周年記念誌』，社団法人久米崇聖会，1995年，第9頁。

久米村历史文化的珍贵资料，对外免费开放，为研究者提供了很大的便利。近年来，久米崇圣会开设"久米孔子塾"，邀请冲绳、日本本土以及中国的专家学者讲学，公开举办琉球历史文化、儒学、汉诗等主题丰富多样的演讲会和讲座，如2013年久米孔子塾的讲座有上里贤一教授的《孔子的教诲：〈论语〉》（全6回），和"追寻徐葆光协会"副理事长邬扬华的《300年前的汉诗文人同好的羁绊——久米村出身的蔡温、程顺则与徐葆光的交友录》（全4回）。作为文化推广的一环，久米崇圣会还出版了许多儒教相关刊物。

第二，人才的培养。久米崇圣会在向世人展示久米文化、弘扬儒教思想的同时，也注重文化的接力传承，如鼓励久米系门中亲子团参观孔子庙，出版面向中小学生的漫画版《六谕衍义大意》，从小培养久米村子弟对久米历史文化的兴趣和爱好，在青少年阶段普及儒学教育。崇圣会还曾在2001年成立青年部❶，努力培养久米文化的接班人。除了对久米村子弟的教育外，崇圣会还支援当地的教育事业，致力于人才的培养。从2001年起，崇圣会每年都向冲绳县内的学校、那霸市育英会捐赠育英资金，据统计，到2010年为止崇圣会共捐款550万日元，为冲绳人才的培养不遗余力。

第三，纪念活动。1992年值闽人三十六姓移居琉球600周年之际，为了使世人重新认识和评价久米村人的历史及对琉球王国的贡献，以久米崇圣会为主，闽人后裔们举办了盛大的"久米村600年纪念事业"。❷他们举办历史讲座、久米资料展，组织各领域学者和专家17人分别对久米村的历史文化做全面系统的研究和探讨，该研究成果《久米村——历史和人物》于次年出版，成为研究久米村的重要参考资料。久米村人还在松山公园内建造"久米村发祥地"的纪念碑，该碑根据琉球大学神山教授的"象征中国·琉球友好交流的桥梁——船"的设计理念，使用福建省的青石，在厦门制作而成。碑正面有"久米村发祥地"六字（由厦门大学吴孙权先生题写），刻有久米村竹篱图（出自周煌的《琉球国志略》），背面约有二百字的"建立宗旨书"，船的上部刻有琉球王国时期的十七个久米村籍姓氏。《冲绳时报》《琉球新报》对此一系列的纪念事业进行了跟踪报道，当时福州市人大会常务委员会的习近平主任及福建省旅行局明敏局长向久米崇圣会发来贺电，一时之间久米村人成为世人关注的焦点。1995年，

---

❶ 根据笔者对久米崇圣会的调查可知，由于各种原因青年部已经解散，崇圣会正在为培养下一代接班人进行其他尝试和努力。

❷ 参见『久米村600年纪念事业期成会报告书』，社团法人久米崇圣会，1993年。

在久米孔子庙复兴20周年之际，崇圣会在至圣门旁建立"孔子庙"碑，在孔子庙旧址建立了"孔子庙迹・明伦堂迹"碑，并举办纪念书画展，展示了许多珍贵的书画、汉诗等。❶久米崇圣会在2014年迎来创立100周年之际，在冲绳县立博物馆・美术馆举办了"久米村——琉球和中国的桥梁"的展览，并举办了一系列的讲座，后出版了《久米崇圣会100周年纪念史》。

第四，公益事业。久米崇圣会在对地域社会做出贡献的同时，还热衷于公益事业，积极向一些受灾地区捐款援助。例如，2008年我国发生汶川大地震后，崇圣会通过冲绳华侨华人总会向四川灾区捐款；2011年东日本大地震发生后，崇圣会向日本红十字捐款以支援当地的受灾民众。

第五，观光事业。久米崇圣会创建了网站，内容丰富多彩，在介绍久米历史文化的同时登载最新动态，使更多的人能够迅速快捷的了解久米孔子庙；印刷四种语言（日语、汉语、英语、韩语）的孔子庙宣传手册，为外国游客提供更好的服务，进而吸引更多的游客；还曾制作附有释奠香灰的"学业成就"的护身符，以"学问之神"的威力吸引当地的学生到孔子庙进行合格祈愿，扩大孔子庙在青少年中的影响力。

二、久米崇圣会与外界的文化交流

久米崇圣会自成立以来，由故步自封逐步走向对外开放，以孔子庙为中心与外界进行积极的交流。笔者将久米崇圣会的对外交流归纳为日本本土、中国台湾、中国大陆三个部分。

1. 20世纪30年代起与日本本土的交流

1939年久米孔子庙仿照东京汤岛圣堂的祭神形式改变了二百年来的传统释奠模式，由此可知早在1930年代久米崇圣会就与东京汤岛圣堂建立了联系。1975年久米孔子庙重建以后，崇圣会陆续与多久圣庙、足利学校孔子庙等日本本土的孔子庙建立了交流互访关系。如在2013年6月15日新久米孔子庙的落成典礼之日，公益财团法人斯文会（东京汤岛圣堂的管理委员会）理事长石川忠久、公益财团法人孔子之里（多久孔子庙的管理委员会）理事长兼多久市市长的横尾俊彦均发来了贺电。久米崇圣会通过与日本本土的交流，在促进久米

---

❶ 参见『至聖廟復興二十周年記念誌』，社団法人久米崇聖会，1995年；『至聖廟復興20周年記念誌書画展』，社団法人久米崇聖会，1995年。

孔子庙发展的同时，也起到了宣传自己的作用，越来越多的日本人知道了闽人三十六姓的存在。2010年8月18日的《每日新闻》登载了以"冲绳的亲中国土壤——渡来人的传统连续不断"为标题的文章，文中讲述了久米村人与中国的渊源，指出久米崇圣会是渡来中国人的子孙所组成的团体，还提到时任冲绳知事仲井真弘多即为闽人三十六姓（蔡氏）的后裔，且每年都会参加孔子庙的释奠。2011年日本NHK电台热播的历史专题片《琉球王国的秘密》中，出现了闽人三十六姓梁氏后裔上江洲先生介绍传承数百年的家谱，并声称自己是中国人的后代，引起了日本人对久米村人这一群体的关注。2012年，NHK、琉球放送等电台对久米孔子庙的释奠进行了跟踪报道。总之，不管是出于政治考虑还是文化介绍，日本的媒体对久米村人的关注度在逐渐提高是不争的事实，而通过媒体的报道，久米村人这一特殊群体也逐渐进入日本人的视野。

2. 第二次世界大战后与中国台湾的交流

中日甲午战争后，中国台湾曾沦为日本的殖民地（1895—1945）长达50年之久，因而与其邻地冲绳交流密切。第二次世界大战后美军统治冲绳期间，中国台湾与冲绳的交流依旧活跃。1958年，中国台湾成立民间交流团体"中琉"文化经济协会，该协会于20世纪60~70年代初期不断向冲绳派遣技术人员和劳动力。在冲绳与中国台湾的交流热潮中，久米崇圣会以孔子庙为中心与中国台湾建立了密切频繁的交流关系。在1975年久米孔子庙的落成典礼及战后最初的释奠中，中国台湾的来宾阵容强大，有孔子77代长孙孔德成、中国台湾孔孟学会会长陈立夫、台北孔庙管理委员会主任杨宝发、台北崇圣会代表辜伟甫、"中琉"文化经济协会的理事长方治等人。此外，现今矗立在孔子庙旧址的大成至圣先师孔子的铜像是由当时的台北市政府馈赠的；久米孔子庙正门悬挂的"至圣庙"匾额由方治理事长所题；大成殿里的"万世师表""有教无类""中时协圣"的匾额也来自中国台湾；天尊庙里的关帝神像、天妃宫里的妈祖神像均由台北的龙山寺所赠等，这些情况都表明当时久米崇圣会与中国台湾的关系之密切。

据久米崇圣会理事长介绍，崇圣会与中国台湾始终保持着友好交流关系。2013年新建成的久米孔子庙大门所悬挂的"至圣庙"匾额即为"中琉"文化经济协会现任理事长蔡雪泥女士所赠，象征着中国台湾与冲绳的关系源远流长。在6月15日久米孔子庙的落成典礼上，冲绳县知事和那霸市市长的致辞中都特别提及了冲绳与中国台湾的友好关系，指出新孔子庙的落成象征着中国台湾与冲绳的关系将继续朝着更好的方向发展。可以预测，在中国台湾与冲绳友好交流的大背景下，久米崇圣会与台湾也会继续保持友好关系。

3.20 世纪 80 年代起与中国大陆的交流

1972 年中日两国实现邦交正常化，之后两国进入"蜜月时代"。随着我国对外开放政策的实施，福建省的宗族活动开始复兴。另一方面，冲绳从 20 世纪 70 年代中后期起，"复归"日本后引起的社会不安状况趋于稳定，在国际交流方面出现了新的动向：日本全国掀起的"中国热"，激发了冲绳人民寻求自身的民族和文化根源的强烈愿望，从而在冲绳掀起一股"福建热"。❶ 冲绳县政府顺应时代潮流，逐步向中国大陆靠拢，历史渊源深厚的冲绳与福建进入了"蜜月时代"。

1981 年那霸市与福州市缔结为友好城市，在两市结好十周年之际，那霸市在久米松山公园内建立了福州园；1988 年浦添市与泉州市、1995 年厦门市与宜野湾市相继缔结为友好城市；20 世纪 90 年代冲绳学术界与福建师范大学、厦门大学、北京第一历史档案馆等建立交流关系，等等。在冲绳与中国大陆的交流热潮中，作为闽人后裔的久米村人自然是首当其冲，从 20 世纪 80 年代中期起各门中陆续到福建省寻根访祖。福建省相关部门则积极帮助久米村人寻找始祖故乡和福建宗族。久米村人还鼓励年轻子弟到福建留学，并积极参加那霸市与福州市的交流活动，如 1986 年那霸市"中日友好之翼"亲善访问团中就有不少久米崇圣会的成员。近年来，随着交通的发达，久米村人与福建省的交流日益频繁，如梁氏、阮氏等门中积极参与福建原乡的宗亲会及清明祭祖活动，受到了当地的热情款待，其中阮氏门中会还出资重建了"文化大革命"中被摧毁的漳州宗庙。

在久米系各门中与福建的宗族进行频繁来往的同时，久米崇圣会的交流中心也转移到大陆，与孔子的故乡山东省及曲阜孔子庙建立了友好交流关系。1994 年久米崇圣会一行人到曲阜孔子庙视察，受到热烈欢迎；1995 年值久米孔子庙复兴 20 周年之际，孔子直系第 75 代孔祥林先生赠送孔子像，至今仍镇座于大成殿中；2011 年 11 月，久米崇圣会代表团一行 50 人到访山东省友协及外宣办，并到曲阜拜访孔祥林先生，商讨了有关新建孔子庙的设计事宜，最终商定大成殿的"龙柱"和"御路"采用与曲阜孔庙完全相同的设计。2012 年 8 月，

---

❶ 江上能義：「沖縄から見た国際交流」，島袋邦・比嘉良充編：『地域からの国際交流：アジア太平洋時代と沖縄』，研文出版，1989 年，第 119 頁。

在曲阜打造的龙柱和孔子专用御路运达冲绳，冲绳的孔子庙从此与孔子的故乡结下不解之缘。

三、久米崇圣会——文化的传承与创造

以上围绕久米村人的主要社会组织久米崇圣会，论述了闽人三十六姓后裔的精神生活、社会活动以及对外交流的情况，透过上述内容可以对久米崇圣会作以下分析和总结：

第一，琉球处分后，久米村解体，在日本化的过程中传统的久米文化陷入销声匿迹的严峻境地，在此情况下，久米村的有志之士意识到：想要凝聚群体力量、重振声威、提高自己的社会地位，唯一的方法或许就是重拾历史记忆，从历史中找到共同的文化根源来重新定位久米村人的价值。而久米孔子庙，这个自成立以来便成为久米村人在琉球推广儒教、培养儒学人才、并见证了久米村人辉煌历史的场所，自然成了他们寻求文化根基、重新架构内部共同的历史记忆的最佳选择。在中国复兴传统文化、儒家思想走向世界的大趋势下，久米崇圣会充当久米村人的代言人，由战前的故步自封走向复兴后的对外开放，以释奠为中心进行传统的再生和创造。

第二，久米崇圣会顺应时代潮流，通过举办各种文化活动来推广、传承儒教思想，扩大自身的影响力，如开设历史文化讲座、举办久米资料展、出版儒学刊物、培养年轻一代的文化认同等，同时以孔子庙为中心积极展开对外交流，提升自己的知名度。但是，需要注意的是，久米崇圣会在走向开放、向世人展示久米文化的同时，也带有浓厚的群体意识，他们认为自己是一个不同于其他冲绳人的独特群体，不容许局外人的参与。同时，他们依旧受到儒教伦理思想的深刻影响，遵循着"男性中心"和"女主内男主外"的传统观念，这些从久米崇圣会的入会条件以及释奠仪式中可以体现出来。

第三，久米崇圣会根据时代背景的变化，借用"孔子"这样一个全球通用且有利于提高自己声望地位的文化符号，通过举办孔子庙的释奠等活动，强化久米村人的群体连带感，进行历史传统的再创造。尤为重要的是，尽管久米崇圣会在努力复兴传统，以儒教的形式举办释奠，但结果却孕育出了不同于中国大陆、中国台湾、韩国等地的儒教文化。以久米崇圣会为代表的久米村人，试图将久米孔子庙作为根植于冲绳传统文化要素的一部分编入广义的儒教，来建

构独具特色的新久米文化。

第二节 久米系门中会

除了久米崇圣会以外，现代久米村人的主要社会组织还有门中会。门中会是由各姓宗族组成的宗亲会，其主要功能是组织门中的清明祭祖活动，同时起到促进亲族和睦、凝聚宗族力量的作用。对于久米村人来说，久米崇圣会是"公"的领域，统合了整个久米三十六姓后裔的力量，但是参与其中者属于少数，而门中会是"私"的领域，汇聚了各个宗族的力量，与族人的生活息息相关，是其精神依靠和寄托，且每个族人都能成为其中的一分子。因此，门中会对于所有久米村人来说都是极其重要的存在。本节以久米村主要的门中会为着眼点，论述久米系门中会的社会活动和功能，解析门中会对于现代久米村人的重要作用和意义。

一、琉球的门中制度

1. 琉球门中制度的形成

门中，是以共同的始祖为中心、因父系血缘关系而结成的亲族集团，是冲绳特有的一种亲族组织。门中组织内部可分为本家（宗家）和由此衍生的分家，其基本原则是遵守父系原理、坚持父系血缘，避讳他系、婿养子及女性继承，这些均与儒教伦理思想一脉相承，类似于中国汉族的宗族制度。门中的主要功能是祭祀祖先，还有的门中是共有财产的运营母体和促进亲族间相互交流、团结的媒介。门中制度形成于17世纪琉球特有的历史文化背景下，始于士族阶层，具体又可分为首里、那霸、久米、泊村四大系统。

日本学界有关门中制度的研究大约始于20世纪40年代，先驱性学者有渡边万寿太郎、比嘉春潮、比嘉政夫、村武精一、中根千枝等，他们研究的重点几乎都放在了支撑门中组织的观念和习惯上，从严格遵循父系血缘的组织原理的角度来探讨门中这一亲族集团，并从继承和出自惯习中所反映出的对父系血统的尊重和门中的分节性构造来与中国的宗族制度作比较。20世纪70年代初期，日本学者小川彻首次提出冲绳的门中根据出身可分为士族门中和百姓门中，前者产生于17世纪中后期，后者出现的较晚，是模仿前者而来。小川指出"士族门中是1689年系图座创立以来，琉球王国重建近世封建制度过程中的重要环节，是制度化的士族共同体（与日本本土的封建武士团体相对应），或者说是其自身特有观念的复合体。"❶ 随着"系图座"的建立，出现的制度和观念有家谱、门中墓、墓所、牌位、祖先祭祀（清明祭）、父系长男继承制、养子同门制、他系混入·兄弟重合的禁忌、"门中"的称呼等。小川彻的研究使得日本学界对冲绳门中的研究有了新的突破和深化。

"系图"意为家谱，"系图座"是琉球王府用来管理家谱的机关。王府设立系图座，要求居住在首里、那霸、久米、泊村的士族编纂家谱，一部存于系图座，一部盖上王府官印后各自保管。据《球阳》记载，清康熙二十八年（1689）"王命尚弘德始授御系图奉行职，而始令群臣各修家谱，已誊写二部以备上览。其一部藏御系图座，一部押御朱印，以为颁赐，各为传家之至宝。"❷ 从此时起，对于士族来说家谱变得尤为重要，因为这是士族身份和世代俸禄的保障，同时也具有凝聚亲族力量的作用。王府之所以设立系图座，与琉球17世纪以来的历史发展过程息息相关。1609年萨摩藩入侵琉球后，琉球进入近世时期，直到1879年琉球灭亡的270年间，琉球一方面维持着与中国的君臣关系，同时经由萨摩藩被纳入日本江户幕府的统治下，是在夹缝中求生存的中日"两属时期"，琉球身份制度的确立和门中制度的形成正是在这一时期。1610年，岛津氏在琉球实施检地政策（于1611年完成），并引入日本的"石高制"（日本近世时期的一种土地制度），用以掌控耕地和进行耕作的农民阶层；1635年和1636年，分别实行"人数改"和"宗门改"政策，确认和掌握琉球的人口和户籍；1654年王府颁发"禁止农村人移居首里和那霸"的旨令，把农民阶层固定在一定的土地空间范围内，以确保劳动力和贡租；1679年羽地朝秀（向象贤）摄政，命士族提交家谱，确认士族血统；1689年，为了更有效地管理农民以外的知识阶层，在萨摩藩的指示下琉球王府将住在首里、那霸且在王府为官的人统称为"士"，属于统治阶级，其他人则归类为"百姓"，属于被统治阶级。王府设置系图座，命令士族编纂家谱，称为"有系"，没有家谱的百姓则为"无系"。由此，琉球

---

❶ 小川徹：「沖縄民俗社会における『門中』（仮設的総括）」，『日本民俗学』74，1971年，第11-14页。

❷ 『球陽』卷八，尚贞王二十二年（1689）"置御系图官"条。

正式确立了士农分离的身份制度。

家谱以同姓亲族（门中）为单位进行编纂，也就是说，琉球的身份制与士族共同体紧密地结合在一起，这也促使了士族亲族集团即门中的发展和完善。编纂家谱是士族阶级强调血缘关系的一项重要措施，为家族组织的活动建立完备的档案材料。虽然同为士族阶层，久米村的家谱却不同于首里、那霸和泊村。当时的士族都有汉姓和唐名，在编纂家谱时都用单字汉姓，但受日本本土的影响，首里、那霸和泊村士族的唐名中均有"名乘头字"（名字中的第一个字相同，用以作为代代相承的象征），而久米村人则没有。"名乘"成为琉球王府用来区隔"我族"与"他族"的边界，[1]因而从姓名上可以清楚地分辨出久米村人和琉球人。田名真之指出了久米村系家谱不同于其他三系家谱的特征：在形式上，久米村系家谱中设置官爵、勋位等项目，在这些项目内按照编年体的形式记载，且久米村系家谱分册较少；在内容上，久米村系家谱受中国的宗族制度、儒家思想的影响较大等。[2]

近世中期以后，门中制度开始进入农村，出现了"百姓门中"，但此时还属于个别现象。废藩置县后，琉球的身份制度崩溃，门中制度迅速向农村渗透。与此同时，清明祭、龟甲墓等亦普及至冲绳诸岛。根据日本学者的调查，冲绳本岛南部的门中组织较为完善，而北部和离岛农村的门中组织规制则相对较弱。时至今日，冲绳县县民意识的特征之一仍是"门中意识强烈"，在冲绳普遍存在着这样一种认识：门中是"榕树的繁茂状态"，本家是树根、树干，分家是一个个分枝，重视树之根本的本家才能使整个门中繁荣昌盛。[3]因而，以本家为中心的清明祭成为各个门中一年中最重要的节日。近些年来，琉球新报社每年都会举行冲绳县民意识的调查，从 2011 年的调查报告可知，88% 以上的冲绳人认为传统的祖先崇拜很重要。

2. 门中的法人化

第二次世界大战结束后，冲绳社会一片混乱。从 1946 年起，一些门中着手重制在战争中被烧毁的户籍簿和土地登记簿。由于战争导致了许多战死者以及没有划分标志的焦土，在重制过程中人际关系的把握和土地所有权的认定出现了混乱，一些门中围绕着户主继承和土地所有权等问题产生了争端。例如，久

---

[1] 吕青华：《琉球久米村人的民族学研究》，台湾政治大学民族学系博士论文，2007 年，第 92 页。
[2] 田名真之：『沖縄近世史の諸相』，ひるぎ社，1992 年，第 187-196 页。
[3] 渡邊欣雄：『世界の中の沖縄文化』，沖縄タイムス社，1997 年，第 17 页。

米村的名门蔡氏门中就因供奉祖先牌位的祠堂（忠尽堂）的土地所有权问题发生了纠纷。蔡氏大宗家主张该土地以宗家个人名义进行登记，而中宗家则主张这是蔡氏门中的共有财产，并于1957年上诉至中央巡回裁判所。冲绳历史学家东恩纳宽惇曾在《冲绳时报》（1957年7月9日）上对门中内出现的财产纠纷问题表示痛惜之情，并提出了相关对策。蔡氏门中的这场诉讼历时23年，直到冲绳复归日本后的1980年才由最高裁判所结审，裁定结果是该祠堂遗地属于门中的共有财产，《琉球新报》（1980年2月9日）对此进行了跟踪报道。美军占领冲绳后，军用地高额的租金及伴随着经济增长出现的地价高涨等社会现象，也是导致冲绳的诸多门中产生财产纠纷的重要原因。❶

在经历了都市化、产业化之后，随着人口的移动和核家族化的发展，冲绳社会和人们的传统价值观发生了巨大变化。社会构造的改变带来了门中纽带和功能的弱化现象，门中的祭祀祖先、运营共有财产、学习奖励等传统功能显得有些不足。在此社会背景下，1957年东恩纳宽惇从传统的祖先崇拜的角度出发，为了防止门中内部出现财产纠纷等冲突，提出了"门中法人化"的新设想。作为冲绳传统的父系亲族组织的门中，为了继承祖先的遗志、谋求新的发展，实践了东恩纳提出的门中法人化的战略，实现了传统体系与现代律法的结合，结果创造出了新的门中惯例和体系。社会的发展也促使门中具备一些现代化特点，如作为自我认同的祖先崇拜、相互帮助的关系网络、作为资产运用及文化事业的团体等。久米村毛氏门中首当其冲，成立社团法人久米国鼎会，成为冲绳门中里最早的法人组织，也为久米系门中起到了表率作用。概而言之，冲绳的门中为适应社会变化的需求，采取法人化的战略，进入了新的发展阶段。

二、久米系三大门中会

如前所述，冲绳的门中制度形成于近世琉球时期的17世纪后期，各姓士族以门中为单位编纂家谱，门中逐渐成为同门亲族间相互扶持的精神归宿。1879年琉球废藩置县后，久米村人失去士族地位和俸禄，生活状况面临严峻的局面，许多人背井离乡，迁移至农村或离岛地区；大正年间实行的改名改姓运动，使久

---

❶ 宮下克也：「法人化する門中―ポストモダン社会における親族組織の戦略―」，『アジア遊学』53，2003年，第121-124頁。

米村人的姓氏出现多样化；加之第二次世界大战的影响，使得久米村人散居在冲绳诸岛，现今仅有一小部分久米村人生活在原久米土地上。在此状况下，为了使分散的久米村人凝聚在一起，除了上文所讲的久米崇圣会以外，久米系各门中也积极组织行动起来，沿用中国姓氏建立门中会，并加以"久米"二字来区别于其他冲绳门中组织。久米系各门中发挥组织优势，在维系同门宗族间感情交流的同时，凝聚整个久米村人的力量。

久米系门中在诸多方面受到中国宗族制度的重要影响，类似于中国的宗亲会。宗亲，原则上是指同出于一个祖先、具有一定血缘关系的同姓之人，而宗亲会就是建立在相同姓氏基础上的血缘组织，是源自相同世系的同姓人聚在一起组成的姓氏团体。宗亲会作为志愿性团体，其组织原则主要有亲属原则、地域原则、方言原则和行业原则。久米系门中会的性质是自由加入的志愿性团体，但也是严格以家谱来限制的父系血缘集团，不能因为同姓就可随意加入，必须凭借户籍上的祖承记载才可申请入会。换而言之，必须具备拥有共同始祖、家谱、共有的中国姓氏、遵循父系血缘归属原理、定期在始祖坟墓或门中墓前祭拜祖先等要素，才属于同一门中。

目前，久米系门中会中积极运作的有毛氏国鼎会、梁氏吴江会、阮氏我华会、王姓门中会（槐王会）、蔡氏门中会、金氏门中会、郑氏门中会（郑氏会）、陈氏华源会等。其中，毛氏、梁氏、阮氏门中因经营不动产生意资金雄厚，积极组织门中各项活动和事宜，并在那霸市内设有正式的事务所，在久米系门中会里最为活跃；其他门中会一般多在会长及热心的族人家中设置非正式的事务所，负责同族间的联络、清明祭祖、编纂家谱等活动。笔者在冲绳实地调研时曾多次拜访毛氏、梁氏和阮氏门中会，下面以这三个门中为主要对象，来解析久米系门中会的发展历程、内部构成和组织状况，从而更加立体地了解现代久米村人的文化生活和精神内涵。

1. 久米国鼎会

久米国鼎会是以1607年入籍久米村的闽人毛国鼎为始祖的毛氏门中会。顾名思义，该会名称来自于毛氏始祖之名。第二次世界大战前，毛氏门中利用互助组织——模合❶积累的共有财产来置办不动产事业，从中获得的收益用于门中的清明祭祖活动、门中子女的学习奖励等。第二次世界大战后，毛氏门中通

---

❶ 模合（もあい moai），是琉球王国时期兴起的士族门中间相互扶助的组织，后来在冲绳百姓门中间广为流行，是一种互助性的金融组织、融资机构。

过共同努力，收复了战前的土地，土地租金的收入主要用来清明祭祖。从1956年7月起国鼎会还恢复"学习奖励会"，同年9月制定"救济规程"，支援生活贫困的门中会员。1960年，毛氏门中会正式获得法人资格，成立"社团法人久米国鼎会"，成为久米系门中也是冲绳最早的门中法人。国鼎会法人化的主要目的是在继承门中传统的基础上，超越旧有的门中范畴，推进公益事业的发展。据国鼎会会长介绍，在法人化之前，父系血缘集团的门中清明祭仅限男性参加，法人化之后，实行男女无差别的会员资格制，女性也能参加清明祭祖活动。毛氏门中的清明祭成为久米系门中里最早"男女平等"的祭祖活动。2012年4月，在门中会的共同努力下，社团法人久米国鼎会被冲绳县政府认定为公益社团法人，成为"公益社团法人久米国鼎会"，这也是目前为止久米系门中会中唯一一个公益社团法人。

公益社团法人久米国鼎会的成立目的是："继承琉球儒学之祖毛国鼎公的伟业，为促进社会的进步和发展，从事教育、乡土文化振兴等相关事业，为社会公益做出贡献。"[1] 目前该会会员约有370户，1500人左右（按照每户四口人来计算）。毛氏宗家为与世山，另有仲岭、安富祖、田里、普久岭、南风原、许田、喜友名、奥间、喜濑、与仪、垣花、吉川、桑江、伊佐、安仁屋、阿贺岭、喜久山、奥村、安富共19个支派。据久米国鼎会事务局长介绍，毛氏后裔主要居住在那霸市、本岛中部的嘉手纳町、读谷村、具志川市，还有一些居住在本岛南部、离岛，甚至是海外如巴西等地，每年清明祭祖之日，门中会都会派大巴到人数较多的嘉手纳、读谷两地迎送门中成员，这也是久米国鼎会实力雄厚的一个表现。

久米国鼎会作为毛氏门中会，其会员理所当然是毛氏后裔，但是成为公益社团法人之后，会员的的认定资格也发生了变化，只要是赞同该会理念、对该会有贡献的个人和团体都可以以赞助会员的身份加入。普通会员的会费为每年1000日元，赞助会员的则为10000日元。但是据笔者了解，目前尚未有毛氏以外的个人或团体入会。久米国鼎会的内部组织主要由总会、理事会、监事会、事务局及各种委员会构成（图5-4）。

久米国鼎会在久米系门中会中实力较为雄厚，在那霸市安里拥有五层楼的会馆、数千坪的始祖墓地及其他不动产。久米国鼎会利用这些不动产所获的收入，用于门中内的祭祀活动、公益事业和社会公益事业等。尤其是在成为公益

---

[1] 『平成24年第1回臨時総会（議案書）』，公益社団法人久米国鼎会，2012年，第3页。

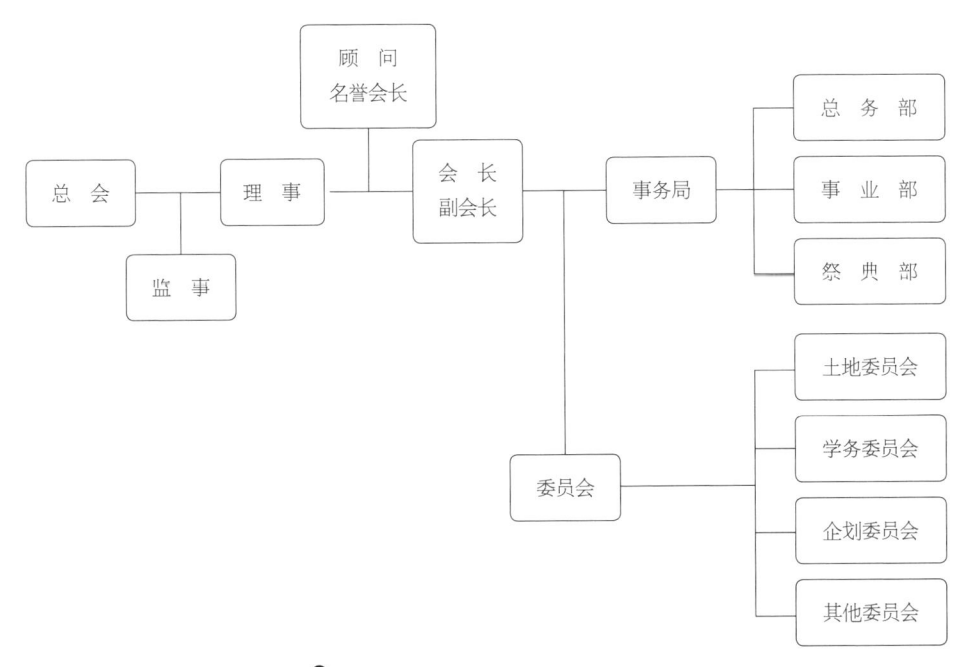

图 5-4　久米国鼎会组织图 ❶

社团法人之后，固定资产税等税费会比以前有所减少，但是总收入的一半以上都要用作公益事业，因此久米国鼎会的公益事业将比以前力度更大、范围更广。久米国鼎会公益事业的开展，也起到了自我宣传的作用，有助于提高毛氏门中在冲绳社会的地位和影响力，使之在社会上更有发言权，这也是国鼎会积极举办公益事业的动机之一。

　　久米国鼎会的公益事业主要有：①人才培育。据事务局长介绍，2011年国鼎会向那霸市内的40名优秀中学生（主要是高中二、三年级）提供了每人20万共800万日元的奖学金；2012年，除了那霸市以外，范围扩展至浦添市及本岛南部的中学，为30所学校的60名学生提供了1080万日元的奖助学金；2013年起，范围将继续扩大至离岛等地，奖励人数及金额也会有所增加。②乡土文化的振兴事业，主要是每年举办一次历史文化讲座。2011年12月4日，国鼎会在冲绳县立博物馆·美术馆讲堂举办"册封使与琉球"的讲座，主讲人有高良仓吉、赤守岭、丰见山和行、三浦国雄、上里贤一等著名历史学者；2012年12月8日，在冲绳都酒店由久米国鼎会和"首里城公园友土会"共同举办了文化演讲会，内容有前田舟子的"官生骚动和久米村——以国费留学生的派遣为

---

❶ 『久米毛氏四百年記念誌·鼎』，社团法人久米国鼎会，2008年，第308页。

中心"和真荣平房昭的"海域史中的海贼问题——从中琉关系史的视点来看"。③ 设施出借事业，主要是为市民团体免费提供久米国鼎会会馆二楼的大型会场。④ 正在计划中的为琉球历史文化相关研究者提供科研经费的扶助事业。❶

毛氏门中内部的公益事业主要有：① 敬老会。从 1971 年起，每年 9 月为门中 70 岁以上的老人举行敬老会，同时还邀请阮氏门中和久米崇圣会的 70 岁以上的会员参加。如 2012 年的敬老会共有 250 人参加，每人获得 7000 日元的祝贺金，积极倡导尊老、敬老、助老的美德。② 学习奖励会。毛氏门中在战前就有此传统，战后于 1956 年恢复。主要奖励门中内的优秀子弟或家庭贫困学生，每年奖励 100 人以上，范围从幼儿园至大学，小学生每人奖励 2000-3000 日元、中学生 5000 日元、大学生为 10000 日元。③ 育英金贷款事业。1960 年成立社团法人后，国鼎会便对门中内家庭困难的大学生提供无息贷款业务，到日本本土上大学的每人每月 40000 日元，冲绳县内的大学为 30000 日元。从门中贷款的学生在大学毕业后六年之内还清贷款，可按月还款（如现任事务局长 1971 年以留学生的身份到日本本土上大学，当时门中会为其提供每月约 13000 日元的无息贷款）。④ 各种纪念事业。如毛氏始祖来琉 350 周年、400 周年之际，进行祖墓修复、建立纪念碑、举办纪念庆典等活动；发行门中会纪念志、制作"会歌""久米毛氏物语"的光盘，对内对外宣传久米国鼎会。⑤ 家谱编纂事业。搜集、调查毛氏的历史及门中成员的现状，重新编纂家谱。

近年来，久米国鼎会积极参与冲绳县的人才培育和文化事业，举行各项公益事业及门中共益事业，为地域文化的进步和门中的繁荣发展做出了卓越贡献。当然，久米国鼎会除了进行上述的社会公益事业和门中共益事业外，还积极参与并支持久米崇圣会的各项活动，前往福建寻根访祖，与福建的宗族进行交流等。

2. 梁氏吴江会

梁氏吴江会是以明永乐年间渡琉的闽人梁嵩为始祖的门中会。据《梁氏家谱》的记载，久米村内兼久山沿路的溪流被命名为"唐荣之吴江"，原因是梁氏始祖梁嵩来自福建长乐县吴航江田，此地与其出身地极为相似，于是为怀念故乡、不忘先祖而命此名。❷第二次世界大战前，居住在那霸的梁氏先辈们，利

---

❶ 2012 年 11 月田野调查资料。
❷『吴江梁氏家谱』，那霸市史编集室：『那霸市史资料篇第一卷六·久米村系家谱』，1980 年，第 752 页。

用门中的"模合"制度，购买土地、房产等共有财产，为梁氏门中的繁荣奠定了基础。1980年2月11日，为了将祖先之遗训历代传承、保全共有财产，梁氏门中进行了组织化，根据家谱中"宗家为闽（福建省）吴航江田人"的记载，成立"梁氏吴江会"。梁氏吴江会在成立之时并非是正式的法人，该会的成立目的是维持、管理、运营门中的共有财产，促进门中成员间的和睦、互助互利，为门中的进步发展做出贡献。事务所位于那霸市壶屋，主要用于共有财产的维持管理、召开理事会及各专门委员会会议，平日由会长、事务局长、秘书三人上班。

据梁氏吴江会会长介绍，事务所周边数千坪的土地均为梁氏门中的共有财产，有的租给当地医院，有的用作停车场，所得收入均用来维持门中会的运营管理、门中的各项事业和活动。这片土地是战前门中成员共同筹资购买的，战后，以门中21个人的名义登记，收益用于门中所有成员。但是为了防止以后出现财产纠纷等问题，梁氏吴江会也于2011年申请门中法人化，法人化之后土地将以门中会的名义登记，完全成为门中的共有财产。在此过程中，曾有一个人反对门中法人化，不愿意出让土地。但是，为了梁氏门中能够持续发展，将代代继承的财产用于梁氏门中的祭祀、运营及门中成员的繁荣，并将此永传下去，门中成员最终达成协议，于2013年1月17日正式法人化，成立"一般社团法人久米梁氏吴江会"。成为法人后，梁氏吴江会的内部组织较之以前并未出现太大变化，与久米国鼎会的组织形式大同小异，大致可分为总会、理事会、监事会和各种专门委员会，任期多为2~3年。

据梁氏吴江会的统计，1988年梁氏门中居住在冲绳县内的有276户，人数为1302，县外居住的有32户，127人，即门中成员共308户，1429人。❶2007年的最新统计结果是，门中成员为1518人，其中离岛久米岛在住者有106人。❷梁氏宗家为龟岛，另有14支派，分别是国吉、古谢、安仁屋、饶波、崎山、上江洲、当间、濑名波、吉浜、仲地、仲石、上津、山本、仪保。除了宗家当主已移居日本本土外，其他门中成员主要居住在那霸市、嘉手纳町、读谷村、具志川市、石川市、久米岛、与那城村等地。

梁氏吴江会亦凭借土地租赁、经营停车场等所获得的收益，用来展开门中的祭祀活动和各项事业。门中事业内容主要包括：① 敬老会。自1980年梁氏吴

---

❶『吴江会の永遠の発展を祈念して』，久米梁氏吴江会，1990年，第52页。
❷ 2012年11月梁氏吴江会事务局长提供的数据。

江会成立以来，便开始于每年9月邀请门中内73岁以上老人齐聚一堂，举办敬老会。如2012年的敬老会招待了57名长者，其中男性22名，女性35名，每位老人赠予20000日元的祝贺金。②学习奖励会。③育英金贷款事业。④奖励门中内作为学校或县代表出访的学生。⑤改订、编纂家谱。调查、比较中国的梁氏家谱，更正家谱中的错误之处，并重新编纂家谱。吴江会会长龟岛对笔者说，现在的年轻一代对门中的活动不太感兴趣，门中会未来的重要课题之一就是尽量多采取一些措施，如家长的带动、举办学研修会、文化讲座等，促使更多的年轻人参与其中，培养后继者。

此外，梁氏吴江会还积极到福建寻根访祖，参加福州梁氏宗亲的清明祭祖活动，多次赴福建探寻琉球梁氏家谱与中国梁氏家谱的关联等，与中国的梁氏宗亲保持着密切而频繁的交流关系。

3. 阮氏我华会

阮氏我华会是以1607年入籍久米村的闽人阮国为始祖的门中会。阮氏门中会成立于日本大正年间（1912—1926），战前门中会的运营经费主要依靠居住在那霸的门中成员出资，后来他们利用"模合"形式筹集到的基金购买土地，开展不动产事业，其收入用于门中的各项活动。战后，门中元老重组门中会，延续战前的组织形式，集资又购得土地。为了强化门中的组织能力和内部管理，确保资金来源、运用，以及共有财产的世代相传，阮氏门中会于1987年实行门中法人化，成为"无权力能力的社团法人阮氏我华会"。成立目的是："彰显并永传始祖阮国公的丰功伟业，保全和运营共有资产，促进门中祭祀的执行、子弟的教育、会员的相互交流繁荣，并为地域社会做出贡献。"❶

据阮氏我会华神村会长介绍，关于"我华会"名称的由来，有这么一则故事：当时，规约起草委员会在讨论门中会名称时，参考了其他久米三十六姓门中会的名称，提出了诸多方案，打算以始祖阮国的号"我莘"为会名，但是考虑到"莘"字并非日本的常用汉字，对一般人来说比较陌生，综合考虑社会便利性等多种因素，理事会决定将"莘"字换为中华的"华"字，最终定名为"阮氏我华会"。❷法人化之后，阮氏门中的根基得以稳固，以更加积极活跃的姿态展开了门中各项事业及海外交流。后来，根据日本法人制度的改革，阮氏我华

---

❶『始祖阮国公来琉四百年記念・阮氏我華会創立十周年記念：久米阮氏記念誌』，阮氏我華会，1998年，第64頁。
❷ 2012年11月田野调查资料。

会又经历了"有限责任中间法人冲绳阮氏我华会",最终于2010年成为"一般社团法人冲绳阮氏我华会"。

阮氏我华会的内部组织形式亦类似于其他门中,在理事会中设有会长、副会长、理事、监事、事务局长等职务,其中理事和监事平行直属于门中会长,彼此间互相制衡,事务局长处理日常会务;还设有1名顾问和1名咨询委员,供会长咨询或在理事会上提出建议;此外,也设置有多种专门委员会,如家谱及阮氏关系研究委员会、人材育成委员会、规程制度研讨委员会、阮国公建墓及财产管理委员会、文化交流委员会、宣传委员会等。

据我华会的调查,截至1998年门中成员共有317户,若每户以4人计算的话,共约有1300人。阮氏宗家为神村,另有12支派,包括翠宫城、与古田、横田、真荣城、宜保、吉元、真荣田、我谢、我喜屋、真玉桥、小渡、山田。门中成员中的大部分居住在冲绳县内,主要分布在那霸市(其中有十多户居住在久米)、具志川市、石川市、西原町、南风原町、嘉手纳町、宜野湾市、浦添市、读谷村、丰见城村等地。另外约有十户居住在日本本土和夏威夷。

阮氏我华会与毛氏、梁氏门中会一样,在那霸市拥有一些土地,资金来源主要是依靠出租土地和不动产。如阮氏我华会在那霸市泉崎有一栋六层楼的商业大楼,其中顶层用作门中会的事务所,里面包括供奉阮氏始祖牌位的庙堂——"竹林堂"。另外还在首里有三栋公寓住宅用以出租,加之会员的集资等,使得阮氏门中拥有雄厚的资金实力,门中各项事业亦开展得有声有色。

由于阮氏和毛氏始祖同时入籍久米村,且都来自漳州府龙溪县,所以阮氏门中和毛氏门中关系最为密切,每年的敬老会双方都会互相邀请。虽然阮氏门中不像毛氏、梁氏门中那样举行学习奖励会,但会举办独具特色的会员研修会,为提高门中成员的修养及相互间的交流,组织会员参观琉球历史遗迹、参加久米崇圣会举办的孔子塾讲座;鼓励门中子弟到中国留学,并提供留学费用,培养精通汉语的人才,以因应与中国宗亲越来越频繁的交流;以分家为单位,成立学习门中历史的"家研究会"等。一连串的门中福利事业,加深了门中成员间的认同和团结,培养了一代代人才。神村会长对笔者说道:门中的繁荣与成员间的交流程度有很大的关系,但是现在人们的交往原则是"远亲不如近邻",阮氏我华会也不例外,会员间的关系日渐疏远,为了谋求门中的繁荣发展,我华会今后将加大宣传力度，将门中会存在的目的和意义、先人的功绩、门中会的最新动态等告知会员，使门中会的活动得到广泛关注。除了门中内部的活动以外，阮氏我华会还积极地与中国的阮氏宗亲进行密切的交流，参加世界阮姓大会等。

从上述的久米国鼎会、梁氏吴江会和阮氏我华会三个主要的久米系门中会可知：三个门中会的人数都在1300～1500人左右，主要分布在冲绳县内；门中会成立宗旨由最初的祖先祭祀、联络感情、培育人才转换成以管理共有财产为主要目的；而拥有土地及不动产的门中会大都采取了法人化的形式，以更好地管理门中共有财产并确保能世代相传下去；门中活动的资金来源主要依靠土地及不动产的收入，另外还有一些会员的捐赠及会员会费；门中会的主要活动有清明祭祖、学习奖励、敬老、家谱历史研究及编纂、参与久米崇圣会的活动、与海外宗亲会进行交流等，门中会借由以上各种活动来达到加强亲族间的团结和凝聚力的目的。除了这三个门中会以外，法人化的门中还有蔡氏门中会（一般社团法人）。王姓门中会（槐王会）、金氏门中会、郑氏门中会（郑氏会）、陈氏华源会、林氏廉江会等久米系门中会虽然没有法人化，但也都积极地开展着一系列的敬祖睦族的活动，各自为门中的繁荣和发展不遗余力。

另外，现代久米村人的社会组织除了久米崇圣会和门中会以外，还有"一般社团法人久米同进会"。久米同进会是创建于战前的由居住在久米区域内的三十六姓后裔（不限门中）组成的联谊性质团体，在战争结束后由部分返还家园的久米村人重建。由于久米同进会没有出版相关刊物或资料，所以该会的相关情况笔者均是从采访中获得。据该会副会长崎山介绍，20世纪90年代同进会会员融资购买了位于久米町二丁目的一片土地，建设会馆，一部分出租给久米自治会，收入用于活动经费，另一部分用作久米同进会的事务所。为了更好地管理共有财产，久米同进会也于2010年由中间法人申请转变为一般社团法人，并设有理事会，目前正会员有30多名（仅限男性），赞助会员有40多名（有少数女性）。久米同进会作为联谊性质的团体，其组织运作及管理不如久米崇圣会和门中会那么严谨，举办的活动也相对较少。该会举行每周一次的会员下棋聚会活动，每年11～12月份在会馆举办"琉球象棋大会"，目的是保留在冲绳日渐消失的传统象棋文化；前面提到的久米村历史遗迹东寿寺（堂小），作为久米同进会的事业于2012年得以重建；每年旧历十月初十，该会成员会到堂小祭拜。❶ 久米同进会可以算作是现代久米村人的一个地域性交流组织。关于久米系

---

❶ 2012年11月和2013年4月田野调查资料。

三大门中会的祭祀、概况，可参考表5-3、表5-4。

表5-3　久米三大门中会年中祭祀表（笔者作成）

门中会	年中祭祀	时间	场所	内容	参与者
毛氏国鼎会	清明祭	入清明后第一个周日	始祖毛国鼎墓	祖先供养	门中成员（男女老少均可，400人左右）
	圣地巡礼	农历八至十月（五年一次）	冲绳御岳圣地	国家安泰、门中繁荣等	门中成员（男女老少均可，10~20人）
梁氏吴江会	年后初拜	农历正月初五	梁氏俱乐部（火神、神龛）	健康祈愿	门中女性（祭祀委员，3~5人）
	屋神祭	农历二月、八月	梁氏俱乐部（火神、神龛、玄关）；事务所（玄关）	安全祈愿	门中女性（祭祀委员，3~5人）
	彼岸祭	3月春分日、9月秋分日	梁氏俱乐部（神龛）	祖先供养	会长、理事、祭祀委员（5~10人）
	清明祭	入清明后第一个周日	梁氏门中墓	祖先供养	门中成员（男女均可，100人左右）
	稻穗祭	农历五月十五、六月十五	梁氏俱乐部（神龛）	门中繁荣	门中女性（祭祀委员，3~5人）
	年末祭	农历腊月二十四	梁氏俱乐部（火神、神龛、玄关）、事务所（玄关）	一年的感谢	门中女性（祭祀委员，3~5人）
阮氏我华会	年始祭	农历正月初一	阮氏事务所（竹林堂）	庆祝新年	门中理事、长老等（男性，10~15人）
	清明祭	入清明后第一个周日	阮氏门中墓	祖先供养	门中成员（男女均可，100人左右）
	秋彼岸祭	9月秋分日	阮氏事务所（竹林堂）	祖先供养	门中理事等（10~15人）
	圣地巡礼	农历八至十月（三年一次）	冲绳御岳圣地	国家安泰、门中繁荣等	门中成员（男女均可，30~40人）
	唐大主忌辰（始祖阮国）	农历腊月初五	阮氏事务所（竹林堂）	祖先供养、追忆始祖	门中理事、长老等（男性，10~15人）

表 5-4　久米三大门中会的概况（数据截止到 2012 年，笔者作成）

门中会	始祖及出身	社团性质	成员人数	成员分布	资金来源	事业活动	门中特色
毛氏国鼎会	毛国鼎　福建省漳州府龙溪县人（1607年渡琉）	公益社团法人	370户，约1500人	那霸市、嘉手纳町、读谷村、具志川市、离岛、巴西等	出租土地、不动产；会费；会员捐赠等	社会公益事业、门中共益事业、参与久米崇圣会的活动、寻根访祖	会员不局限于毛氏后裔；社会公益事业活跃
梁氏吴江会	梁嵩　福建省福州府长乐县人（明永乐年间渡琉）	一般社团法人	308户，约1429人	那霸市、嘉手纳町、读谷村、具志川市、久米岛、日本本土等	出租土地、不动产；经营停车场；会费；会员捐赠等	门中共益事业、参与久米崇圣会的活动、寻根访祖	在清明祭祖时门中会代替宗家角色；积极参与福建宗亲的清明祭祀
阮氏我华会	阮国　福建省漳州府龙溪县人（1607年渡琉）	一般社团法人	317户，约1300人	那霸市、具志川市、石川市、西原町、浦添市、夏威夷等	出租土地、不动产；会费；会员捐赠等	门中共益事业、参与久米崇圣会活动、寻根访祖	"男性中心"的思想浓厚；与海外宗亲交流最为活跃

三、门中会与中国宗亲的交流

1. 久米系门中的寻根访祖

1972 年中日邦交正常化以后，日本掀起了"中国热"，受其影响，冲绳与历史渊源深厚的福建省建立了友好交流关系。随着我国改革开放政策的实施，海外人士可以自由出入大陆，许多海外华人子孙踏上了回乡寻根之路。1980 年，毛氏门中与世山茂参考毛氏宗家的家谱及牌位，将个人的寻根之旅写成随笔，被分作八次连续登载到了《琉球新报》（1980 年 3 月）。以此为契机，久米系各门中纷纷到中国调查祖先的出生地，掀起了到福建寻根访祖的热潮。

1987 年 7 月，阮、毛、王氏门中的代表和冲绳县立图书馆主干、冲绳映像中心代表、摄像师及旅行社两名员工，共计八名人员组成"探访久米村的故乡"的调查团，到福建寻找几百年前的始祖出生地。他们根据族谱的记载，几经辗转，在当地政府的多方帮助下，确认了各自的祖庙：阮氏的祖庙是位于福建省漳州市龙海县（今龙海市）角美镇石美隶头村的阮姓祖庙"世德堂"；毛氏祖庙位于漳州市龙海县角美镇满美村；王氏祖庙位于漳州市龙海县步文乡上苑村。

1987年10月，根据第一次的调查结果，毛氏10人、阮氏10人、王氏1人、蔡氏2人、陈氏1人、林氏2人，再加上取材相关者共计32名人员组成访问团，拜访各自的祖庙（蔡氏祖庙位于莆田市东沙；陈氏祖庙位于龙海县角美镇沙洲村；林氏祖庙位于福州市林浦），并与当地的宗亲进行了交流。久米系门中的寻根访祖、与福建宗亲友好交流的过程被记录到由福建和冲绳联合制作的纪录片——"伟大遗产——进贡贸易和闽人三十六姓"之中，于1988年在冲绳电视台连续播出，引起了强烈反响。1988年6月，梁氏吴江会一行三人到福建调查始祖出生地，找到了坐落于福州市长乐县梁边村的梁氏宗祠。至此，久米系各大门中几乎都到中国寻根谒祖且颇有成效，与福建的宗亲建立了长期友好的交流关系。

在诸多久米系门中里，阮氏我华会与中国阮姓宗亲的交流最为频繁密切，取得的成果也最为显著。笔者在2012年11月第一次到阮氏我华会事务所进行拜访，事务所的外间是办公室，里间是阮氏祖厅"竹林堂"。进入竹林堂首先映入眼帘的是正面摆放的琉球阮氏开基祖阮国的神位，两边挂着咏颂祖先的对联，周围墙上挂满了阮氏我华会与我国的福建、广东、台湾、香港、河南等地的阮氏宗亲进行密切交流的各种"见证"。阮氏我华会会长如数家珍般地向笔者一一介绍这些旗帜、匾额的由来，从中也可以看出阮氏我华会在对外交流方面的活跃程度。下面笔者以阮氏我华会为主要考察对象，根据我华会出版的刊物及笔者的调查采访记录，整理出阮氏我华会与我国阮姓宗族近三十年来的交流活动，来探讨久米系门中会寻根访祖的历程以及所取得的丰硕成果。

据《百姓祖宗图典》《中国姓氏大全》等资料的记载，阮氏源于商代阮侯国，在汉代阮氏有一支徙居陈留尉氏（今河南省开封市尉氏县），历数百年，几经沧桑，日渐壮大，成为陈留郡的名门望族。汉魏时期，尉氏阮姓家声大震，名人辈出，被誉为史阀名家，代表人物有阮瑀（"建安七子"之一）、阮籍（"竹林七贤"之一）等，因此阮氏的郡望为陈留。魏晋之际，尉氏阮姓先后分三线大规模向外迁徙。东南线从河南经当涂、江左、江右、会稽八闽、南粤、明清时期至日本、东南亚及欧美等地；西线经西蜀、湖广、黔滇、桂陵至安南（今越南）；东北线徙晋、冀、齐、辽等地。千百年来，这些阮姓后裔把陈留尉氏的辉煌历史载入族谱，代代相传，不远万里来祖地寻根。福建漳州的阮姓开基祖阮溪渊，为陈留尉氏分支，于唐广明元年（880）随福安地区的开基祖阮能抵达福建。唐光启年间（约888年），阮溪渊任奉政大夫，定居在漳州府龙溪县，以

"世德堂"为号立家祠。阮溪渊在漳州生十三子,其后裔在漳州分成四个支系,世居两万多人,省外分布有广东、广西及中国香港、中国台湾地区,海外有日本、美国及东南亚地区等。明朝年间渡琉的阮国即为阮溪渊之后裔,亦为久米村阮氏门中的开基祖。

据阮氏门中的资料记载,1987年7月27日,阮氏代表、毛氏和王氏代表及相关历史学者一行人拜访了福建省漳州市,进行中国家谱和祖庙调查。阮氏我华会找到了龙海市角美镇石美隶头村的阮氏祖庙"世德堂"。世德堂在"文化大革命"中被当地政府征用为粮食仓库,两岸的护厝也被私人占用,"文革"后一直废弃未用。阮氏代表团在当地见到了两位阮姓宗亲,这是他们第一次与中国阮氏宗亲的会面与交流。

1988年1月2日,以神村义人为团长的12人组成第一次调查团,参加了漳州市阮姓祖庙祭的祭礼。当时祖庙世德堂由当地政府返还给阮姓宗亲会,庙堂里供上了阮氏祖先神位,并举行了盛大的祖庙祭。

1990年11月21日,以与古田永宏为团长,一行12人组成第二次调查团,拜访了漳州市的阮姓祖庙。世德堂因年久失修,破旧不堪,急需修建。阮氏我华会为当地捐资3万5千美元作为重建宗祠的费用。

1992年6月23日,当时的阮氏我华会理事长真荣田世行在中国香港旅行之际,调查了中国香港在住的阮姓一族,并拜访了中国香港阮姓宗亲会,受到了当地的热烈欢迎,并获知中国香港与中国台湾的阮姓宗亲会保持着友好交流关系。

1992年7月13日,阮氏我华会根据中国台湾阮姓宗祠"第100次祭记念特刊"确认了中国台湾阮姓宗亲会的具体信息,为了谋求与中国台湾宗族的交流,真荣田世行和吉元康雄两人访问了台北、台中、台南的阮姓宗亲会,并祭拜了当地的祖庙。

1992年10月10日,与古田永宏、真荣田世行、与古田光助三人应邀出席了中国台湾屏东县阮姓宗亲会会馆落成典礼。

1992年10月17日,阮氏我华会出资招待中国阮姓宗亲会代表及曾帮助冲绳阮氏寻根的漳州市旅游局局长王作民先生到冲绳访问。

1993年8月12日,真荣田世行和宜保胜良出席漳州阮姓祖庙世德堂的整修工事理事会会议。

1993年12月28日,以与古田永宏为团长,11名阮氏我华会成员参加了世德堂整修工事落成典礼。出席典礼的还有许多中国各地的阮姓宗亲会会员及中国香港、中国台湾的阮姓宗亲会会员。

1997年11月9日，阮氏我华会举办了始祖阮国公来琉四百年记念及阮氏我华会创立十周年纪念庆典，邀请了中国阮姓宗亲会代表，但由于出国手续延迟等问题未能参加。此外，出席庆典的其他中国阮氏宗亲有中国香港阮氏宗亲会主席、中国台湾屏东县阮姓宗亲会理事长及四名会员。❶

2001年11月23日，在真荣田世行的带领下，阮氏我华会访问团一行27人到泉州西门阮氏宗祠"竹林堂"参观访问，受到泉州市政府相关部门及泉州阮氏宗亲会的热烈欢迎。此次代表团是在参加那霸市与福州市缔结友好城市20周年纪念活动之后，特地前往泉州阮氏宗祠进行拜访的。泉州西门阮姓，亦系名门望族，子孙兴旺，并播迁海内外。近年来，经常有港澳台胞及海外华人华侨前来寻根谒祖。

从1996年起，大陆、港澳台地区等地阮姓宗亲组织有关学者开始对阮姓祖源地开封尉氏进行考察，倡议修复阮籍啸台。在阮姓宗亲的共同努力下，2004年修葺了阮籍墓，重建了阮籍墓碑。2008年3月，阮氏我华会一行三人到尉氏县寻根问祖，探寻先人足迹。他们参观了阮籍啸台，拜谒了阮籍墓，拜会了庄头乡阮家村阮姓村民，受到阮姓宗亲的热烈欢迎。尉氏县人民政府向阮氏宗亲会赠送了竹林七贤汴绣图，阮氏我华会则会向尉氏阮姓宗亲会捐赠了12万元用于修建阮籍啸台。

2010年12月4日，来自福建、湖北、江西、安徽、广东、北京、上海、中国香港、中国台湾以及日本、美国等地的阮姓宗亲代表团齐聚一堂，以"同根同祖同源，和平和睦和谐"为主题，在河南尉氏县隆重举行了的纪念阮籍诞辰1800周年暨首次世界阮姓文化论坛活动。大会结束后，举行了新树立的阮籍像揭幕仪式。而阮姓祖源碑也于2010年建成，在其东侧由冲绳的阮氏我华会树立的始祖颂德碑，表达了"普天阮姓一脉承，千秋万代不忘根"的怀祖之情。根据笔者的采访得知，阮氏我华会神村会长一行十多人参加了此次大会。❷

2011年7月，阮氏我华会一行6人先后拜访了漳州祖庙世德堂、福州祖庙陈留堂及月港祖庙竹林堂。同年12月，包括阮氏我华会24名代表在内

---

❶『始祖阮国公来琉四百年記念・阮氏我華会創立十周年記念：久米阮氏記念誌』，阮氏我華会，1998年，第75–78页。
❷ 2012年11月田野调查资料。

的四五百名海内外阮氏宗亲齐聚漳州阮氏宗祠世德堂，缅怀祖业，用古礼祭拜阮姓开基祖阮溪渊，以加强宗亲间的交流，增进相互间的团结合作。这次谒祖活动，是阮氏我华会参与人数最多、规模最大的一次。据我华会会长介绍，从1987年开始他们几乎每年都会派人到福建原乡谒祖，这是他第三次回来，很高兴看到海内外的阮姓宗亲齐聚一堂，400多年岁月虽然改变了他们

图5-5　漳州阮姓祖庙世德堂谒祖❶

的国籍，但身上继承着相同的血脉，希望海内外的阮氏宗亲能永世交流下去（图5-5）。

由上述笔者整理的阮氏我华会与海外宗亲的交流情况来看，阮氏门中与我国大陆尤其是祖源地福建漳州的阮姓宗亲交流最为频繁亲密，相比之下，与中国香港、中国台湾的宗亲会交流较少。不过，从2011年起，阮氏我华会与中国台湾的阮姓宗亲会建立了青少年家庭寄宿制互访活动，每次为三晚四日。据神村会长介绍，今后计划将这种互访机制推广至大陆的阮氏宗亲，借机希望能增强年轻一代对祖先的了解，培养他们的认同感。

2. 久米系门中寻根谒祖的文化内涵

一般来说，"寻根"指的是某个宗族或某个民族依据口头传承文学和文献资料来探究文化发展的历程，是在异国他乡的人对家族文化的探究和对祖先的追寻，寻根带有浓重的民间色彩。所谓"木无根不生，水无源不流，人无祖不立"，探究自己从哪里来，寻找自己的生命根源所在是人的一种本性。寻根文化的基础是中华民族传统的祖先崇拜思想，是一种类似宗教的习惯和信仰。中华民族自古以来就认为祖先是自己血脉生命的根源所在，重视通过找寻祖先祖地、祭拜祖先来完成寻根溯源、认祖归宗的心理愿望。❷远在异国他乡的宗亲成员更

---

❶ 出自一般社团法人阮氏我华会官网：http://www.gakakai.com。
❷ 李静：《论祭祖传统对提升中华民族凝聚力的作用》，《中华文化》2011年第4期，第64页。

加注重寻根认祖，探寻自己的血脉根源和精神归属。

从20世纪80年代起，海外华人和港澳台同胞纷纷到祖国大陆寻根谒祖，掀起了一股前所未有的"寻根"热潮。这股潮流方兴未艾，目前仍然保持着持续增长的势头。除了个人的精神需求外，寻根热的兴起还与国际环境及中国社会背景的变化密切相关。一方面，第二次世界大战以后，世界政治格局、经济发生了重大变化，尤其是经济全球化迅速发展，出现了许多跨国公司及世界性的经济集团。我国在海外的众多华侨宗乡组织，为了适应国际形势的不断变化，更好地生存发展，提高政治、经济、文化地位，意识到必须扩大视野、加强联系、寻找共识；另一方面，我国改革开放政策实施以后，经济建设取得了令世人瞩目的成就，吸引了大批海外华人到大陆进行投资建设，也由此揭开了他们的寻根之旅，出现了一些国际性的宗乡组织和联谊活动。加之1987年中国台湾解除戒严、开放大陆探亲，台湾同胞纷纷回大陆寻求谒祖，海峡两岸的关系发生了新变化，进入了新的发展时期，这也为世界性华侨华人宗乡组织的建立及联谊活动的开展提供了有利条件。于是，世界各地的华人华侨纷纷回到祖国大陆寻根，其重要依据通常是以姓氏为徽记，根据祖传的家谱或图片等资料进行；主要方式是利用家谱、祖籍地、堂号堂联、移民集散地进行寻根。而随着海外华人到中国大陆寻根谒祖活动的开展，大陆也掀起了研究宗族、姓氏文化的热潮，当地政府纷纷成立相关学会和研究会，从而建构了祖宗信仰文化重构的学理基础。如福建省在1989年10月成立了姓氏源流研究会，并先后成立了16个姓氏的专门委员会，他们与国内外各宗亲组织积极合作，开展了族谱研究、寻根谒祖和一系列的学术交流活动，进一步促进了海内外华人华侨的各种交流活动向纵深方向发展。寻根活动的发展，促使海内外的宗亲社团出现了联合的趋势，世界性宗亲组织纷纷建立，目前已有20多个世界性的宗亲组织。

久米村人作为闽人三十六姓的子孙，传承几百年，其性质有别于近代移居海外的华人华侨。琉球特殊的历史发展，使得近代以来的久米村人不得不舍弃"中华因素"，但是不可否认的是，他们身上依旧继承着中华血统，是中华子孙的一员。如前所述，久米系门中在复兴传统文化、团结宗族方面发挥了极其重要的作用，同样，久米村人的这种社会组织亦富有伸缩性和灵活性，具有强大的适应能力，根据时代的变化在不断地完善和发展。20世纪80年代，随着寻根热潮的兴起及中日关系的改善，久米村人也将了解祖先历史、认祖归宗的愿望付诸实践，加入到中国大陆寻根谒祖的行列。

笔者认为，久米系门中到中国大陆寻根谒祖带有以下动机和目的：① 缅怀先祖、寻根溯源、认祖归宗。久米村人历来重视祖先供养，继承了中华民族"一脉相承、血浓于水"的亲情观念，认祖归宗的文化本能促使他们在条件允许时迫切地寻找自己的血脉根源和精神归属。② 门中会的寻根访祖、重修家谱等活动，与久米崇圣会进行的复兴儒学、恢复传统释奠礼仪、重塑儒教传人形象等一系列行为一脉相承，是对带有浓厚中国色彩的久米传统文化的回归和认同。③ 久米村人通过寻根谒祖，了解自己的文化背景和文化源泉，追寻自己的姓氏之根及血缘所出，可以形成血缘上的认同，进而加深门中成员间的感情和认同，使得他们更加凝聚团结。④ 久米村人作为华裔子孙的一员，通过回福建寻根，建立新的社会网络，使得他们与分离几百年的宗亲紧密联系在一起，加深了彼此间的血缘情感，产生了群体认同感和归属感，同时也为他们提供了报效祖源地的桥梁和纽带，为原乡的经济建设和发展贡献力量。⑤ 久米系门中的寻根问祖还具有一定的现实功利目的：久米村人坚信自己的祖先是由朝廷下赐到琉球，并以祖先在琉球历史上的丰功伟绩为荣，到福建寻根和与福建宗亲的交流是他们对于质疑自己祖先的历史学者的有力反击。同时，久米村人在现代冲绳社会亦十分活跃，他们到福建原乡寻根，在某种程度上带有衣锦还乡的味道，有助于提高他们在同族内的地位；另一方面，久米村人借寻根之机、用中国之力，达到塑造社会地位的目的，扩大他们在冲绳社会的影响力，提高政治、经济、文化上的地位，进一步促进门中的繁荣发展。

四、门中会的功能与意义

门中会作为一种建立在父系血缘关系上的社会组织，多以"敦亲睦族、促进团结、共济互助、同谋福利"为宗旨，是久米村人的精神支柱和情感归属，具有重要的功能和意义。

1. 宗教信仰方面的功能

笔者在表5-3中总结了久米系门中会现行的年节祭祀，里面融合了多种宗教信仰，其中最主要就是祖先供养，即体现了久米村人最重要的信仰——祖先崇拜。门中会通过举办以清明祭为代表的大型祭祖活动，把以血缘宗亲关系为纽带的庞大家族团聚在一起，共同缅怀祖先，祈求祖先神灵庇佑子孙，期盼门中的兴旺发达，在巩固族群间血浓于水、和睦相处、互助互爱的亲情关系的同时，强化宗亲关系、凝聚宗亲力量，将宗族整合为内部关系密切的社会组织。可见，久米系门中会通过祭祖及其他祭祀活动，起到了凝聚族人向心力的宗教功能。

2. 社会归属和认同功能

门中会由出自同一父系祖先的后裔构成，而认定血缘关系的重要标准就是家谱。家谱、族谱以强调家族的血缘关系为核心，用血缘的纽带把族人紧紧地联结在一起，使家族成员形成浓厚的家族观念，这种观念不仅是维护家族聚居不散的精神支柱，同时对于那些游离在外的族人也有莫大的感召力，而族人们对于家族的向心力，又进一步促进了家族的向前发展。❶久米系各门中会根据代代相传的家谱资料、中国宗亲的族谱资料、历史文献等，理清本姓氏的源流和发展，积极编修、出版家谱，为宗族组织的活动建立完备的档案材料。作为中国渡来人的子孙，久米村人更加强调血缘关系的高贵传统，通过编修家谱，提高族人的自尊心和荣誉感，提高家族的社会声望和地位，促使成员形成较强的社会集体认同和归属感。

3. 经济方面的功能

如前所述，门中会内部组织健全，设置诸多机构相互制约、各司其职，共同管理运营门中资产，开展门中各项事业。久米系门中会大多通过"模合"的形式筹集资金，购得土地等共有财产，所得收入用于祭祖活动及各种庆典活动，开展敬老尊贤、育幼养老、济贫恤寡、慈善福利、兴教助学等活动。门中会作为强有力的经济后盾，在为同族谋福利的同时，加强了门中成员间的联系和情谊，增强了族人对门中会的凝聚力和向心力。

4. 文化教育功能

久米系绝大多数门中会都设有专门的奖助学金机构，并制定奖学助学章程，定期举办学习奖励会，向门中成员子女提供奖学助学金，致力于人才的培养。阮氏我华会还提供留学助学金，鼓励门中子弟到中国留学，学习汉语和中华文化；毛氏国鼎会除了门中子弟外，作为公益事业还为冲绳县内的优秀中学生提供奖学金，而且每年还举办文化讲座，普及琉球、久米村与中国的历史文化教育，保持文化的继承延续。可以说，久米系门中会是传承传统文化的重要载体，有利于增强和弘扬传统久米文化的认同与共识，充分发挥了文化教育方面的功能。

---

❶ 陈支平：《近五百年来福建的家族社会与文化》，中国人民大学出版社，2011年，第37-38页。

5. 政治职能

门中会是以血缘关系为核心形成的社会组织，其宗旨是祭祀祖先、促进门中成员的团结和门中的繁荣发展。比嘉政夫曾指出，门中的清明祭是祭祀共同祖先的场合，不带有类似选举活动的政治性色彩。[1] 但是时移势易，门中会也发生了变化，带有政治方面的功能。前冲绳县知事仲井真弘多出身于久米村蔡氏门中，为蔡氏第19代孙，他在2006年11月竞选冲绳县知事时，所印制的宣传手册中社会活动一栏清楚地写道自己是久米蔡氏门中会理事，这也就意味着门中会已经慢慢在选举活动中被候选人作为诉求选票的所在。[2]

6. 对外交流的功能

门中会作为各宗族的代表组织，是门中成员与外界进行交流的媒介和基础，承担着对外交流的职能。各门中会的成员尤其是理事、干事，是崇圣会的主要构成人员，他们积极参与久米崇圣会的各项活动，致力于久米传统文化的复兴和发展。20世纪80年代，各门中会集结门中内的有志之士到中国福建祖籍地寻根谒祖，与当地的宗亲进行密切的交流，并捐赠资金修建祖庙、宗祠等。随着对外经济文化教育等方面的交流日益增多，一些门中会（如阮氏我华会）还与中国香港、台湾及大陆其他地方的宗亲会建立交流关系，联络乡谊，亲善团结，加强合作与认同，使原本是冲绳范围内的宗亲组织逐步走向国际化。

总之，门中会作为久米村人的重要社会组织，以血缘宗亲关系为纽带，将散居在冲绳诸岛、日本本土甚至是海外的久米村人凝聚在一起，致力于祖先祭祀、编撰家谱、敬老尊贤、兴教助学、寻根谒祖等各项活动，充分发挥其宗教信仰、社会归属和认同、经济、文化教育、政治以及对外交流的多元化功能，强化了门中成员的归属感和认同感，对久米村人具有极其重要的意义。

小 结

久米崇圣会和门中会作为久米村人的主要社会组织，各司其职，前者作为"公"的领域，统合了整个久米三十六姓后裔的力量，是现代久米村人自我认同和归属之所，参与者可谓是各门中的精英代表，会员人数与久米村总人数相比

---

[1] 比嘉政夫：「環中国海文化と沖縄」，琉球大学公開講座委員会編：『沖縄文化研究の新しい展開』，1992年，第149页。
[2] 吕青华：《琉球久米村人的民族学研究》，台湾政治大学民族学系博士论文，2007年，第166页。

相对较少；门中会是"私"的领域，凝聚了各宗族的力量，与族人的生活息息相关，每个族人都可参与其中，是其精神支柱和情感寄托。简而言之，门中会将同门家族凝聚在一起，而久米崇圣会则进一步把各门中再组织起来，是整合现代久米村人力量的重要组织。

久米崇圣会管理运营象征着祖先精神和意志的孔子庙，是一个仅限久米三十六姓的男性后裔参加的组织，具有较强的父系亲族集团的共同体性格，重视系谱意识的连续性，是以男性为中心的世界，这与传统的儒教思想一脉相承。久米崇圣会通过举办孔子祭典、出版儒学刊物、开设历史文化讲座、举办久米资料展等活动，传承儒教思想，复兴久米文化，强化久米意识，并在传统的基础上构造新久米文化，培养年轻一代的文化认同；利用孔子庙、儒教来寻求文化根源，架构内部共同的历史记忆，重新定位自身的价值，并借助"孔子"这一国际性文化符号，扩大自身的影响力，提高久米村人在现代冲绳社会的声望和地位。近年来，久米崇圣会在一步步复兴传统的释奠形式，但同时也对历史传统进行再创造，孕育出了独具冲绳特色的儒教文化，并以此来建构新久米文化，强化久米村人的群体连带感和认同感。

久米系门中会是建立在相同姓氏基础上的父系血缘组织，严格以家谱为依据来确定血缘关系，其成立宗旨一般是祭祀祖先、联络宗亲感情、培育人才、管理共有财产等。久米国鼎会、梁氏吴江会、阮氏我华会是久米系门中的主要代表，他们为适应社会经济的发展及人们传统价值观的变化，采取了门中法人化的战略为门中会的繁荣和发展注入新鲜血液，创造出了新的门中惯例和体系。久米系门中会的内部组织较为健全，利用土地、不动产、会员捐赠等途径获得收入，用来开展年节祭祀（主要为祭祖）、敬老会、学习奖励会、编撰家谱、敦亲睦族、寻根访祖等活动，为门中成员谋取切身利益，促进宗亲间的团结互助，探寻自身的血脉根源和文化来源，从而强化门中成员的归属感和认同感。像久米国鼎会这样的公益社团法人，在开展门中事业的同时，还积极投身于冲绳县的各种公益事业，增强了门中成员的自尊心和荣誉感，提升了其社会声望和地位。门中会通过社会、文化、政治、经济及对外交流等多方面的功能，将久米村人紧紧地凝聚在一起，传承和弘扬宗族文化及久米文化，成为久米村人的精神支柱和归宿。

【第六章】久米村人的身份认同

身份认同，译自英文中的"Identity"一词，该词在汉语语境中有时还译作身份、认同、同一、同一性等。"Identity"本身带有"身份"和"认同"双重含义，前者是指某个个体或群体据以确认自己在特定社会里之地位的某些明确的、具有显著特征的依据或尺度，如性别、阶级、种族等；后者是指某个个体或群体追寻、确认自己在文化上的"身份"。身份认同是一个非常复杂的问题，涉及一个民族对于其历史、文化、传统和世界观的集体记忆和自我反射；一个民族对自身认同感的认识往往取决于"我者"与"他者"的区别，通过与他人和他族的区隔才能确定本族的概念及认同感。概而言之，身份认同就是人们对自我身份的寻找和确认。认同问题的研究在人文社会科学研究中占据了重要地位，正如安德鲁·埃德加和彼得·塞奇威克在《文化理论的关键概念》中所说："就文化研究要考察个体与群体在其中建构、解决和捍卫自己的身份或自我理解的各种语境而言，身份问题对于文化研究来说至关重要。"[1]

闽人三十六姓作为一个华人移民集团，在琉球繁衍生息，其子孙后代久米村人至今为止已有600余年的发展历程。在这漫长的历史进程中，随着琉球历史的发展及久米村人自身的本土化，久米村人的身份认同也在不断变化。本章通过冲绳人、日本人、中国人的多重视角，来探讨外界眼中的久米村人是一个什么样的群体，同时结合琉球时代背景的演变，剖析在琉球王国时期久米村人的身份认同及演变过程，并通过多次实地调查采访，解明现代久米村人身份认同的内涵和特征。

第一节　外界对久米村人的认识

久米村人作为中国海外移民的一个团体，为琉球王国的政治、经济、文化的发展做出了巨大贡献。那么，外界是如何看待久米村人的呢？本节结合文献

---

[1] Andrew Edgar; Peter Sedgwick: *Key Concepts in Cultural Theory*, London and New York: Routledge, 1999, 183.

史料及先行研究，通过笔者的调查采访，从冲绳人、日本人、中国人三种不同的视角，全面深入地探讨外界对久米村人的认识和看法，从而更加立体地展现出久米村人的深层文化内涵。

一、冲绳人眼中的久米村人

诸多文献史料表明，久米村人在琉球历史上备受王府重视和重用，为琉球社会的进步和发展做出了不可磨灭的贡献。那么，生活在现代社会的冲绳人包括冲绳学者是如何定位和看待久米村人呢？

首先，不管闽人三十六姓是否为明皇帝所赐，久米村人在琉球历史上的作用和地位得到了学者们的充分肯定，同时他们也给予久米村人不同的定义、定位和评价。下面笔者主要以冲绳出身的学者东恩纳宽惇、宫城荣昌、真荣平房昭、田名真之、高良仓吉和赤岭守的研究为例，来探讨冲绳历史学者眼中的久米村人。现将这些论著中对久米村人的定义、定位、久米村人的职务及久米村人的评价整理，见表6-1。

表6-1 琉球·冲绳史论著中的久米村人

作者、论著、年份	对久米村人的定义	对久米村人的定位	久米村人的职务	对久米村人的评价
东恩纳宽惇《琉球的历史》1957年	三十六姓——被派遣到琉球的闽人 久米村——唐营、唐荣、朱明府	南洋华侨的先驱	外交文书的制作、航海指南、通事等	以蔡温、程顺则为代表的久米村人，对琉球的文化、内政外交、殖产兴业等都有巨大贡献
宫城荣昌《冲绳的历史》1968年	闽人三十六姓——1392年从中国福建来的归化琉球的人	中国归化人	制作与外国往来文书、翻译、船匠、领航员	把儒教带到冲绳，影响冲绳的思想、文化、海外贸易
真荣平房昭《琉球=东南亚贸易的展开和华侨社会》1983年	久米村——明代初期来琉的中国人的居住区	琉球华侨	朝贡使臣、通事、制作外交文书	久米村华侨社会在琉球的对外贸易机构中占据至关重要的地位
田名真之《新琉球史 近世编 上》1989年	久米三十六姓——从福建移居冲绳的中国人	中国渡来人	琉球王国的外交使者、近世以后从事教育、传授学问、传播中国文化	近世的久米村是从事王府进贡、教授学问的技能集团；对琉球王国的文化、思想、信仰体系的影响延续至今

183

续表

作者、论著、年份	对久米村人的定义	对久米村人的定位	久米村人的职务	对久米村人的评价
高良仓吉《琉球王国》1993年	久米村——技术先进国出身者的居住区 闽人三十六姓——福建省来的中国人	华人集团	造船、船舶修理、航海术、翻译、制作外交文书、交易方法、海外信息等	久米村人是相对独立的中国系住民团体，是琉球海外贸易的承办集团，但贸易的主体仍旧是琉球国王
赤岭守《琉球王国——东亚的基石》2004年	闽人三十六姓——中国渡来人	琉球华侨的起源	通事、舟工、船长、从事进贡贸易	主导进贡贸易的技能集团；引进中国文化的窗口

由上表可知，冲绳的历史学家们都给予久米村人很高的评价，认为久米村人在琉球王国对外贸易中是不可或缺的存在，他们对琉球王国的文化、思想、信仰等影响深远。但同时，这些学者大多都将久米村人定位为华侨集团，这一点与久米村人自身的认同有很大差别，也因此导致久米村人尤其是长老们与冲绳历史学者产生了矛盾关系。久米村长老们坚信其祖先闽人三十六姓乃明皇帝下赐、并非华侨的观点也是针对这些历史学者所发出的。一些冲绳学者还对闽人三十六姓的官派移民说法提出了质疑甚至否定。真荣平房昭更是认为，久米村人是无异于东南亚其他国家的华侨集团，他们借历史的造假将私人性质的渡琉转化为官派移民，目的在于保证久米村历史的正当性，这种伪造明皇帝下赐的史实来赋予权威的理论结构固定于17世纪后，可谓带有"神话"性格的系谱观念。❶高良仓吉则主张虽然久米村人对琉球王国有巨大贡献，但归根结底久米村人仅是受雇者，是琉球海外贸易的"承办集团"，主宰者仍是其雇主琉球人。❷高良的观点暗含着琉球人高于久米村人的阶级观念，在相当程度上消减了久米村人在琉球历史上的重要性。高良重点强调了大交易时代是琉球人的时代，琉球人才是贸易经营的主体，久米村人只不过是支援琉球贸易的承办集团。

在冲绳的历史教科书中，对久米村人是这样描述的："琉球王国与中国及东南亚诸国的交易，主要依靠居住在那霸久米村的被称为'久米三十六姓'的中国系民（华侨）的知识和技术，琉球王国由于获得中国的援助和久米三十六姓

---

❶ 真荣平房昭：「対外関係における華僑と国家—琉球の閩人三十六姓をめぐって—」，荒野泰典・石井正敏・村井章介编『海上の道：アジアのなかの日本史』，東京大学出版社，1992年，第250-251页。

❷ 高良倉吉：『琉球王国』，岩波新書，1993年，第91-92页。

的协助,才能在东亚和东南亚的国际贸易中造就'中转基地'的地位。"❶ 书中还对"蔡温的改革"做了详细论述,对程顺则在琉球儒学等文化发展中的历史贡献作了高度评价,但是对琉球民众眼中的爱国英雄久米村人郑迵却是一笔带过,很大原因在于郑迵的身后名充满争议。在《中山世谱》等琉球正史中将郑迵写成是祸国殃民的元凶;在日本萨摩史观中也将其定位成"佞臣",描写成丧国的乱臣,将萨摩入侵琉球的责任推到他一个人身上;在琉球人的观念中,郑迵是忠尽职守、琉球人民不屈不挠的精神象征,也是亲中派的代表,是默默的悲剧英雄。由于冲绳已经成为日本的一部分,所以在冲绳的历史教科书中对"抗日"的郑迵是避之唯恐不及。

除此之外,在面对久米村人对于琉球王国的重要贡献时,有些冲绳人也表现出了认同危机意识。❷ 例如,当真嗣合(1884—1946)强调,在琉球王国的教育方面具有重大贡献的程顺则是纯正的"琉球种族",此观点的背后可能蕴含着这样一种意识:有琉球血统的程顺则不逊于汉民族血统的闽人三十六姓后裔;边土名朝有(1942—)以久米村人蔡国器(1632—1702)为例,指出正因为他具有琉球血统,才拥有更广阔的视野来固守琉球的国家利益。

以上这些都是冲绳的专家学者或者代表官方层面的观点、论点,他们从专业的领域、以批判的眼光进行了研究。那么,在普通冲绳民众的眼中,久米村人是一个怎样的群体呢?

笔者最初在距离那霸市久米町约 3 公里处的冲绳县图书馆附近,针对"久米村人印象"抽样采访了 10 位冲绳人(多数为 60 岁以上)。但是,遗憾的是,其中只有 1 人知道"クニンダ"(久米村),原因是这位受访者现在居住在久米町一丁目,所以对久米村人略有耳闻,但对久米三十六姓及其历史并不了解,具体也说不出来有什么认识或印象。2013 年 4 月,笔者在久米新孔子庙所处的松山公园附近采访了 6 位当地人(均在 50 岁以上),他们都是住在久米町的非久米村人,其中有 4 人知道琉球时期的久米村,他们的说辞比较一致,都认为久米村人是从中国来的知识分子,在琉球王国时期受到王府的重任,身居高位。在提到现代社会的久米村人时,他们也认为这群人是不同于冲绳人的华侨,而且许多久米村人在冲绳仍很活跃,如现任冲绳县知事就是久米村人后裔,等等。

---

❶ 冲绳県教育委员会编:『高校生のための冲绳の歴史』,冲绳県高等学校地理历史科公民科教育研究室,1994 年,第 37 页。
❷ 吕青华:《琉球久米村人的民族学研究》,台湾政治大学民族学系博士论文,2007 年,第 213 页。

在这 6 位受访者中有一位约 60 多岁的女士对笔者说：

> 久米三十六姓是中国归化人，他们都很厉害。……我对中国文化很感兴趣，冲绳受中国文化的影响很大，我有时候会参加久米孔子庙的'孔子塾'讲座，来感受一下中国的孔子文化。……我的亲戚中有久米村人，这位亲戚告诉我孔子庙里有'孔子塾'的讲座，所以我就去听了。❶

根据笔者的调查采访，可以推测绝大多数冲绳人不知道何谓久米三十六姓、何谓久米村。居住在久米一带的人，由于居住环境、地理位置等关系，对久米村人的历史及现状多少有一定的了解，他们的说辞和评价提供了普通冲绳人眼中的久米村人印象。不过，随着新久米孔子庙的创建、祭孔大典的规模日益扩大、传统文化的日渐复兴和创新，以及久米村人在冲绳社会的活跃，可以推测将会有越来越多的冲绳人了解并关注久米村人。

二、日本人眼中的久米村人

日本人对久米村人的认识和印象，可以追溯到萨摩入侵后的近世琉球时期。1609 年萨摩入侵琉球时，时任三司官的久米村人郑迵竭力抵抗，后因拒绝卖国求荣而壮烈牺牲。萨摩藩将其定位成"佞臣"，描写成丧国的乱臣，并将萨摩入侵琉球的责任归咎到他一个人身上，可以说这是日本人对久米村人的最初印象。

萨摩控制琉球后，强制要求琉球以"谢恩使"和"庆贺使"的名义，派遣使臣"上江户"。根据宫城荣昌的研究，从 1634 年至 1850 年，琉球派遣"上江户"的使节共达 18 次，萨摩的此种强制性行为带有岛津氏借以炫耀"特殊奉公"的意图。❷ 在这些使节当中不乏久米村人，他们以"文化人"的身份备受日本人青睐。如清康熙五十二年（1713），程顺则被任命为江户庆贺掌翰使，于翌年随庆贺使、谢恩使到萨摩和江户，他将儒家道德伦理范本《六谕衍义》献给萨摩藩，在江户时会见当时有名的儒学家新井白石和荻生徂徕，并与他们谈论儒学、文章。❸ 1719 年，萨摩藩主岛津吉贵将程顺则所奉《六谕衍义》献给了幕府将军德川吉宗，吉宗命室鸠巢、新井白石等汉学家进行译注，将此书大量翻印，作为寺子屋的教科书一直沿用到明治维新前。程顺则作为琉球的儒学家、

---

❶ 采访时间：2013 年 4 月 3 日，地点：久米松山公园，对象：久米 1 丁目的居民
❷ 宫城荣昌：『南島文化叢書 4：琉球使者の江戸上り』，第一书房，1982 年，第 11—21 页。
❸『程氏家谱』，那霸市史编集室编：『那霸市史资料篇第一卷六·久米村系家谱』，1980 年，第 547 页。

久米村人的典范，与日本儒学大家平起平坐、作诗论文，他在中国刻印的《六谕衍义》受到德川幕府的重视，对近世以来的日本教育产生了深刻影响；他本人亦受到幕府将军的青睐，将军曾亲自为之题诗写字。可见，当时日本人眼中的久米村人是深受中国文化熏陶的"知识分子"。

在萨摩藩看来，"唐旅"经验丰富的久米村人是极其重要的存在，因为从他们那里可以获得中国的最新动向和知识。下面以18世纪中叶的阮廷宝为例，说明久米村人对于日本萨摩藩的重要性。根据《阮氏家谱》的记载，阮廷宝为明万历年间渡琉的阮明之七世孙，他于清乾隆十八年（1753）为读书习礼之事赴清国留学一年有余，后任通事等职。清乾隆三十二年（1767），阮廷宝因精通中华音乐歌乐，被琉球王府任命为乐师派遣到萨摩藩，并奉萨摩藩家老桂织部之命，对谷元六兵卫、郡山权藏等唐学家、唐通事开设"唐之风说"，讲述中国的动向，教授咨文、唐文（汉文）等。❶ 也就是说，萨摩藩利用久米村人来开设中国问题的讲习会。在桂织部提交的文书中，还出现了希望久米村有文才者来指导萨摩唐学家的内容。从这个事例中可以看出，对于萨摩藩来说熟知中国事情的久米村人是不可或缺的人才。久米村人的学识，正是在与中国长期交流的过程中培养出来的。

在禁止海外贸易的锁国体制下，日本人对琉球人的"渡唐体验谈"可谓是惊叹不已。日本天明二年（1782），到九州旅行的京都文人医者橘南溪（1753—1805）在萨摩藩遇到滞留该地的琉球人，并与之进行了亲切交谈。他在旅行笔记中写道："每遇渡唐之人，便会详细询问，所闻之事，皆令人惊叹。"❷ 对于近世时期的琉球和日本来说，经常往返于中国和琉球之间的久米村人是其获取中国信息的重要来源。

日本明治政府对琉球进行废藩置县以后，琉球进入近代冲绳时期。由于久米村人是中国渡来人的后裔，在琉球具有特殊的身份和地位，且日本侵略琉球时有不少久米村士族成为救亡图存的"脱清人"，因而日本明治政府对久米村人尤为警惕，将他们视为亲中派、顽固分子。在对琉球人进行同化政策时，日本政府把久米村人看作同化成功的最后指标。如日本明治三十一年（1898）的《琉球新报》中陆续登载了冲绳教育普及的状况，文中提到了对久米村人的同化

---

❶ 『阮氏家譜』，那霸市史編集室：『那霸市史資料篇第一卷六・久米村系家譜』，1980年，第180頁。
❷ 橘南谿：『西遊記』，引自池宫正治・小渡清孝・田名真之編著：『久米村—歷史と人物—』，ひるぎ社，1993年，第41頁。

教育成果（详见第二章第一节）。

随着冲绳本土化的进展和久米村人的被同化，除了专门研究冲绳历史和文化的学者外，普通的日本人极少有人知晓久米村人及其历史文化。相关学者大多将历史上的久米村人定位成支援琉球朝贡贸易的中国系知识分子。笔者曾接触过几位日本著名的冲绳民俗文化学者，在提及久米村时，他们的第一反应是冲绳的久米岛，而对那霸的久米村却不甚了解，甚至并不知晓。非冲绳研究的学者以及普通的日本民众，更是不知道冲绳存在着久米村人这样一个特殊群体。日本本土关于久米村的研究者并不多，笔者在2013年6月参加久米孔子庙的迁座及落成典礼时，曾遇到筑波大学研究冲绳士族门中的武井先生，他认为早已冲绳化的久米村人把中国的东西也都冲绳化了，虽然孔子庙源于中国，但是久米孔子庙是久米村人的孔子庙，释奠也已冲绳化。

由于冲绳历史的特殊性及其战略性位置，日本媒体在关注冲绳的同时，也注意到了久米村人的存在，将其定位为中国渡来人的子孙。如2010年8月18日的《每日新闻》登载了以"冲绳的亲中国土壤——渡来人的传统连续不断"为标题的文章，该文讲述了久米村人与中国的渊源，指出久米村人的代表性组织久米崇圣会是渡来中国人的子孙所组成的团体，还提到现任冲绳县知事仲井真弘多就是闽人三十六姓的后裔，且每年都会参加久米孔子庙的祭孔大典。2011年7月18日，在日本NHK电台播放的历史专题片《琉球王国的秘密》中，出现了梁氏后裔上江洲先生介绍传承数百年的家谱，并声称自己是中国人的后代，这引起了日本人对久米村人这一族群的关注。由此，久米村人逐渐走进日本人的视野。

三、中国人眼中的久米村人

1. 中国人对久米村人的定位

在我国，有关闽人三十六姓的记载最早出现在明代陈侃的《使琉球录》中，文曰："我太祖之有天下也，不加兵、不遣使，首效归附；其忠顺之心，无以异于越裳氏矣。故特赐以闽人之善操舟者三十有六姓焉，使之便往来、时朝贡，亦作指南车之意焉耳。"[1] 除此之外，明清两朝的史籍及册封使所著的使琉球录中

---

[1] 陈侃：《使琉球录》，台湾文献史料丛刊第三辑《使琉球录三种》，台湾大通书局印行，1997年，第24页。

多提到闽人三十六姓及其子孙久米村人。从所载内容来看，大多将久米村人视为在琉球担任重要外交官职、进行琉球朝贡贸易及海外贸易的中流砥柱。陈侃曰："若大夫金良、长史蔡瀚、蔡廷美，都通事郑赋、梁梓、林盛等凡有姓者，皆出自钦赐三十六姓者之后裔焉。"❶谢杰在《琉球录撮要补遗》中云："洪，永二次各遣十八姓为其纪纲之役，多闽之河口人；合之凡三十六姓，并居彼国之营中。了孙之秀者，得读书南雍；俟文理稍通，即遣归为通事，得累陞长史、人夫。"❷清周煌的《琉球国志略》云："洪、永间，赐闽人三十六姓，知书者授大夫、长史，以为朝贡之司；习海者授通事、总管，为指南之备。""正议大夫、中议大夫、长史、都通事、加谒闼理衔副通事、副通事、通事，皆久米人秀才习汉文者任其职。"❸以上记载都将久米村人看作是在琉球的闽人、汉人后裔，以现在的观点来说，就是将其定位为在琉华侨。周煌还曾提到久米村英雄郑迥，"郑迥，字利山。祖本闽人，赐籍中山……万历间，浦添孙庆长，即察度王后，兴于日本，自萨摩洲举兵入中山，执王及群臣以归。留二年，迥不屈，被杀；王危坐，不为动。庆长异之，卒送王归国。"❹周煌将郑迥列在"人物·忠节"项之中，认为他是为国殉难的忠臣，可见周煌眼中的郑迥是琉球国人，可以推知当时的清朝已认定久米村人是琉球人。

那么，中国的相关学者如何看待和评价久米村人呢？从先行研究中可以看出，学者们对明朝廷下赐闽人三十六姓的有无存在分歧，不过他们都对闽人三十六姓及其后裔久米村人给予较高的评价，认为他们对中国文化在琉球的传播以及琉球社会、文化、经济的发展做出了重要贡献。以研究中琉历史关系为主的中国学者对久米村人的定位主要是"闽人三十六姓后裔""闽人后裔""华裔""华侨"等。其中，中国台湾学者亦将久米村人定位成中华民族的子孙，对其评价颇高。如宋漱石认为冲绳人与久米村人通婚，不仅具有中国血统，而且在文化思想方面也因久米村人的媒介而富有中国色彩，他将久米村人定位为"教化琉球人的教育者"；杨仲揆认为闽人三十六姓是中国以国家的力量形成的集体性移民，扮演了开化琉球的角色，直到20世纪初，闽人三十六姓的后裔仍保持着以久米村后裔为荣的认同感；吴霭华更是强调，研究琉球史而忽视久米村人所扮演的角色和贡献，就像研究中国历史文化而忽视孔子及其门人之思想、

---

❶ 陈侃：《使琉球录》，第31页。
❷ 谢杰：《琉球录撮要补遗》，"原委"篇。
❸ 周煌：《琉球国志略》卷九，乾隆己卯年刊（1759年），漱润堂藏板，第4页
❹ 周煌：《琉球国志略》卷十三，乾隆己卯年刊（1759年），漱润堂藏板，第4页。

言论那样不切实际，因为久米村人在琉球的历史发展过程中一直是琉球国王和琉球社会所公认的精英分子，他们对琉球的政治、经济、社会、文化的进步以及对外历史关系，尤其是与中国、东南亚各国间历史关系的促进和发展，都做出了巨大贡献。他还指出，久米村人在中国册封琉球过程中扮演了支配性和主导性的角色，因为他们就是中国移民的后裔，自幼学习中国语言文字，汉学造诣深厚，才能在繁复的册封过程中积极参与筹划、执行和主导。❶

除了专家学者之外，中国的媒体也将生活在现代冲绳社会的久米村人定位为华裔、华侨。2011年《琉球王国的秘密》中出现的"中国人的后裔"，同样引起了中国媒体的热切关注，并对闽人三十六姓后裔进行了诸多报道，吸引了许多读者的眼球。如《环球时报》（2011年7月19日）登载了题为"日本冲绳县发现数百名中国后裔"的报道，文中称这批中国后裔珍藏着祖先留下来的中国家谱，定期举行中国象棋比赛，时逢春节还举行舞龙舞狮活动，居住的地方还建有纯中国式的假山庭园；《扬州时报》（2011年7月20日）的报道标题为"我市琉球史学者揭秘琉球朝贡明朝秘史琉球王国当年就承认钓鱼岛属于中国"，将久米村人这个中国后裔集团的存在与钓鱼岛的归属权联系在一起；《环球人物》杂志（2011年8月15日）以"日本冲绳的明朝移民"为题，称久米三十六姓是一批特殊的中国移民，这群中国后裔在冲绳繁衍生息600多年，与中国血脉相连，文化传承始终不断，并指出他们在当地深有影响。但文中提到中国后裔居住在"久米岛"，将久米村与久米岛混为一谈。在此之后，国内媒体对于冲绳久米村人的报道虽称不上热门，但却未曾间断。在冲绳新建久米孔子庙之际，国内媒体也进行了相关报道，如《南方周末》（2012年3月16日）题为"久米町：冲绳的中国印迹"的文章，介绍了久米村的历史、人物（如郑迥、蔡温）、祭孔大典、空手道等，文中还特别指出前冲绳县知事仲井真弘多作为蔡氏后裔的一员，曾到福建寻根；《新京报》（2013年5月19日）之"冲绳的'中国遗风'"中，提到了"福建后裔主政冲绳"，对久米村人给予极高的评价；《城市信报》（2013年5月20日）据此发表"福建后裔主政 每年有祭孔大典 古乐都哼中国腔 大街处处见石狮"的文章，对冲绳的"中国风"作了详细报道；《环球时报》（2013年5月30日）"探访久米村：'明朝村'曾在冲绳领风骚"，

---

❶ 参见吴霭华：《十四至十九世纪琉球久米村人与琉球对外关系之研究》，《台湾师范大学历史学报》19，1991年，第1—123页；《久米村人在中国册封琉球过程中所扮演之角色》，《台湾师范大学历史学报》21，1993年，第81—151页。

对久米村的历史及祭孔大典进行了概述。

除了中国大陆媒体以外，中国台湾和香港也对久米村人这一群体有所关注，并与之建立了交流关系。如前所述，久米孔子庙与台湾的孔庙有着密切的交流，2013年6月15日举行的久米孔子庙落成仪式，中国台湾有关人士亦位列其中。在有关久米孔子庙落成典礼的报道中，中国台湾方面将久米崇圣会报道为"冲绳在住的华侨组织""琉球华侨团体"。中国香港电台RTHK的"华人移民史"制作栏目组，在2013年4月和9月分别对梁氏吴江会的清明祭祖和久米崇圣会的释奠进行了采访取材，作为录制华人移民史日本专栏的素材。笔者在参加梁氏吴江会的清明祭时曾采访过该栏目组的编导陈女士，她认为久米村人的祖先虽然来自六百年前的中国，但他们仍是冲绳华人的代表性团体，因此将其作为日本华人移民史的一部分录制到节目中。❶ 由此可见，不管是中国大陆、中国台湾还是中国香港，都将久米村人看作是华侨，这与久米村人否定自己是华人华侨的认同意识相差甚远。

2. 福建宗族眼中的"闽人子孙"

自20世纪80年代中期起，久米村人加入到港澳台同胞及海外华人子孙寻根访祖的大军。1987年，冲绳县政府有关部门安排学者专家携带"闽人三十六姓"的家谱，连同久米村各姓数十个访中团踏上了前往福建的寻根之旅。在当时的福建省政府副秘书长、省旅游局长南江的主持下，委托林伟功先生作为总查证人，负责全省"闽人三十六姓"的寻根工作。通过几年的调查及多方的合作与努力，基本完成了在福州地区的陈、郑、梁等姓，莆田的陈姓，泉州的蔡、林、吴、曾、金等姓，漳州的毛、阮、王、陈等姓氏宗祖地的查证。另一方面，福建省为应对港澳台及海外闽人子孙的寻根热潮，于1989年成立了"福建省姓氏源流研究会"，这是全国首家省级专业姓氏源流研究会，目前在全省已有二十多个姓氏委员会，相继编辑出版了林氏、卢氏、黄氏、蒋氏、彭氏等10多个姓氏研究成果的书籍，一些姓氏家谱也在陆续编撰之中。

以久米村人为代表的琉球朝贡使节到达中国的第一站均为福建，因而福建的琉球相关历史遗迹可谓是不计其数。如今最有名的要数福州的琉球墓园和柔远驿（琉球馆），这两者是不可多得的研究中琉历史交往和琉球历史的古迹。久米村人在寻根访祖之际，大多会到琉球墓园和柔远驿祭拜参观，因为这里与他们祖先的历史、中琉交往的历史、琉球的历史息息相关。

---

❶ 2013年4月田野调查资料。

琉球墓园是清代官方为客死在福州的琉球人所建的墓群。据史料记载，仅在清代客死福州的琉球人就有578人，大都就地埋葬，福州仓山一带曾是琉球人墓地相对集中的区域。1981年福州市与那霸市结为友好城市后，那霸市的琉球人后代提供相关历史资料，请求福建省政府帮助寻找其祖先的墓葬。福建师范大学相关历史学者经过寻访调查，共寻找到10余座琉球墓。1986年福建省在安葬琉球来华亡故人员的墓区范围内建造琉球墓园，将这些琉球墓划入保护范围。琉球墓多为单人葬，靠背椅形式，墓葬为福州地区传统的"风"字形，形制简朴。墓碑书汉文，内容包括国籍、姓名、职务、住址、生卒年月及墓地尺寸等，是反映古代中国和琉球历史交往的珍贵实物资料（图6-1）。在这个墓群中，不乏久米村人士，一些墓主三百多年后的子孙亦曾寻访至此。琉球墓园平日大门紧闭，并不对外开放，笔者几经周折，找到了墓园的管理人，并有幸进入园内考察。据该管理人介绍，经常会有研究琉球相关历史的学者到访此地，也有不少来自冲绳的客人，其中有一些自称是"闽人后裔"来福建寻根的冲绳人。据此描述，这些"闽人后裔"就应该是久米村人，且笔者在冲绳调查期间，也多次听闻久米村人在寻根之际曾到福州的琉球相关历史遗迹去参观拜访。

图6-1　福州琉球墓园内的琉球墓 ❶

　　柔远驿，始建于清康熙六年（1667），是接待琉球国朝贡宾客和与琉球进行贸易的场所。当年还设有进贡厂，馆舍规模宏大，民间称之为"琉球馆"。明成化十年（1467）福建市舶司从泉州迁至福州后，福州与琉球的经济贸易、文化往来更加频繁。福州河口设柔远驿、进贡厂，凡中国派往琉球的使者及琉球来中国的使者、留学生都经福州转道。现在的柔远驿是清同治十一年（1872）修建后留下来的房子，清政府立有文告曰："凡有琉球人到省安插馆驿，不准闲杂

❶ 笔者摄影于2013年8月。

人等擅进骚扰。"可见清王朝对琉球馆的重视。福州与那霸成为友好城市的第二年（1982），福州市将柔远驿列为市级文物保护单位。1992年整修后焕然一新，并增辟为"福州对外友好关系史馆"，里面陈列了许多是中琉间友好往来的实物、照片、事迹等珍贵资料，以及20世纪80年代以后那霸市赠予福州友好代表团的纪念品，是福建与冲绳两地人民友好交往的象征。笔者在柔远驿参观之际，向副馆长询问了一些有关冲绳客人的到访情况。据副馆长介绍，如今大多数福州市民都不知道何谓柔远驿，但是每年却有二三百名的冲绳人会慕名而来，来探寻琉球的相关历史，追寻祖先的遗迹。

久米村人在到福建寻根之际，会以"闽人后裔"的日本人自称。那么，福建宗亲是如何看待闽人三十六姓的后裔久米村人呢？下面笔者以久米村梁氏的福建宗亲为例，来解读他们眼中六百年前渡琉的特殊的"闽人子孙"。

笔者在2013年8月曾到福州长乐县梁边村进行调查，这里是久米村梁氏始祖梁嵩的祖籍地。70多岁的梁村主任向笔者介绍了冲绳梁氏吴江会寻根访祖的情况，他指出据家谱资料的记载，早在几百年前琉球梁氏就曾回乡问祖，他还向笔者展示了一些珍贵的照片资料，并拿出长乐的梁氏族谱供笔者阅读。在《华夏梁氏宗族谱》里面记载了一些有关久米村梁氏的情况，从中可以找到多处与久米村梁氏家谱相对应之处。通过两种家谱的对比可以发现，梁氏不止一次奉迁琉球，也就是说在始祖梁嵩之后，还有长乐梁氏子孙迁往琉球，而琉球久米村梁氏后裔亦曾前往福建长乐祖籍地寻根问祖。据久米村《吴江梁氏家谱》的记载："……有始祖讳添者，于洪武末自长乐而奉迁于琉球。"❶ 而长乐的《华夏梁氏宗族谱》中也有关于梁添的记载："三世祖讳添字天禄，元知公之长子也，娶江南林氏，生三子，生卒葬未详。"此外，在该宗族谱中还出现了有关久米村梁氏的其他记载，曰："十四世嵩公，字于江，天顺四年举才干中山王府。""颢公字环峰，中山王府，十八年功加正议大夫。""二十世讳道宣，字公义，行二，周世公次子，娶湖东刘龙峰之女，流荡外省，不知何时入琉球国，有后裔寻问，回来拜祖。"❷ 由以上记载可知，福建长乐的梁氏对久米村梁氏子孙的情况知道的相当详细，而且明确出现了久米村梁氏后裔曾到福建长乐认祖归宗的记载，因而长乐梁氏将其作为一个分支，编入族谱之中。

---

❶『吴江梁氏家谱』，那霸市史編集室：『那霸市史資料篇第一卷六・久米村系家譜』，1980年，第752頁。
❷《华夏梁氏宗族谱》，私家版。

1988年起，梁氏吴江会加入寻根访祖的大军，找到了坐落于福州市长乐县梁边村的梁氏宗祠。自此之后，梁氏吴江会便与长乐的梁氏宗亲建立了长期友好的交流关系。据梁村主任介绍，每逢冲绳的梁氏后裔到来之际，梁边的宗亲都会敲锣打鼓，以最隆重的礼仪来迎接这群六百年前远渡琉球的同宗同祖的梁姓子孙；他们会破例打开梁氏宗祠的中门，举行祭典，并一路护送远道而来的子孙祭扫祖墓，以告慰祖先之灵；两地的梁氏还彼此交换族谱资料，以求更完善地重编族谱，等等。

在提及长乐梁氏如何看待冲绳久米梁氏之时，梁村主任对笔者说道：

> 我们（梁边）的宗族意识强烈，全村都是梁氏，大家都住在一起，有什么事都会相互照应。……我们家族的牌位实行长子继承制，这一点与冲绳梁氏相同。与冲绳不同的是，我们采取财产均分制，但长子会多一些，在我们长乐地区，长孙也会分到财产。……冲绳梁氏来福建寻根时，自称是"梁氏同宗"。而我们对于远道而来的亲人，当然是热烈欢迎。他们能在几百年之后再回乡寻找宗亲，这让我们很感动，而且在梁边修建梁氏宗祠和新祖厅时，冲绳梁氏吴江会在资金上给予了很大帮助，我们也很感谢他们。[1]

2014~2015年，久米梁氏吴江会赴福州参加当地宗亲的清明祭和观音殿的落成典礼，受到当地梁氏的热烈欢迎。吴江会代表还与福建师范大学的一些专家学者举行交流会，试图调查出现在琉球史料《历代宝案》中而家谱中却未记载的梁氏先人。由此可见，两地的宗亲一直保持着密切友好的交流关系。

第二节　久米村人的多重身份认同

按照文化研究中的认同理论，可以推测久米村人的祖先闽人三十六姓自移居琉球的那一刻起，作为一个外来民族便具有了身份认同意识。但是，身份认同不仅仅是简单的个人心理过程，它反映了个人与社会、个体与集体的关系，并不是恒久不变和始终如一的，而是在历史和现实语境中不断变化的。久米村人在琉球经历了六百年的发展过程，其身份认同也随着历史的变迁、社会环境的

---

[1] 采访时间：2013年8月21日，地点：梁边颐乐园，对象：梁边村村长梁心玉。

改变等诸多因素而发生转变。本节试图在闽人三十六姓渡琉以后的琉球历史的发展脉络中来探讨久米村人的身份认同及其变化过程，并根据实地调查采访来解析现代久米村人身份认同的内涵和特征。

一、久米村人身份认同的变迁

1. 闽人三十六姓渡琉至萨摩入侵琉球（1392—1609）

尽管有关闽人三十六姓的渡琉年代、人数等问题有诸多争议，但是在久米村人的观念里，其祖先闽人三十六姓是明洪武二十五年（1392）明太祖为方便朝贡而下赐给琉球的，这一点毫无疑问。那么，闽人三十六姓作为一个在语言、宗教、风俗习惯等方面完全不同于琉球人的外来民族集团，必然会出现身份认同意识。但是，关于闽人三十六姓渡琉以后生活状况的具体史料记录相对匮乏，有关这一时期他们的认同意识仅能根据一些朝鲜漂流民的零散报告以及明朝册封使的使琉球录等史料加以推测。

朝鲜史料《海东诸国纪》（1471）中这样描述久米村："中朝人来居者三千余家，别筑一城处之。"❶《李朝实录》中收录了不少朝鲜漂流民的见闻，其中有一些提及那霸港久米村的情况。如1456年在济州发船遇难而漂流到琉球的梁成在报告中曰："载贡船到国，住水边公馆，馆距王都五里余，馆傍土城有百余家，皆我国及中原人居之。"❷1479年的朝鲜人金非衣、姜茂、李正三人漂流至琉球，在他们的所见所闻中描述道："唐人商贩来有因居者，其家，皆盖瓦，制度宏丽，内施丹雘，堂中皆设交倚，其人皆着甘套，衣则如琉球国，见俺等无笠，赠甘套。""江南人及南蛮国人，皆来商贩，往来不绝……"❸明册封使陈侃在《使琉球录》中描述琉球风俗时写道："男子不去髭，亦不羽冠，但结髻于首之右。凡有职者，簪一金簪；汉人之裔，髻则结于发之中……"❹夏子阳在其《使琉球录》中也有记述："其人状貌，与华人不甚相远……额任质，而髻居右；其束网而髻居中者，则洪、永间所赐闽人三十六姓之裔也。"❺另外，据《琉球国

---

❶ 申叔舟著・田中健夫訳注：『海東諸国紀』，岩波書店，1991年，第397页。
❷《朝鲜王朝实录》，世祖27卷，8年（1462壬午）2月28日（癸巳）项。
❸《朝鲜王朝实录》，成宗105卷，10年（1479己亥）6月10日（乙未）项。
❹ 陈侃：《使琉球录》，1534年，台湾文献史料丛刊第三辑《使琉球录三种》，台湾大通书局印行，1997年，第24页。
❺ 夏子阳：《使琉球录》，1606年，台湾文献史料丛刊第三辑《使琉球录三种》，台湾大通书局印行，1997年，第254页。

由来记》记载:"唐荣人氏,系三十六姓子孙。故其所服衣冠,皆从明朝制法,包网巾,戴方巾·纱帽……"❶在前文中提到,天妃、天尊、龙王、关帝等信仰是久米村人重要的宗教信仰,孔子庙、天妃宫、天尊庙就是其信仰的重要场所和体现,可见他们在相当长的一段时间内保持着中国的信仰习俗。

学界一般认为,朝鲜史料中出现的"中朝人""中原人""唐人"指的就是闽人三十六姓(久米村人)。由上述史料记载可知,闽人三十六姓移居琉球之后,与其子孙在琉球"别筑一城",他们住在气派的瓦房中,在住房、发型等方面仍然保持着明朝的风俗习惯。在衣着方面,朝鲜漂流民的描述为"衣则如琉球国",与后来琉球史料中所记载的"其所服衣冠,皆从明朝制法"有所差异,但这或许代表了久米村人在日常生活中和接待册封使臣时的不同状态。在最重要的代表着精神领域的宗教信仰方面,久米村人依旧保持着闽地区最重要的妈祖信仰及其他民间诸神信仰。另外,在语言方面,虽然不能保证久米村人能将闽地区方言代代相传,但是他们作为朝贡贸易的主要担当者,必然会保持着汉语官话,这样才能顺利地完成其职能。综合这些零散的资料记载,可以推测这一时期的久米村人虽然身居琉球,但是在生活习俗、宗教信仰、语言等方面最大化地保留着中国的原汁原味,他们认同自己是明朝的子民,是有别于琉球的外来民族集团。

2. 萨摩入侵至明朝灭亡(1609—1644)

1609年,日本萨摩藩岛津氏出兵入侵琉球,自此琉球进入近世时期。关于萨摩入侵琉球的目的,日本学界的看法不一,如宫城荣昌认为萨摩侵略琉球的真正目的在于以支配异国的事实向诸国大名夸耀萨摩的权威,并垄断对明贸易利益❷;比嘉春潮则强调萨摩的主要目标在于夺取中国贸易的利权,因而首先将琉球置于自己的统治之下❸;大城立裕认为萨摩的目的有二:一是确保并发展日本对明贸易的意志和欲望;二是为借助日本战国之"余势",其性质与丰臣秀吉入侵朝鲜相同❹。无论目的何在,萨摩入侵琉球的结果之一是导致了琉球民族在对抗外来侵略时产生了国家认同危机,促进了他们认同意识的觉醒。在古琉球时期,久米村人或许在某种程度上被同化,但当时的他们依旧是以明朝的身份

---

❶「唐荣旧记全集」,『琉球国由来记』卷九,1713年。
❷ 宫城荣昌:『琉球の歴史』,吉川弘文馆,1977年,第106-107页。
❸ 比嘉春潮:『比嘉春潮全集』第1卷,冲绳タイムス社,1971年,第554页。
❹ 大城立裕:『沖縄歴史散歩—南海を生きたもう一つの日本史—』,創元社,1980年,第62-63页。

认同为主。然而，随着萨摩藩的侵略，久米村人的身份认同发生了变化。

一方面，从琉球王国的立场来看，自1372年与明朝建立正式的邦交关系成为明朝的藩属国之后，在"中华世界秩序原理"下，琉球的国家认同便具有双重结构，即先琉球而后中国，认同明朝为"中华世界帝国"的唯一正统，所以当16世纪末期丰臣秀吉多次诏谕琉球时均被拒绝。❶但是，1609年萨摩藩武力攻陷琉球，国王尚宁王等百余人被俘至萨摩当人质，1611年尚宁王被迫签署丧国的"誓约书"之后才得以生还。自此，琉球王国被迫臣属于日本，向明朝隐瞒了与日本的关系，琉球进入了"中日两属"时期。结果，琉球的国家认同中除了自身和明朝之外，还出现了日本，但是中琉之间的册封关系并没有改变，中国皇帝的册封仍然是琉球世子继位成正统的权威性依据。

另一方面，萨摩藩的侵略也是久米村人身份认同发生变化的转折点。萨摩攻陷琉球后，除了琉球国王以外，被掳走的人质中还有时任三司官（宰相）的久米村人郑迵。郑迵（1549—1611），琉球名为谢名亲方利山，是闽人三十六姓郑义才第九代孙，也是琉球历史上第一位拥有中国血统的三司官。夏子阳在《使琉球录》中曰："国王之下，法司最尊；制立三人，国事操纵皆出其手。从来率以王亲任之，不用三十六姓；今用之，则自郑迵始，亦彼国制之更新云。"❷早在丰臣秀吉觊觎琉球派人到琉球要求其称臣纳贡时，郑迵就坚决反对，怒斥日本来使，坚决维护中琉藩属关系。1609年萨摩入侵琉球时，郑迵率兵誓死抵抗，终因孤力难支，连同琉球国王等百余名王公贵族被俘至萨摩。1611年9月，萨摩藩主要求他们签署誓约书表示对日本的臣服，并同意割让琉球北方五岛等，郑迵拒不妥协，拒绝在丧权辱国的投降书上签字，最终被处以死刑。郑迵为国为民凛然不屈，慷慨就义，成为琉球历史上的一代忠臣。

郑迵作为闽人三十六姓后裔，认同明朝是唯一的正统，坚决维护琉球与明朝的藩属关系。而在琉球王国面临存亡的关键时刻，郑迵拒绝日本的诏谕及签署投降书，舍生取义，此时出现在他身上的更多的是琉球国家认同，而非民族认同。由此可见，此时的久米村人产生了琉球国家认同意识，这也是在面临外来侵略时所出现的认同危机。1611年以后，琉球成为日本的傀儡政权，开始了遮遮掩掩的"中日两属"时期。这一时期的久米村人自闽人三十六姓渡琉以来

---

❶ 张启雄：《琉球弃明投清的认同转换》，张启雄，编著：《琉球认同与归属论争》，中央研究院东北亚区域研究，2001年，第3页。

❷ 夏子阳：《使琉球录》，1606年，台湾文献史料丛刊第三辑《使琉球录三种》，台湾大通书局印行，1997年，第255页。

已经经历了二百余年的发展，作为琉球朝贡贸易的担当者，已经出现了明显的琉球化现象。久米村人虽然对内有别于其他琉球人，但是在面对日本萨摩藩的侵略时已经表现出作为琉球人的身份认同。

3. 清王朝建立至琉球藩的设置（1644—1872）

1644年对于中国历史来说是一个重要节点，在这一年明朝结束了276年的统治，中国历史由此进入最后一个封建王朝——清朝。清朝建立后，琉球与中国的关系随着时势的变迁进入新的发展阶段。据史料记载，在清朝刚成立不久的顺治三年（1646），琉球使臣王舅毛泰久、长史金思义等人便随大将军贝勒入京投诚。翌年，尚贤王逝世，其弟尚质"自称世子，遣使奉表归诚。"[1]清顺治十年（1653），尚质王派遣王舅马宗毅、正议大夫蔡祚隆等，"赴京贡方物，表贺世祖登极，并缴还明朝敕印，兼请袭封。"[2]于是顺治帝便命兵科副礼官张学礼、行人王垓为册封正副使赴福建准备册封事宜。但因郑成功的抗清武装雄踞海上，琉球与清朝来往船只的安全无法得到保障，册封使一直未能成行。直到清康熙元年（1662），清圣祖再降敕谕，仍遣张学礼、王垓前往琉球。翌年，清朝首代册封使臣张学礼等人奉诏勅以及清朝所赐国印，到达琉球册封新王。琉球王国也一如既往，把接受中国皇帝的册封作为一大盛典来对待。

琉球王国处于"中华世界秩序原理"之下，在明清交替之后，琉球迅速离弃"旧正统"（明朝），迎向"新正统"（清朝），作弃明投清的认同转换。[3]这一时期的琉球在国家认同方面依然是多重的，即琉球认同、清朝认同，以及被迫的日本认同。不过相对于日本而言，琉球王国更认同宗主国清朝的正统，在王位相继时依旧有赖于中国皇帝的册封。

那么，这一时期的久米村人的身份认同发生了怎样的变化呢？《琉球国由来记》中记载久米村人的穿着打扮最初是"皆从明朝制法"，但是"至清朝顺治七年庚寅，始剃发，结欹髻，衣冠悉从国俗焉。"[4]清朝的建立，对于认同自己是明朝子民后裔的久米村人来说是一个重大打击，他们不愿依从清朝的风俗习惯，但是另一方面他们需要与清朝进行朝贡贸易，难以继续保持明朝的服饰和发型。

---

[1]《清史稿》，列传三百十三。
[2]『中山世谱』卷八，伊波普猷ほか编『琉球史料丛书』第四卷，东京美术刊，1972年，第119页。
[3] 张启雄：《琉球弃明投清的认同转换》，张启雄，编著：《琉球认同与归属论争》，中央研究院东北亚区域研究，2001年，第3页。
[4]「唐荣旧记全集」,『琉球国由来记』卷九，1713年。

从清顺治七年（1650）起，久米村人采取了改换琉球服装的办法，并将结发方式改为琉球男子特有的发型"欹髻"，发型和服饰是久米村人移风易俗的开始。自此以后，久米村人在风俗习惯等方面明显琉球化，而其身份认同也因清朝的建立更偏向琉球。而在国家利益面前，随着琉球认同清朝为正统，久米村人也产生了清王朝认同，但此时他们已经以琉球认同为主了。

另一方面，由于久米村的衰退、久米村人的日益琉球化，闽人三十六姓子孙出现了凋零和汉语能力退化的情况，使得王府不得不另寻汉语人才，以确保朝贡贸易的顺利进行。从17世纪初期开始，琉球王府对久米村进行强化和再编，实施认定政策。该政策可分为两个步骤，首先设立唐荣籍，制定不同于首里和那霸的位阶、职位，为久米村人提供俸禄，保障其职能集团的身份；其次进行久米村的再编，将精通汉语的人才纳入其中。至17世纪中后期，随着琉球身份制度的确立，久米村的再编也得以完成。再编后的久米村，其人员构成也发生了变化，除了闽人三十六姓的后代以外，还加入了以其他途径（如朝廷再赐、海难漂流等）移居琉球的中国人以及因精通汉字、汉语而入籍的琉球人。也就是说，不论是否具有闽人三十六姓血缘关系，只要经过王府官方的认可就可以入籍久米村，具有士族身份并享有俸禄，从事对中国的朝贡事务。精通汉语的琉球人的加入，意味着久米村混入了外部血统，这在某种程度上加速了久米村的琉球化，淡化了久米村的中国色彩。同时也意味着琉球王府对久米村的身份认定跨越了血缘和民族的界限，将语言作为官方认定身份的必要条件。

琉球王国身份制度确立后，久米村人全体被定位成"为册封进贡服务的士族阶层"，位居国王之下、百姓之上。这种定位使得久米村人在琉球认同和明、清认同的基础上，在更为具体的层面上产生了久米村认同，以区别于首里、那霸和泊村的士族。同时，久米村再编后新入籍者占据了总人数的七成左右，这就导致了久米村内部阶级意识的产生，而阶级意识又关系到待遇官阶的争取。明洪武永乐年间移居琉球的闽人三十六姓子孙认为自己才是正统的久米村人，和后来者不同，他们坚持在位阶上要有所区别，将自己列为"里之子"（授予既有任官者的位阶称呼），后来编入唐荣籍的不论是具有中国血统或是琉球血统，均列为"筑登之"（授予新参入籍者的位阶称呼），前者比后者的官位要高一级。❶ 可以推测，新入籍者与正统的闽人三十六姓子孙之间也必将出现不同的身

---

❶ 吕青华：《琉球久米村人的民族学研究》，台湾政治大学民族学系博士论文，2007年，第209页。

份认同，如编入久米村的琉球人可能就仅有琉球认同、久米村认同，而不会出现明朝或清朝认同。

总之，这一时期的久米村人已经明显的琉球化，清朝的建立是久米村人身份认同转换的催化剂，致使他们最终将琉球王国作为主体认同。同时，由于琉球与清朝朝贡贸易的持续进行，中琉的藩属关系并未发生改变，久米村人与琉球人一样，在国家认同层面上将清朝看作"正统"，但由于萨摩藩对琉球的控制，他们也不得不对日本产生"暧昧认同"。另一方面，琉球身份制度的确立和久米村的再编，使得久米村人内部产生了身份认同差别和阶级意识，且这种意识一直持续到近现代。

4. 琉球藩的设置至冲绳"复归"日本（1872—1972）

1868年，日本明治政府建立后，制定了一系列的旨在对外扩张的基本方针，随后开始了试图占有琉球的准备和行动。1871年，萨摩藩根据新政权的指令，向政府递交了所谓日琉关系的调查报告，报告宣称琉球"自上古以来，称作冲绳岛，在南海十二岛之内，为皇国属岛之事，古史亦有载……"[1]这份牵强附会、捏造事实的调查报告成为日后明治政府强行吞占琉球的依据。1872年，日本政府片面册封琉球国王为藩王，并列入华族，企图改变维持了近三百年的中琉日三国关系。琉球再一次面临亡国的危机，琉球人民上下团结，民族意识再次复苏，开始了抵制日本侵略的斗争。这一时期，面对日本的侵略，久米村人表现出了极其明确的琉球人身份认同。

1876年，以久米村士族林世功、蔡大鼎等为代表的"脱清人"赴清国求援，开展琉球复国运动。1879年，日本吞并琉球，强行废藩置县，改琉球为冲绳县，将其纳入日本近代国家的体制。1880年，林世功在恳请清廷出兵援助琉球复国的希望落空时，以身明志誓死保卫琉球，不臣服为日本国民。张启雄认为，日本明治政府的废藩置县举动等于是要琉球王国灭亡，林世功乃是以身为琉球国臣民的一员，认同宗主国清朝的正统，才会以殉国方式对抗日本的侵略，他的举动作为无关血缘，也无关亲中与否。[2]林世功的为国捐躯首先表明他认同自己是一名琉球臣民，然后站在琉球的立场上，与其他琉球人一样认同清朝为唯一的正统宗主国，将日本视为外来侵略者。林世功继郑迵之后成为琉球民族独立

---

[1] 下村冨士男编：『明治文化資料叢書』第4卷外交篇，風間書房，1962年，第7页。
[2] 张启雄：《琉球弃明投清的认同转换》，张启雄，编著：《琉球认同与归属论争》，中央研究院东北亚区域研究，2001年，第3页。

精神的象征和久米村历史上的不朽英雄，他们是久米村人对琉球王国认同的典型例子。

随着琉球王国的灭亡和东亚册封进贡体制的瓦解，在琉球王国时代身居高官、享受俸禄、依靠知识吃饭的久米村人失去历史舞台，社会地位一落千丈。而久米村士族到清朝求援的这种与日本政府为敌的行为，更使其遭受到文化和政治方面的压迫。在这种社会背景下，久米村人不敢在公开场合声称自己是中国人的后裔，与琉球人一样被迫接受日本本土化的命运。虽然并没有忘记自己是闽人三十六姓的后裔，但迫于形势，且随着时间的流逝及世代交替，琉球处分后的久米村人逐渐认同自己是冲绳人，是日本国国民。

后来冲绳经历了第二次世界大战的浩劫、美军统治的27年以及"复归"日本，冲绳特殊的历史发展过程，使冲绳人在民族认同上出现了彷徨和困惑。在冲绳曾流行着这样一首歌曲，大意是"我们过去是琉球人，后来变成美国人，现在又是日本人，你说我到底是什么人？"但不管怎样，从琉球处分到美军结束占领的一个世纪的时间内，久米村人与普通的冲绳人一样，完成了日本国民的身份认同。但是，尽管时代多变无常，久米村人自始至终都持续着另外一重有别于其他冲绳人的身份认同，即闽人三十六姓（久米三十六姓）的子孙。他们在时代变迁的夹缝中努力坚持着这种认同，将孔子庙、释奠作为构建共同历史记忆的认同标志，并以此为起点来复兴传统的久米文化，在冲绳寻求新的社会定位和自我认同。

二、现代久米村人的身份认同的内涵与特征

1. 从访谈记录看久米村人的认同

1972年美军结束占领后，冲绳的传统文化得以全面复兴和发展。在重新评价传统文化的同时，对琉球历史有卓越贡献的久米村人再度受到肯定。琉球王国灭亡后封闭于自己的世界不敢引人注目的久米村人，开始在公开的场合承认自己的祖先来自中国福建，进入了复兴并革新传统久米文化的新时代。在新的时期，久米村人再度被纳入学者的研究视野中，其中有历史、家谱、门中研究，以及中日学者在中琉历史关系研究中涉及的久米村相关研究。在田野调查方面，还出现了1979年和2003年的以久米村人为采访对象的访谈记录，从中可以窥探出现代久米村人的身份认同意识。

1979 年的受访对象为蔡氏、梁氏、金氏和郑氏门中的代表，是正统的闽人三十六姓后裔，平均年龄在 70 岁左右。他们出生于明治末期或大正初期，见证了近代久米村的发展变化，他们又经历了战争以及冲绳政权交替的历史性阶段，在大量史料毁于冲绳战的客观情况下，他们的谈话内容对于了解战前、战后久米村人的生活状况和精神状态提供了重要的参考资料。2003 年的受访对象主要是时任久米崇圣会事务局局长的上原和信（郑氏门中，当时 60 多岁）和历史学家田名真之教授，该调查报告内容较少，不过在某种程度上也为了解现代久米村人的认同提供了参考。

首先，从访谈记录中可以看出这些久米村的长老们强调自己的祖先来自中国福建，他们以作为闽人三十六姓的后裔为荣，声称久米村人与周围的冲绳人不同。

受访对象中的郑氏门中代表八木明德（生于 1912 年，冲绳空手道刚柔流明武馆的创始人，时任郑氏门中会会长、刚柔流会长、冲绳县空手道联盟会会长等），是郑氏第 20 代，即前面所讲的萨摩入侵琉球时为国捐躯的郑迵（郑氏第 9 代）的后代。郑迵在日本史观中曾被描写成亲中派的"佞臣"，但是史书的记载及历史学者的正、负面评价，并不影响郑氏子孙对郑迵的光荣历史记忆，他们依旧以祖先为荣，将其定位成琉球王国的忠臣。八木明德在采访中谈道：

> 我的祖先是谢名亲方郑迵，在冲绳战败时，他是冲绳的第一忠臣，也被说成冲绳第一逆臣。他和国王一起（被当作人质），他坚决反对今后要对日本的一言一行绝对服从，不愿签字。他秘密向中国发求救信，结果被发现，在鹿儿岛被斩首。这个人就是我的祖先。我爷爷还在世的时候，战前久米村人经常聚在一起，留着敧髻，服装也系有宽带。上中学的时候，爷爷带我到空手道的宫城常顺先生家，说'这孩子可是谢名的子孙，一定会很厉害的，你就教他空手道吧'。从此我就开始学空手道，现在是刚柔流的会长，也是联盟会会长。❶

从以上谈话内容可知，郑氏子孙对祖先引以为豪的感情溢于言表，这也是他们认同自己是闽人三十六姓后裔的表现。

笔者在 2013 年 6 月，曾有幸见到八木明德的长男也就是郑氏第 21 代八木明达（出生于 1944 年，明武馆第二代当家），他在介绍自己时说道：

> 我是郑氏门中的一员，祖先来自明朝，我们门中里最有名的是曾任琉球王

---

❶ 户谷修、重松伸司：『在冲绳中国系住民の生活意識——文化接触の视点から』，インタヴュー記録，E.日中文化摩擦，1979 年，第 88 页。

国三司官的郑迥，也是琉球的忠臣。

当笔者问到如何看待自己的身份认同时，他答道：

我当然是日本人，就出生地来说是冲绳人，也是"クニンダンチュ"（久米村人）。我很喜欢中国，我们门中也曾到福建寻根访祖，我前一阵子还到北京的清华大学等高校开设空手道讲座，与北京的空手道协会进行交流和切磋。❶

出生于第二次世界大战时期的八木明达同样以祖先为荣，但相比其祖辈父辈，经历了冲绳现代化的八木明达对闽人三十六姓子孙的身份认同意识相对淡薄，但是与年轻一代相比，八木又带有较强的久米村人认同。

2003年的访谈记录中，时任崇圣会事务局局长的上原和信，作为郑氏子孙亦以自己的祖先为荣，以久米村为傲。他在教育子孙后代时，教导他们不同于普通的冲绳人：

令我们感到骄傲的是，久米村这个地方是（琉球）文化的发祥地，这或许可以说是我们的认同。可能别人会说我们太过于自负了。……在教育子孙时，我们经常会强调说：你们和周围的人是不一样的。全世界到处都有唐人街、中国城，但是冲绳却没有。理由是从中国来的人（久米村人）都是士族，户籍上全体都是士族，结果就没有形成唐人街。❷

其次，这些长老们虽然宣称并铭记自己的祖先来自明朝的闽地区，但是这并不等于他们认同自己是华侨、华人。他们认为华侨是为自己利益、为做生意而到海外的一群人，而久米村人是直接由明朝廷派遣而来，或应琉球王府请求而入籍久米村的，是对中琉两国都做出了巨大贡献的一群人，地位当然要高于华侨。

时任久米崇圣会理事长的具志坚以德（生于1911年），为金氏门中第19代子孙，他是儒学的忠实拥护者，认为修得儒学方为久米村人。他在1979年的采访记录中说自己时刻铭记祖先来自明朝时期的闽地区这样一个事实，但他明确表示自己是日本人，并不是中国人的子孙：

说到底，我们本身并不认为自己是中国人的子孙，只觉得自己是日本人。来调查的人经常说我们是中国人的子孙，事到如今，面对这样的问题我们也不知道应该如

---

❶ 采访时间：2013年6月14日，地点：那霸市美荣桥，对象：八木明达。
❷ 重松伸司ほか：『在日華人系知識人の生活意識調査—沖縄・久米崇聖会孔子祭の儀礼・慣行調査および沖縄・久米崇聖会生活慣行の聞き取り調査—』，2003年度追手門学院大学共同研究助成研究成果報告書，2004年，第44-45頁。

何作答。❶

上原和信在2003年的访谈中也强调：

我们的长老明确指出久米村人不是华侨，他们不喜欢别人将自己与华侨混为一谈。理由是，我们的祖先不是带着"荣归故里"的目的来到琉球的，而是由皇帝派遣而来的。❷

另一方面他们在不认同自己是华侨或中国人的子孙的同时，又表现出浓厚的冲绳意识。在回答这批日本本土研究者的提问时，经常会出现"这和日本不一样""日本是……冲绳不是这样的"等字眼，让人感觉到他们认同自己是冲绳人的程度远大于日本国民的身份。

中国台湾学者吕青华在2003年进行田野调查时，曾向90多岁高龄的具志坚以德直接提出"你认为你是日本人还是中国人"的问题，他的回答是："我住在冲绳，所以我是冲绳人，冲绳是日本的一个县，当然我也是日本人。"❸具志坚的回答清楚地表明了他认同自己是日本人，也间接地否认了他是中国人，婉转地从正面回避了调查者所提出的棘手问题。

再次，2003年的访谈记录中还出现了另外一种身份认同：以阮氏门中的一些人为代表的久米村人主张自己的祖先是客家人，但是这种主张并没有确凿的依据。吕青华也表示，她在做田野调查时有少数阮氏和梁氏后裔宣称自己的祖先是客家人。一些学者也认为闽人三十六姓中有一部分是客家人，如冲绳大学研究客家文化的绪方修教授，根据《阮氏门中纪念志》中所载阮氏始祖的相关出身（漳州龙溪县石美的阮氏分支有部分迁居至永定，该处为客家人密集区），推测阮氏为客家人；高木桂藏根据梁氏家谱中"吾宗乃闽吴航江田人也，系宋南渡相臣梁克家之后至"的记载，推测梁克家移居福建的缘由及过程，认为他是客家人，由此主张闽人三十六姓之一的梁氏为客家人。不过，这些学者的推论过于牵强，不能作为闽人三十六姓中有客家人的证据。

1979年和2003年的几位访谈对象均为久米村的长老级人物，对年轻一代的认同意识未做调查。不过记录中的一些内容也从侧面反映出了年轻人久米村意

---

❶ 戸谷修、重松伸司：『在沖縄中国系住民の生活意識——文化接触の視点から』，インタヴュー記録，E.日中文化摩擦，1979年，第69页。

❷ 重松伸司ほか：『在日華人系知識人の生活意識調査—沖縄・久米崇聖会孔子祭の儀礼・慣行調査および沖縄・久米崇聖会生活慣行の聞き取り調査—』，2003年度追手門学院大学共同研究助成研究成果報告書，2004年，第55页。

❸ 吕青华：《琉球久米村人的民族学研究》，台湾政治大学民族学系博士论文，2007年，第233页。

识的淡薄。上原曾在访谈中说：

> 如今在家中提起久米村时，孩子们就会说不明白在说什么，还会提出孔子是谁等疑问，现在这种情况在久米村人中很常见。❶

20岁到30岁，甚至部分40岁的新生代阶层，对于祖辈父辈的这些认同差异以及对谁是久米村人等问题，可以说是漠不关心。还有一些人甚至开始质疑外人眼中自视清高的久米村人形象到底从何而来？久米村人的祖先究竟是不是明朝皇帝下赐而来？吕青华的口访调查显示，非久米村人不论年龄大小，对久米村人的印象一致为"自视甚高""多从事与学问有关的行业"。甚至有一名受访者表示，"久米村人的脸和我们琉球人不一样，一看就知道。"❷

从以上的访谈记录可知，久米村人认同祖先来自福建，自己是闽人三十六姓的后裔，但他们不认同自己是华侨或中国人，而是日本人。其中在久米村人内部，还出现了祖先是客家人的认同。同时，在面对日本本土的学者时，久米村人又表现出了浓厚的冲绳意识，强调冲绳与日本的不同。至于40岁以下的年轻人，则对久米村的意识淡薄，甚至很多人不知道何谓久米村，何谓闽人三十六姓，所以更谈不上华侨或客家人的身份认同，由此可以推测他们与普通的冲绳人一样，认同自己是日本人、冲绳人。

2. 笔者对久米村人的认同调查

笔者曾多次赴冲绳进行调查，在与久米村人多次接触的过程中，感受最深的是：生活在现代冲绳社会的久米村人秉承了上一代人的理念，对自己的祖先来自福建这一点依旧抱有很强的意识，他们以祖先对琉球王国的巨大贡献为豪，以身为闽人三十六姓的后裔为荣，认为久米村是琉球"文化的发祥地"。他们带有文化上的优越感，秉持着知识分子的傲气和骨气，正如嘉手纳宗德所言："三十六姓裔孙有这样一种意识：三十六姓的价值在于他们是琉球与中国建立正式邦交以后最早的渡来者，他们'奉旨入琉，广施儒教'，促进了琉球文化的发展。而这种意识直接与精英意识联结在一起。"❸ 同时，他们对中国特别是祖籍地福建有着特殊的亲近感，经过寻根访祖，多数门中都找到了福建的宗亲，其中

---

❶ 重松伸司ほか：『在日華人系知識人の生活意識調査—沖縄・久米崇聖会孔子祭の儀礼・慣行調査および沖縄・久米崇聖会生活慣行の聞き取り調査—』，2003年度追手門学院大学共同研究助成研究成果報告書，2004年，第55页。
❷ 吕青华：《琉球久米村人的民族学研究》，台湾政治大学民族学系博士论文，2007年，第236页。
❸ 嘉手納宗徳：『琉球史の再考察』，沖縄あき書房，1987年，第161页。

不少门中成员还会经常到福建拜访，参加福建宗亲的清明祭。

吕青华指出久米村人存在多元认同，认为"クニンダンチュ"（久米村人）的认同是相对于别系士族的表现，在面对首里人、那霸人或泊村人时的自称。[1] 笔者在调查访谈中发现，"クニンダンチュ"不仅仅是久米村人区别于其他地方出身者的自称，这里面更是蕴含着他们对于在琉球王国时期曾做出巨大贡献的祖先的崇敬之情。"クニンダンチュ"这一说法带有久米村人的自豪感，是他们归属意识的体现。而对于久米村人以外的冲绳人来说，"クニンダンチュ"指的是中国系知识分子。例如，据梁氏门中的 A 先生（60 多岁）介绍，在他小时候很少听到父母提及久米村的事情，自己对于久米村人也没有什么概念，直到中学时代才有所改变。原因是，A 先生的一个同学的母亲得知他是久米村人之后说道："你是'クニンダ'（久米村）出身啊，真是了不起！'クニンダンチュ'（久米村人）是从中国来的文化人，都很厉害！"这段经历使得 A 先生第一次萌生出久米村人意识。对于知道久米村历史的冲绳人来说，久米村出身的人给他们的整体印象就是中国系、文化人、知识人。

笔者在 2013 年 4 月和 6 月对久米村人（范围涉及梁氏、毛氏、阮氏、王氏、陈氏、林氏、郑氏和金氏）的身份认同或者说是归属意识进行了口访调查。通过调查可知，大多数的中青年阶层都已经与普通的冲绳人、日本人无异，他们不关心儒学、久米文化，也基本上不参与久米崇圣会和门中会的活动，所以他们几乎没有所谓的久米村意识，对于闽人子孙、华侨等认同更是无从谈起。他们的身份认同与普通的冲绳人一样，从国家层面来说，认同自己是日本人，从出生地来说，则认同自己是冲绳人。与之相对，久米村的年长者则具有复杂的身份认同。由于诸多客观条件限制，笔者未能对久米村人做详细的问卷调查，只是对 20 位久米村人进行了录音访谈，问及其身份认同的问题。20 人中的男女比例是 17∶3，17 名男性中有 16 人为久米村崇圣会会员，年龄层如图 6-2 所示，基本上在 60 岁以上。对于他们的归属意识，笔者提出的问题是："如果有久米村人、冲绳人、日本人、闽人的子孙、中国人的子孙、华人华侨这些选项，那么你的身份认同是？可以选择多项。"他们的回答结果，如图 6-3 所示。

笔者在提出身份认同的问题时，除了一名受访对象以外，所有人都最先回答自己是日本人；其次更具体的来说，相对于日本本土而言，他们的身份认同

---

[1] 吕青华：《琉球久米村人的民族学研究》，台湾政治大学民族学系博士论文，2007 年，第 242 页。

是冲绳人，并带有较强的冲绳意识；多数年长者强调自己是"クニンダンチュ"（久米村人），不同于普通的冲绳人；在提到对中国的认同时，所有受访对象都明确表示自己并非华人、华侨；还有一部分人认为自己是"闽人的子孙"，而不是"中国人的子孙"，在这些人的观念里明朝和清朝并不等同于现在的中国。

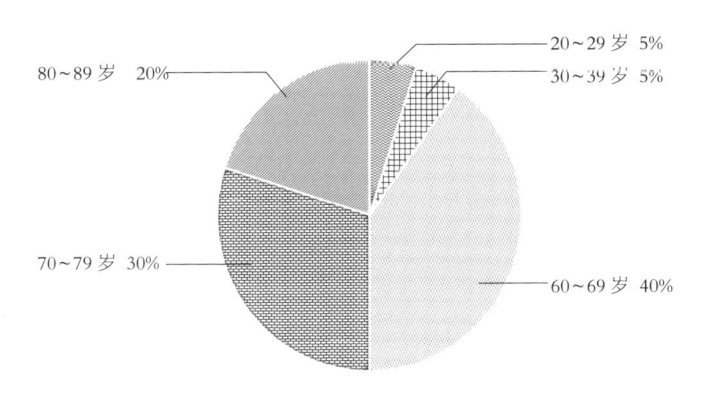

图 6-2　调查对象年龄层比例

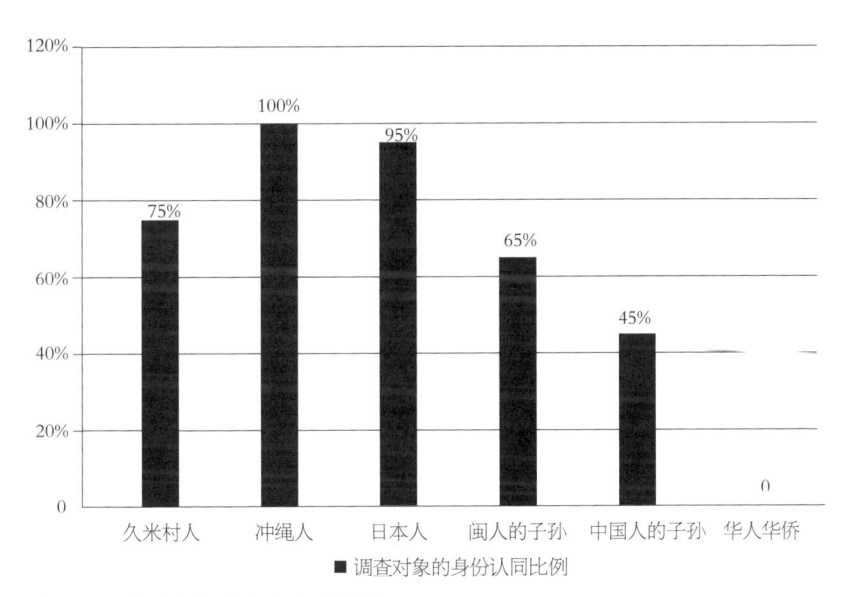

图 6-3　久米村人的多重身份认同

唯一一位 20 多岁的受访对象 B 女士是蔡氏门中，大学毕业后进入久米崇圣会事务局工作。据介绍，她的大学毕业论文是关于"梁氏门中清明祭中的女性地位"，选题缘由是她的祖父是梁氏俱乐部的管理人员，由于这层关系，作为蔡氏子孙的她曾帮助梁氏门中清明祭的祭祀委员会（全部为女性）准备祭祀用品，并由此产生了兴趣，了解了一些有关久米村和门中的历史。而在此以前，她对这些不甚了解也并不关心。尽管身为久米崇圣会的工作人员，接触过诸多久米村元老，参与过释奠等活动，但她表示自己对久米村没有"实感"，也没有产生所谓的自豪感，而闽人三十六姓对于她来说更是一个"遥远的神话般的存在"。当然在身份认同方面，她与普通的冲绳人无异，在面对外国人的询问时，认同自己是出生于冲绳的日本人。

另外一位30多岁的年轻受访者C先生，是前文所述的梁氏门中A先生的长男，A是梁氏吴江会的事务局长，也是久米崇圣会的理事。在其影响及劝导下，长男C每年都会参加门中的清明祭，并成为久米崇圣会会员，在久米孔子庙迁座仪式中担任了重要角色。C先生可谓是久米崇圣会中新生代的代表，但是他告诉笔者，他与门中会、久米崇圣会的交集一般只有每年的清明祭和释奠。他不是儒教信徒，也不懂得孔子的教条学说，对久米村也没有特殊的感情，只是在父辈的影响下才参与其中。他与B女士一样，代表着久米村年轻一代人的看法和心态。

六七十岁的受访对象共有十四位，其中两名为女性，十二名男性中有十一位是久米崇圣会的理事或会员。这个年龄层的久米村人在认同自己是冲绳人的同时，相比年轻一代来说，有近半数带有强烈的冲绳意识，不过在面对外国人时，他们仍自称是日本人；其中六名认同自己是"中国人的子孙"，但却有九名认同是"闽人的子孙"，也就是说其中有三人更强调祖先来自明清时期的闽地区；同样，这个年龄层的久米村人也没有华侨、华人认同。比较特殊的是，在这些受访者中有一位毛氏门中的D先生（60多岁，非久米崇圣会的会员）不认同自己是日本人，只认同自己是冲绳人。D先生生于第二次世界大战时，在美军统治冲绳期间，从毛氏门中会获得无息贷款，以留学生的身份到日本本土读大学，当时冲绳使用美元，到日本本土还要兑换成日元。D先生说自己没有日本人的认同感，在他的观念里，自己热爱的故乡冲绳只是日本的一颗弃子，而且在本土求学期间，他曾多次遭到日本人的歧视，对日本很反感。他对门中抱有感恩之心，为身为一名冲绳人、一名毛氏门中的成员感到很自豪。他对笔者说：

我不认为自己是日本人，我是'ウチナーンチュ'（冲绳人），冲绳被日本丢弃，冲绳人民备受歧视……比起日本，我对中国反而更感亲切。我的祖先久米三十六姓来自中国，对琉球社会的发展做出了重大贡献，我以此为荣。不过，我并没有像你所说的'闽人的子孙'或者'中国人的子孙'这种认同意识，我仅仅是一名冲绳人。……还有，我喜欢中国的一个很大原因是：我很崇拜毛泽东，他是我年轻时的偶像，他也

姓毛，和我们一个姓，所以更加感到亲切。❶

D先生的想法可能只代表了极少数的久米村人，不过这也更加说明了久米村人具有多重复杂的身份认同。

在六七十岁的年龄层中虽然只有两名女性受访者，但她们也代表了久米村女性的两种典型意识。60多岁的E女士刚进入梁氏吴江会事务局工作，负责一些文案及后勤工作，她是永乐年间渡琉的陈氏后裔，从小生活在男尊女卑的家庭环境中，父母对她很少提及久米村的事情，由于陈氏门中人数较少，也不像梁氏、毛氏等门中那样拥有雄厚的资金实力，因而门中活动比较少。E女士说她从来没有参加过陈氏门中的清明祭祖活动，对久米村的历史也不了解，所以更谈不上会有久米村情结，她只认同自己是日本人、冲绳人。另一位70多岁的F女士，是笔者在参加久米孔子庙的落成典礼时遇到的。她是郑氏后裔，丈夫为阮氏子孙，由于"解禁"以前阮氏门中的清明祭及敬老会等活动仅限男性参加，对于阮氏门中她并没有特别的感触，但提起久米村和郑氏门中，F女士却表现出了强烈的自豪感。她对笔者说，从小她就知道自己与周围的冲绳人不一样，长辈经常给她讲祖先的光荣事迹，她知道久米村人在历史上的地位很高，为冲绳做出了重大贡献，尤其是她的祖先郑迥，是冲绳历史上有名的忠臣。可能从小受到家庭影响的缘故，F女士虽然身为女流之辈，但深受儒家思想的影响，但她以祖先为荣，认同自己是闽人的子孙，是中国人的子孙，但不是华人华侨。

笔者还有幸采访到四位80岁以上的久米村元老，分别是蔡氏（81岁，担任久米同进会会长）、王氏（81岁）、陈氏（84岁，陈氏华源会副会长）和林氏（85岁），他们都曾担任久米崇圣会的理事，现在也都是会员。这四位长老出生于战前昭和时代，受家庭影响，他们都带有较强的久米村意识和冲绳意识，对久米村有着特殊的情结。虽然他们也认同自己是日本人，但是从认同程度上来说他们更倾向于冲绳人、久米村人。笔者在提到身份认同时，有三位的第一回答是"クニンダンチュ"（久米村人），然后是"ウチナーンチュ"（冲绳人），最后才是日本人，回答内容与其他年龄层的久米村人有很大的不同。同样，他们都认同自己是闽人的子孙，其中有三位也认同自己是中国人的子孙。在这四位元老中，林氏后裔G先生在谈到久米三十六姓时显得尤为激动，他向笔者介绍，1987年他曾经代表林氏门中到福建寻根谒祖，找到了位于福州市林浦的祖

---

❶ 采访时间：2013年6月15日，地点：久米至圣庙落成祝贺会会场，对象：毛氏门中D。

庙，按照他的话说是"找到了失散几百年的亲人"。

另外，在前面的访谈记录和先行研究中，出现了少数阮氏和梁氏后裔主张自己的祖先是客家人的身份认同，但是并没有确凿的证据。笔者在参加梁氏吴江会的清明祭时，针对这个问题采访了十几位梁氏后裔，他们对客家人这个说法均持否定意见，认为这种主张毫无根据。据久米崇圣会理事梁氏后裔国吉先生介绍，前几年梁氏门中里有一名成员曾主张祖先是客家人的说法，但那完全是毫无依据的个人臆测，现在梁氏门中内已经没有这种声音了。阮氏吴江会会长神村则表示，不排除阮氏始祖为客家人的可能，但是没有充分的依据，也只能作猜测，他还称赞"客家是一个伟大的族群"。在二十名访谈对象中，也没有出现祖先为客家人的身份认同。

除了上述这些多元认同以外，在久米村内部彼此间也存在着认识差异。前面也提到，在17世纪久米村的再编过程中陆续有闽地区和血缘不同的琉球人加入唐荣籍，导致久米村内部产生了阶级意识。闽人三十六姓的子孙认为自己的祖先由明朝皇帝官派而来，是正统的久米村人，后加入者是非正统的。也就是说，在久米村人17姓25系统中，被列入前五位的蔡、林、金、郑、梁才是由明皇帝派遣而来的正统的闽人三十六姓，家格要比后来入籍的其他久米村人要高。这种内部阶级意识大约到20世纪90年代才消失。据毛氏门中F先生（70多岁，久米同进会会员）说，毛氏和阮氏虽然也是由明朝廷下赐（1607），但是和后来入籍的久米村人一样，地位低于蔡、林等门中，这种阶级意识从战后由久米村人组织的、一直持续到20世纪80年代的"秉烛会"的座席顺序就可以表现出来。笔者查阅了历年来的久米崇圣会的理事长名单，发现理事长一职多由蔡、林、金、郑、梁这5姓后裔担任，而且崇圣会的理事中一般不会出现后来入籍的琉球人的后裔，这也可以看作是久米村内部差别意识的一个体现。不过，近些年来，毛氏门中和阮氏门中的综合实力日益增强，社会地位也不断提高，因而在久米村人当中获得了越来越多的话语权，成为统合久米村人力量的主导者。如久米崇圣会前任理事长为毛氏后裔，现任理事长为阮氏后裔，而且在他们任职期间，确立了久米孔子庙的新建计划，并成功完成了久米村人——"回归久米"的夙愿。因此，久米村内部的这种阶级意识已经消失于"后来者居上""经济实力决定一切"的现实中。

根据笔者的观察及访谈者的介绍，年轻一代的久米村人几乎没有这些复杂的身份认同，绝大多数年轻人已经不知道也不关心何谓"クニンダンチュ"（久

米村人），更不知道自己的祖先来自几百年前的中国，他们仅仅认同自己是出生于冲绳的日本人。但是，令人意味深长的是，而今六七十岁的久米村人在年轻时也大多没有所谓的久米村意识，随着年龄的增长，或许是出于精神方面的需求，他们逐渐关心起祖先的事情。于是通过参加久米崇圣会和门中会的活动，阅读家谱资料及历史文献等途径，了解到久米三十六姓的历史，对自己的祖先产生由衷的敬佩之情并以此为荣，从而慢慢衍生出了久米村意识。加之近年来许多门中到福建寻根访祖，与大陆的宗亲建立交流关系，也促使他们产生了多重复杂的身份认同。可以推测，随着世代交替、年龄增长，年轻一代的久米村人的归属意识或许也会上演同样的发展历程，变得和现今六七十岁的久米村人一样。那么，循环往复，久米村的传统将会世代相传，不会那么容易消失。

综上所述，通过对现代久米村人的调查采访可知，独特的历史背景和时代的演变，使得久米村人产生了多重身份认同。他们是明朝皇帝派遣的渡来民的子孙，为祖先曾对琉球王国的历史发展所做的巨大贡献而自豪。虽然他们仍带有福建祖源意识，以"祖先为闽人的日本人"的身份到福建寻根谒祖，有一部分人认同自己是"闽人的子孙""中国人的子孙"，也有少数人认为明清两朝并不等同于现在的中国，但他们不认同自己是华人、华侨，而是一群不同于普通冲绳人的特殊的日本国民。久米村的年长者自称"クニンダンチュ"（久米村人），强调地域社会的统一连贯性，即带有强烈的"村落"意识。当地人称新孔子庙的创建等一连串的举动为"回归久米"，庙名为"久米孔子庙"，他们自称是"久米三十六姓"的子孙，也就是说他们始终强调"久米"二字，对其有着强烈的执着。久米村人大多强调自己作为"ウチナーンチュ"（冲绳人）的身份认同，在面对外国人时则强调自己是日本人，而在寻根时他们以"闽人的子孙"自称。另一方面，久米村人和普通的冲绳人一样，有着这样一种强烈的意识：日本本土的人是"ヤマトンチュ"（大和人），他们不同于"ウチナーンチュ"（冲绳人）。总之，随着时间、场所、对象的改变，久米村人的自我认同也在适时而变，可以同时拥有久米村人、冲绳人、日本人、闽人子孙等多重身份认同，不能单纯地称之为"中国系"团体。更加微妙的是，随着年龄的增长，久米村人的身份认同也会发生变化、动摇。久米村人拥有错综复杂的多重身份认同，在应对时代和状况的变化时，适时调整其归属意识的强调点，战略性地生存、发展。

但是，对于久米村人身份认同的调查，是以短期的田野调查为基础的直接相关范围内的分析，有关现代冲绳社会的久米村人的民族性及归属意识有必要进行更加系统化、理论化的调查研究。

小　结

冲绳人、日本人和中国人眼中的久米村人印象多姿多彩，但共同点是他们都把久米村人看作是中国人的子孙，是华侨。久米村人作为一个外来民族集团，在琉球六百余年的发展过程中，其身份认同的内涵随着历史时代的发展及自身的同化而不断发生变化，由明朝子民最终演变为琉球人、冲绳人、日本人。但是，无论时代如何变迁，久米村人始终都持续着另外一重有别于其他冲绳人的身份认同，即认同自己是闽人三十六姓的子孙。他们在时代和文化变迁的夹缝中坚持着这种身份认同，将孔子庙、释奠作为构建共同历史记忆的认同标志，并以此为起点来复兴传统的久米文化，在冲绳寻求新的社会定位和自我认同。特殊的历史发展过程，造就了久米村人的多重身份认同。他们认同自己是冲绳人、日本人，多数年长者带有强烈的冲绳意识、久米村人意识，同时，他们还具有闽人子孙、中国人子孙的身份认同。但是遗憾的是，年轻一代在提及身份认同时，绝大多数人只认同自己是冲绳人、日本人。

值得一提的是，在冲绳人、日本人及中国人眼中久米村人是华侨，但久米村人坚信自己的祖先闽人三十六姓是明朝廷下赐给琉球的，有别于因商业利益而移居海外的华侨，明确表示自己不是华侨。可见，外界的认识和看法与久米村人自身的认同意识相差较大。

结语

久米村人在琉球、冲绳经历了六百余年的发展过程，在历史上他们是琉球海外贸易的主要担当者、中琉经济文化交流的重要媒介，现今他们是中日友好交流的使者。久米村人作为一个民族集团，在血缘、语言、宗教信仰、风俗习惯等方面不同于琉球人，他们移居琉球后仍在诸多方面保持着中国的风俗与信仰，他们将中国文化传播到琉球，对琉球的文化带来了深远的影响。但是，文化的影响是相互的，在与琉球民族进行长期的交融过程中，久米村人日益融入琉球社会，最终本土化。尽管久米村人是闽人后裔，带有中国血统，但是自移居琉球后，他们便与琉球结为生命共同体，与琉球人民一起走过了近五百年的风雨历程。随着琉球王国的灭亡，冲绳被纳入日本近代国家体制中，久米村人与冲绳人一样，被同化为日本人。

本书首先结合中琉贸易关系及琉球、冲绳历史的发展脉络，系统考察了久米村的形成及发展过程，探讨了久米村人在琉球王国的历史作用和地位，以及他们与中国先进文化技术在琉球的传播和影响。进入冲绳时代以后，久米村随着朝贡体制的崩溃而逐渐瓦解，久米村人在政治文化上经历了备受迫害的悲惨近代，而后在琉球传统文化复兴的大潮中，进入复兴并创造久米文化的新时期；其次，分别从风俗习惯、精神信仰和社会组织的角度考察了久米村的文化，从整体上把握了久米村文化的内涵和特征；最后，分别从冲绳人、日本人、中国人的多重视角，分析了外界对久米村人的多样性认识和定位，通过史料分析和实地调查采访，解读了历史上久米村人身份认同的内涵和演变，探讨了现代久米村人复杂多重的身份认同。通过对上述内容的考察和论述，得出如下结论：

1. 久米村人在海外华侨团体中独具特殊性，不能简单地将其定位成无异于东南亚其他国家的华侨

久米村人的历史作用和地位是不容忽视的，他们极大地推动了中琉关系的发展以及琉球社会的进步。在先行研究中，中国学者往往着重强调中国文化对琉球的重大影响和久米村人在中琉朝贡贸易中的主导地位，将久米村人定位成对琉球有开化、教化作用的华侨；日本学者虽然对久米村人有颇高评价，但他们认为久米村人只不过是支援琉球海外贸易的承办集团（受雇者），琉球王府才是贸易经营的主导者。一些学者质疑甚至否定闽人三十六姓的官派移民性质，将久米村看作是琉球的中国人社会、琉球版的唐人街，将其定位成因商业利益而移居琉球自然形成的华侨集团，认为久米村人是东南亚世界中广泛展开的华人社会的一种形态。

通过本书的研究可知，久米村人是中琉两国友好交流的桥梁，是琉球海外贸易的主要担当者，是中国先进文化和技术在琉球的传播者，是琉球社会文化不断进步的推动者，也是琉球王国与日本之间交流的重要使者。久米村人受到琉球王府的重视和优待，是在琉球王国享有特殊待遇的外来族群，在琉球历史上占据了独领风骚的地位。关于久米村人的祖先闽人三十六姓的移民性质、时间、人数等虽争议颇多，但是毫无疑问，他们在我国古代海外移民史上具有典型的意义，可以将其看作是政治移民集团。从久米村人的来源及血统来看，的确可以将其列入华侨的范畴，但是久米村人的祖先闽人三十六姓这一团体极具特殊性，他们并非因商业利益这么简单的目的移民琉球，而是带有强烈政治目的的官派移民，这也是久米村人坚决否认自己是华人、华侨的依据。迄今为止，久米村人在琉球·冲绳已经历了六百余年曲折起伏的发展过程，他们对居留国的政治、经济、文化等产生的巨大影响在我国海外华人史上也是极为罕见的，久米村是海外华人社会中的一个特殊存在，不能简单地将其定位成"无异于东南亚其他国家的华侨集团"。

2. 久米村的民俗文化和宗教信仰深受中国、琉球和日本文化的影响，是三者的复合体

民俗文化和宗教信仰是久米村人精神文化的重要组成部分，是建构其民族文化身份认同的重要基础。但一直以来，中日的民俗学者和人类学者将关注的目光集中在冲绳离岛及农村的民俗文化，而忽略了像久米村这样的都市民俗文化、外来文化的研究。本书通过对中琉文献史料的解读，从中提取出有关久米村人生活习俗及信仰的记载，展现了历史上久米村民俗文化和精神信仰的全貌和演变过程，并通过实地考察所获得的一手资料，探讨了现代久米村人精神文化生活的多个层面，客观确切地反映了久米村民俗文化及精神信仰的内涵和特征，是对先行研究的有益补充。

久米村人的祖先闽人三十六姓作为一个民族集团，在移居琉球之初，保持着明朝的穿着打扮、岁时节庆和人生仪礼，重视祖先崇拜，信奉儒教、道教，拥有独自的民俗文化和精神信仰，这些是他们作为中国移民的身份认同的标志。同时，他们所带来的中国文化也给琉球人民的生活带来了深远的影响，至今仍表现在冲绳文化的多个层面。如冲绳社会随处可见的石敢当、石狮子，就是中国传统风水思想的体现，而今这些已成为冲绳民俗文化的重要部分，成为冲绳人用来打造冲绳特色、区别于日本本土人的身份认同依据。但是，文化的影响是相互的，任何习俗和信仰传播到别的地方，都会受到当地固有传统的影响和制约，发生同化现象。在与琉球民族长期的交流过程中，久米村人日益融入琉球社会，其风俗习惯和精神信仰受到琉球及日本传统文化的影响，在很大程度上被同化。如琉球时期与朝贡紧密相连的天妃、天尊、龙王等道教信仰，现在在久米村人的宗教信仰中所占据的地位微乎其微，而琉球传统的民间信仰已与久米村人的生活密不可分，日本本土的习俗和信仰在渗透到冲绳人民生活的同时，也根植于久米村人的日常生活中。可以说中国、琉球、日本三者文化的融合，构成了久米村独特的文化。

3. 祖先崇拜是久米村人精神信仰的核心，也是久米系各门中会赖以存在的基础

久米村人在习俗、信仰等方面虽深受冲绳、日本本土的影响，但祖先遗留下来传承数代的精神文化想要连根拔起也非易事。传统的祖先崇拜，至今仍是久米村人精神信仰的核心部分。祖先崇拜的思想来源于中国，现今也是冲绳文化的重要组成部分。一直以来，久米村人将祖先崇拜作为团结宗族、维护宗亲秩序的重要纽带和力量。每年一次的清明祭是久米系各门中最重要的祭祖活动，门中成员通过参加清明祭祖，表达对祖先的深切缅怀之情，同时还起到了敬宗睦族、强化家族意识、增进宗亲凝聚力的作用，有利于形成和加强宗族的社会集体认同。值得一提的是，久米村的清明祭在内容和形式上有别于普通冲绳人的清明祭祀，具有浓厚的中国色彩，这也是久米村人中国性身份认同的强调和体现。

门中会作为久米村人的重要社会组织，是建立在相同姓氏基础上的父系血缘组织，严格以家谱为依据来确定血缘关系，其核心内涵就是祖先崇拜。随着社会结构和人们传统价值观的变化，门中会也表现出了丰富的伸缩性和灵活性，根据时代的变化不断地完善和发展。门中会通过社会、文化、政治、经济及对外交流等多方面的功能，汇聚了各宗族的力量，强化门中成员的归属感和认同感,传承和弘扬宗族文化,是久米村人的精神支柱和情感寄托。

另外,门中会也是久米村人与福建宗亲进行交流重要平台。由于久米村人历来重视祖先供养,继承了中华民族"一脉相承、血浓于水"的亲情观念,这促使各门中从20世纪80年代起掀起了到福建寻根访祖的热潮,以缅怀先祖、认祖归宗。久米村人借助门中会进行寻根谒祖的行为具有丰富的文化内涵:一方面,通过寻找自己的血脉根源和文化源流,有利于形成和强化血缘及文化上的认同,进而加深门中成员间的感情归属,使之更加团结;另一方面,可以加深久米村人与福建宗亲的血缘情感,产生群体认同感和归属感。同时,借助与福建宗亲的交流关系,向世人证明他们是由明朝廷下赐的闽人三十六姓的后裔,进而扩大他们在冲绳社会的影响力,提高政治、经济、文化上的地位,进一步促进门中的繁荣发展。

4. 儒教文化是久米村一脉相承的核心文化,是久米村人用来消除"认同危机"、复兴并革新久米文化的重要手段,久米崇圣会则是复兴儒教文化的推动者和主导者

琉球王国灭亡后,久米村惨遭解体的命运,久米村人的社会生活状况和政治经济地位急转直下,在日本的同化政策下,传统的久米文化陷入销声匿迹的严峻境地。加之第二次世界大战的原因,久米村的历史遗迹所剩无几,城市的区域规划致使久米村这一称谓销声匿迹。历史的反转、时代的剧变、地位的丧失,致使近代以来的久米村人丧失了自我认同的依据,产生了"认同危机"。在这种严峻的形势下,久米村人意识到想要凝聚业已分散的群体力量、保持传统的久米文化、提高自己的社会地位,唯一的方法就是从历史记忆中寻找一个共同的文化根源来重新定位久米村人的价值,拯救濒临消亡的久米文化,寻找新的认同依据。

在寻求认同依据的过程中,对久米村人影响至深、贯穿久米村历史发展进程的儒教文化成为首选,而其媒介——久米孔子庙,这个自成立以来便成为久米村人在琉球推广儒教、培养儒学人才、见证久米村人辉煌历史的场所,便成了他们寻求文化根基、衔接并重新建构共同的民族文化记忆的最佳选择。孔子庙的管理委员会——久米崇圣会于是成为复兴儒教文化的推动者和主导者。久米崇圣会是一个仅限闽人三十六姓的男性后裔参加的组织,具有较强的父系亲族集团的共同体性格,重视系谱意识的连续性,是以男性为中心的世界,这与传统的儒教思想一脉相承。久米崇圣会通过孔子庙和释奠,努力复兴与历史一脉相承的儒教文化,将历史的连续性以有形的方式展示给世人。孔子庙和释奠成为久米村人重新定位自身价值、寻求文化认同的根源,他们以拥有共同的文化根源来凝聚力量,确认该群体的共通性。久米村人顺应时代潮流,借用"孔子"这一世界通用的文化符号,强化久米村人的群体连带感,重塑久米村人作为儒教传人的形象,进而提高自己在冲绳社会的声望和地位。

更重要的是,久米村人并非一味地复兴传统文化,而是在复兴的基础上对历史传统进行改革创新,试图构建新的久米文化。久米孔子庙历经三百多年的发展,在具有中国色彩的同时,亦带有浓厚的琉球特色。久米崇圣会不断地寻求不同于日本其他孔子庙的独具冲绳特色的释奠模式,对释奠仪礼进行了一系列的复原和改革,使得久米孔子庙的释奠在融合了中国和琉球传统文化的基础上,孕育出了不同于中国大陆、中国台湾、日本本土等地的独特的儒教文化,多了一层"久米"特色,进而强化了久米村人的群体连带感和认同感。久米村人带有强烈的"村落"意识,强调"久米"这一地域社会的统一连贯性,他们自称是"久米三十六姓"的子孙,将孔子庙命名为"久米孔子庙",他们把新孔子庙的创建等一连串的举动称作"回归久米",对"久米"有着强烈的执着。这些正是久米村人建构新久米文化、进行独具久米特色的"传统的发明"（invention of tradition）的体现,他们有意识地强化这些久米特色,来寻求不同于冲绳人、日本人和中国人的文化因素。

但是,久米村人在革新传统、向世人展示新久米文化的同时,依旧受到儒教伦理思想的深刻影响,遵循着"男性中心"和"女主内男主外"的传统观念。他们亦带有浓厚的群体意识,认为自己是一个不同于其他冲绳人的独特群体。同时,久米崇圣会以孔子庙为中心积极地展开对外文化交流,与我国大陆和台湾保持着密切的交流。

5. 外界对久米村人的多样性认识与久米村人的自我认同存在较大差异

久米村人曾为中琉两国的友好交流及琉球社会的进步和发展做出了卓越贡献,这是不争的事实。而在普通人眼中,久米村人的形象更加多姿多彩。本书通过冲绳人、日本人、中国人的三重视角,全面深入地探讨了外界对久米村人的认识和定位。

在琉球人民的眼中,久米村人可谓是中国先进文化和技术的化身,在琉球享有高官厚禄,是贵族阶级;而今,对于普通的冲绳民众来说,久米村人是华侨,是从中国来的知识分子,不管是在历史上还是在现代社会,他们都不容小觑。近世时期，日本人眼中的久米村人是深受中国文化熏陶的知识分子，是锁国时期的日本获取中国最新动向和知识的重要途径；近代时期，明治政府将久米村人视为亲中派、顽固分子，在对琉球人进行同化政策时，把久米村人看作是同化成功的最后指标；现在，虽然大多数日本人不知道何谓久米村人，但是媒体却把关注的目光投向了这个特殊群体，将久米村人定位为渡来中国人的子孙。中国学者眼中的久米村人是琉球朝贡贸易的主体，是对琉球有重大贡献的华侨；国内媒体的报道，使不少读者了解到久米村人这样一个团体，并将其与钓鱼岛问题、中日关系等政治问题联系在一起；在福建宗族的眼中，久米村人是同根同宗的亲人，是海外闽人子孙的一员，是福建与冲绳友好交流的桥梁。总体来看，冲绳人、日本人、中国人都把久米村人定位成华侨，这与久米村人明确表示自己并非华侨的认同意识相差甚远。

6. 随着历史的发展及演变，久米村人的身份认同也在不断地发生变化；现代久米村人具有多重身份认同

本书结合琉球历史的发展脉络和背景，对久米村人的身份认同研究跨越了其六百余年的发展历程，全面而深入地探讨了久米村人身份认同的内涵及演变过程，考察了久米村人的深层精神实质，是本书的画龙点睛之处。由本研究可知，随着历史的发展及演变，久米村人的身份认同也在不断地发生变化，现代久米村人具有多重身份认同。

闽人三十六姓在移居琉球之初，作为一个外来民族便具有身份认同意识，认同自己是支援琉球朝贡贸易的明朝子民。但是，身份认同不仅是简单的个人心理过程，还反映了个人与社会、个体与集体的关系，是在历史和现实语境中不断变化的。在琉球历史的演变及久米村人自身的发展过程中，久米村人的身份认同也因诸多因素的影响而不断变化。随着时代的发展和久米村人的日益本土化，久米村人在认同自己是明朝子民的同时，在某种程度上也出现了琉球王国的身份认同；日本萨摩藩的入侵，促使琉球民族意识的觉醒，此时的久米村人明确地表现出了琉球王国的认同意识；在明朝灭亡、清朝建立之际，久米村人"舍清择琉"，其身份认同也明显的偏向琉球，但在国家利益面前，他们与琉球人一样，比起日本更认同清朝作为宗主国的正统性。另外，这一时期的久米村也基本完成了强化再编，许多非中国血缘的琉球人入籍久米村，使得久米村混入了不少外部血统，导致久米村内部产生了阶级意识；日本明治时期，在琉球人面临灭亡之际，久米村人积极抵抗，完全表现出了琉球人的身份认同；随着琉球的灭亡和日本的同化，久米村人在文化、政治等方面备受压迫，与冲绳人一样，不得不认同自己是日本国民。

特殊的历史背景和发展过程，造就了现代久米村人复杂的多重身份认同，具体内涵是：首先，久米村人与普通的冲绳人一样，他们认同自己是"ウチナーンチュ"（冲绳人），而在面对外国人的问询时则强调自己是日本人（当然，也有极少数人认为自己是冲绳人而非日本人）。但同时他们也带有浓厚的冲绳意识，认为他们不同于日本本土的"ヤマトンチュ"（大和人）；其次，久米村人带有强烈的"久米"地域文化情结，认为自己是不同于普通冲绳人的"特殊群体"，他们自称"クニンダンチュ"（久米村人），强调"久米"文化的统一连贯性，努力打造久米特色文化；再次，久米村人坚信自己的祖先为明朝廷所派，为祖先对琉球王国的卓越贡献备感自豪，以身为"久米三十六姓"的后裔为荣，有不少人认同自己是"闽人的子孙""中国人的子孙"，他们带有强烈的福建祖源意识，以"闽人后裔"的身份到福建寻根谒祖。但是，他们不认同自己是华人、华侨，认为自己的祖先不是因商业利益而移居琉球，因而久米村不是琉球的唐人街。简而言之，现代久米村人根据时间、场所、对象、时代背景的变化，适时调整其归属意识的强调点，战略性地生存发展。他们可以同时拥有久米村人、冲绳人、日本人、闽人子孙等多重身份认同，因而不能简单地将其列入"中国系"团体、华侨集团。

久米村的文化研究在中琉历史关系及中日关系的研究领域中占有重要的地位，具有极为重要的学术价值，对于中国与冲绳及日本的友好文化交流具有不可低估的现实意义。随着国际形势、中日关系的变化，久米村人的归属意识和身份认同也有可能会随之改变，久米崇圣会和门中会等社会组织也必将出现新的发展动向，久米村人在继承传统文化的基础上，或许还会寻求新的途径来创造更具特色的新久米文化。今后笔者将继续关注久米村人的发展动向，补充完善久米村的历史文化研究，进而将研究领域扩展到琉球研究、冲绳研究，希望能为中日两国的文化交流略尽绵薄之力。

参考文献

一、中文文献

1. 古籍文献

[1] [明]陈侃.使琉球录(1534年):台湾文献史料丛刊第三辑,使琉球录三种[M].台北:台湾大通书局印行:1997.

[2] 黄润华,薛英.国家图书馆藏琉球资料汇编(全三册)[M].北京:北京图书馆出版社,2000.

[3] [清]李鼎元.使琉球记(1802年):台湾文献丛刊第292种,台湾银行经济研究室,1971.

[4] [清]龙文彬.明会要:卷77,外蕃1·琉球,北京:中华书局,1956.

[5] [明]茅瑞征:皇明象胥录:台湾文献史料丛刊第237种,崇相集选录,1967.

[6] 《隋书》卷81,636年,中华书局刊本,1973.

[7] [清]汪楫:使琉球杂录(1683年):乡土史研究会,1997.

[8] [明]萧崇业、谢杰:使琉球录(1579年):台湾文献史料丛刊第三辑,使琉球录三种,台湾大通书局印行,1997.

[9] [明]夏子阳:使琉球录(1606年):台湾文献史料丛刊第三辑,使琉球录三种,台湾大通书局印行,1997.

[10] [清]徐葆光:中山传信录(1721年):重刻中山传信录,苏门先生句读,平安兰园藏板.

[11] [明]严从简:殊域周咨录:卷4,琉球篇,1574年,中华书局刊本,1993.

[12] [清]张廷玉(清):明史:卷323,外国传·琉球(1739年),中华书局刊本,1974.

[13] [清]周煌:琉球国志略:卷1-16(1759年),乾隆己卯年刊,漱润堂藏板.

[14] 中国第一历史档案馆编:清代中琉关系档案选编(全5册)[M].北京.中华书局

中国档案出版社，1993-2002.

2. 专著（包括中文译著）

［1］ 陈支平.近五百年来福建的家族社会与文化［M］.北京：中国人民大学出版社，2011.

［2］ 赖正维.康熙时期的中琉关系［M］.北京：海洋出版社，2004.

［3］ 赖正维.东海海域移民与汉文化的传播——以闽人三十六姓为中心［M］.北京：社会科学文献出版社，2016.

［4］ 米庆余.琉球历史研究［M］.天津：天津人民出版社，1998.

［5］ 斯塔夫理阿诺斯.全球通史［M］.吴象婴,梁赤民,译.上海：上海社会科学院出版社，1999.

［6］ 西里喜行.清末中琉日关系史研究［M］.胡连成,等译.北京：社会科学文献出版社，2010.

［7］ 新崎盛晖.冲绳现代史［M］.胡冬竹,译.北京：生活·读书·新知三联书店，2010.

［8］ 宋漱石.琉球归属问题［M］.北京：中央文物供应社，1954.

［9］ 谢必震.中国与琉球［M］.厦门：厦门大学出版社，1996.

［10］ 谢必震,王耀华.闽台海上交通研究［M］.北京：中国社会科学出版社，2000.

［11］ 谢必震.胡新.中琉关系史料研究[M].北京：海洋出版社，2010.

［12］ 杨国桢.闽在海中：追寻福建海洋发展史［M］.南昌：江西高校出版社，2007.

［13］ 杨仲揆.琉球古今谈：兼论钓鱼岛问题［M］.台北：台湾商务印书馆发行，1990.

［14］ 张启雄.琉球认同与归属议争[M]."中央"研究院东北亚区域研究所，2001.

3. 中文论文

［1］ 陈进国.坟墓形制与风水习俗——福建与琉球的事例［J］新世纪宗教研究，2005,4（1）.

［2］ 方宝川.关于明初闽人移居琉球若干问题的再思考［C］.//第五届中琉历史关系国际学术会议论文集.福州：福建教育出版社，1995.

［3］ 李凤娟.冲绳"闽人三十六姓"后裔的调查研究——以社团法人久米崇圣会为中心［C］.//日本语言文化研究：第十辑.北京：学苑出版社，2014.

［4］ 李凤娟.琉球久米村的风水思想研究［C］.//日本学：第十九辑,北京：世界知识出版社，2015.

［5］ 李凤娟.冲绳的风水思想研究——以墓地风水为中心［J］.福建茶叶，2019（3）.

［6］ 李凤娟.琉球闽人三十六姓的民俗文化研究［J］.福建茶叶，2019（4）.

[7] 李凤娟.论久米村人与琉球救国运动——以林世功奉诏清廷之举为视角[C]. // 日本语言文化研究：第十二辑，北京：学苑出版社，2019.

[8] 林国平.琉球观音信仰研究[J].海交史研究，2010（1）.

[9] 吕青华.久米村人的研究史[J].台北：政大民族学报 2006（25）.

[10] 崎原丽霞.从程顺则生平著作看儒学在琉球国的传播[J].日本问题研究，2010（2）.

[11] 吴霭华.十四至十九世纪琉球久米村人与琉球对外关系之研究[J].台湾师范大学历史学报，1991（19）.

[12] 吴霭华.久米村人在中国册封琉球过程中所扮演之角色[J].台湾师范大学历史学报，1993（21）.

[13] 谢必震.福建文化在琉球的传播与影响[J].东南文化，1996（4）.

二、日文文献（按编著者姓名假名顺序排列，同一作者的著作按出版年份排列）

1. 古籍文献

[1] 『嘉徳堂規模帳』，法政大学沖縄文化研究所，1986 年。

[2] 『球陽』（1745 年），球陽研究会編：『球陽』，角川書店，1982 年。

[3] 蔡鐸編：『中山世譜』（1701 年），原田禹雄：『蔡鐸本　中山世譜』琉球弧叢書 4，榕樹書林，1998 年。

[4] 蔡文溥：『四本堂家礼』，崎浜秀明編：『沖縄法制史料集成』5，1971 年。

[5] 《朝鲜王朝实录》，郷土史研究会：『李朝実録琉球関係資料』，1966 年。

[6] 羽地朝秀編：『中山世鑑』（1650 年），伊波普猷ほか編：『琉球史料叢書』第五卷，名取書店，1941 年。

[7] 『琉球国由来記』（1713 年），伊波普猷ほか編：『琉球史料叢書』第一卷，鳳文書館，1990 年。

[8] 『歴代宝案』（1424～1867 年），和田久徳：『歴代宝案』訳注本，沖縄県教育委員会，2002 年。

[9] 那覇市史編集室：『那覇市史資料篇第一卷六・久米系家譜』，1979 年。

[10] 那覇市史編集室：『那覇市史資料篇第二卷・那覇の民俗』，1979 年。

[11] 那覇市史編集室：『那覇市史資料篇第 1 卷 8 那覇・泊系家譜』，1983 年。

2. 日文专著

[1] 赤嶺誠紀：『大航海時代の琉球』，那霸：沖縄タイムス社，1988 年。

[2] 赤嶺守：『琉球王国』，東京：講談社，2004 年。

[3] 安里延：『日本南方発展史』，東京：三省堂，1942 年。

[4] 安里進ほか編著：『沖縄県の歴史』，東京：山川出版社，2004 年。

[5] 安達義弘：『沖縄の祖先崇拝と自己アイデンティティ』，福岡：九州大学出版会，2001 年。

[6] 鹿野政直：『沖縄の戦後思想を考える』，東京：岩波書店，2011 年。

[7] 嘉手納宗徳：『琉球史の再考察』，広島：あき書房，1987 年。

[8] 窪徳忠：『沖縄の民間信仰―中国文化からみた』，那霸：ひるぎ社，1992 年。

[9] 下村冨士男編：『明治文化資料叢書』第 4 巻外交篇，風間書房，1962 年。

[10] 申叔舟著・田中健夫訳注：『海東諸国紀』，岩波書店，1991 年。

[11] 田名真之：『沖縄近世史の諸相』，ひるぎ社，1992 年。

[12] 高良倉吉：『琉球王国史の課題』，ひるぎ社，1989 年。

[13] 高良倉吉：『アジアのなかの琉球王国』，吉川弘文館，1998 年。

[14] 豊見山和行・高良倉吉編：『琉球・沖縄と海上の道』，吉川弘文館，2005 年。

[15] 渡口真清：『近世の琉球』，法政大学出版局，1975 年。

[16] 名護市史編纂室編：『名護親方程順則資料集 1―人物・伝記編―』，名護：名護市教育委員会，1991 年。

[17] 服部四郎ほか編：『伊波普猷全集』第一、二巻，東京：平凡社，1974 年。

[18] 浜下武志：『沖縄入門―アジアをつなぐ海域構想―』，東京：筑摩書房，2000 年。

[19] 東恩納寛惇：『東恩納寛惇全集』第八巻，東京第一書房，1980 年。

[20] 比嘉政夫：『沖縄の門中と村落祭祀』，東京：三一書房，1983 年。

[21] 比嘉春潮：『比嘉春潮全集』第 1 巻，那霸沖縄タイムス社，1971 年。

[22] 平敷令治：『沖縄の祖先祭祀』，東京第一書房，1995 年。

[23] 外間守善：『沖縄の歴史と文化』，東京中央公論社，1986 年。

[24] 宮城栄昌：『沖縄の歴史』，東京日本放送出版協会，1968 年。

[25] 宮里政玄：『アメリカの沖縄統治』，東京岩波書店，1966 年。

[26] 安岡昭男：『幕末維新の領土と外交』，名古屋：清文堂，2002 年。

[27] 李献璋：『媽祖信仰の研究』，東京：泰山文物社，1979 年。

[28] 琉球新報社：『沖縄県民意識調査報告書』，那霸：琉球新報社，2011 年。

［29］渡邊欣雄・三浦國雄編：『環中国海の民俗と文化4風水論集』，東京：凱風社，1994年。

3. 日文论文

［1］赤田光男：「沖縄における風水思想による都城整備と地域対策」，『日本文化史研究』第30号，1993年。

［2］石垣直：「琉球・沖縄における釈奠の歴史と現在―久米・至聖廟の事例を中心に―」，《南島文化》第41号，2019年。

［3］上里賢一：「詩文から見る林世功の行動と精神」，『日本東洋文化論集』6，2000年。

［4］上江洲敏夫：「『四本堂家礼』と沖縄民俗―葬礼・喪礼について―」，『民俗学研究所紀要』8，1984年。

［5］小川徹：「沖縄民俗社会における「門中」（仮設的総括）」，『日本民俗学』74，1971年。

［6］小熊誠：「現代福建における宗族の復興―伝統の再生と創造―」，『第九回中琉歴史関係国際学術会議論文集』，2002年。

［7］高橋誠一：「日本における天妃信仰の展開とその歴史地理学的側面」，関西大学文化交渉学教育研究拠点編『東アジア文化交渉研究』第2号，2009年。

［8］高瀬恭子：「明代琉球国の「久米村人」の勢力について－『歴代宝案』による－」，南島史学会編『南島－その歴史と文化－5』，第一書房，1985年。

［9］高橋康夫：『古琉球期那覇の三つの天妃宮―成立と展開、立地をめぐって―』，『沖縄文化研究』36，法政大学沖縄文化研究所，2010年。

［10］田名真之：「琉球家譜に見る中国文化思想の影響」，『第一回中琉歴史関係国際学術論文集』，1987年。

［11］富島壮英「明末における久米村の衰退と振興策について」,中琉文化経済協会編『第1回中琉歴史関係国際学術会議論文集』，1987年。

［12］比嘉政夫：「沖縄の中国系社会における婚姻と社会構造―歴史と現状―」，『わが国華人社会の宗教文化に関する調査研究報告書』，1983年。

［13］比嘉政夫：「環中国海文化と沖縄」，琉球大学公開講座委員会編：『沖縄文化研究の新しい展開』，1992年。

［14］山里純一：「『四本堂家礼』に関する基礎的考察」，『日本東洋文化論集』16，2010年。

［15］李鳳娟：「現代沖縄における「久米系末裔」の人々のアイデンティティに関する一考察―久米崇聖会を中心として―」，『慶應義塾大学大学院社会学研究科紀要』第76号，日本慶応義塾大学社会学研究科，2013年。

4. 内部资料

［1］『一般社団法人久米崇聖会定款』，一般社団法人久米崇聖会，2013 年。

［2］『久米至聖廟沿革概要』，社団法人久米崇聖会，1975 年。

［3］『久米村の民俗』，社団法人久米崇聖会，1988 年。

［4］『久米村 600 年記念事業期成会報告書』，社団法人久米崇聖会，1993 年。

［5］『久米毛氏四百年記念誌・鼎』，社団法人久米国鼎会，2008 年。

［6］『久米崇聖会レポート』No.3-16，社団法人久米崇聖会，2009–2014 年。

［7］『久米村孔子聖廟記』，手抄版，社団法人久米崇圣会藏。

［8］『久米崇聖会 100 周年記念史』，一般社団法人久米崇聖会，2014 年。

［9］『阮国公生誕 450 年記念誌』，一般社団法人沖縄阮氏我華会，2016 年。

［10］『呉江会の永遠の発展を祈念して』，梁氏呉江会，1990 年。

［11］『至聖廟復興二十年記念誌』，社団法人久米崇聖会，1995 年。

［12］『至聖廟復興 20 周年記念誌書画展』，社団法人久米崇聖会，1995 年。

［13］『始祖阮国公来琉四百年記念・阮氏我華会創立十周年記念：久米阮氏記念誌』，久米阮氏我華会，1998 年。

［14］『社団法人 久米崇聖会定款・規程』，社団法人久米崇聖会，1999 年。

［15］『チーシンブー』1-8，一般社団法人久米崇聖会，2011–2019 年。

［16］『平成 24 年第 1 回臨時総会（議案書）』，公益社団法人久米国鼎会，2012 年。

［17］「松山都市公園の拡張整備について（要請書）」，2001 年。

［18］『松山公園周辺上地利用計画（案）策定業務報告書』，那覇市，2003 年。

［19］『梁氏門中便り』1-4，梁氏呉江会，2009–2012 年。

三、英文文献

［1］Alan H. Smith.*Ryukyuan Culture and Society*［M］. University of Hawaii Press，1964.

［2］Andrew Edgar，Peter Sedgwick.*Key Concepts in Cultural Theory*［M］. London and New York: Routledge，1999.

［3］George H. Kerr .*Ryukyu: Kingdom and Province before 1945*［M］. Pacific Science Board，National Academy of Sciences，National Research Council，1953.

［4］George H. Kerr . *Okinawa*，*the History of an Island People*［M］. 1958.

［5］William P. Lebra. *Okinawan Religion: Belief*，*Ritual*，*and Social Structure*，1966.

附录

附录1　琉球王国（久米村）位阶制度表

品位	首里、那霸 称号	首里、那霸 位阶	久米村 称号	久米村 官位	久米村 位阶
无品	王子	王子			
	按司	按司			
正一品	亲方	紫地五色浮织冠 青地五色浮织冠			
从一品	亲方	紫地浮织冠 三司官			
正二品		三司官座敷	亲方	紫金大夫	三司官座敷
从二品		紫冠			紫金大夫
正三品		申口			
从三品		申口座	亲云上	正议大夫	申口座 正议大夫
正四品	亲云上	吟味役 那霸里主		中议大夫	中议大夫
从四品		座敷		都通事	座敷·都通事
正五品		下库理当	里之子亲云上 通事亲云上		
从五品		当座敷		副通事	遏达理座敷
正六品		下库理势头			
从六品		势头座敷			势头座敷
正七品		里之子亲云上		通事	黄冠 通事亲云上
从七品		筑登之亲云上			黄冠 通事亲云上
正八品	里之子	下库理里之子	里之子 筑登之		
从八品		若里之子			若里之子
正九品	筑登之	下库理筑登之			
从九品		筑登之座敷			筑登之座敷

续表

品位	首里、那霸		久米村		
	称号	位阶	称号	官位	位阶
无品	子	无位（子）		秀才	秀才
无品	仁屋	无位（尔也）		若秀才	若秀才
				里之子家	筑登之（通事家）

附录2　久米村相关记事年表

时间	中国年号	日本年号	琉球年号	事件
1372	明洪武五年	文中元年	察度十九年	明太祖派杨载赴琉球诏谕
				中山王察度向明朝进贡
1392	洪武二十五年	元中九年	察度四十三年	明太祖下赐"闽人三十六姓"
				琉球开始向中国派遣官生（留学生）
1406	永乐四年	应永十三年	思绍元年	尚思绍即位中山王，第一尚氏王统开始
1424	永乐二十二年	应永三十一年	尚巴志三年	创建下天妃宫
1425	洪熙元年	应永三十二年	尚巴志四年	册封使柴山来琉册封尚巴志为中山王
1429	宣德四年	永享元年	尚巴志八年	尚巴志统一三山，琉球王国成立
1458	天顺二年	长禄二年	尚泰久五年	首里城正殿建"万国津梁"钟
				护佐丸·阿麻和利之乱
1461	天顺五年	宽正二年	尚德元年	尚德即位
				蔡璟、普须古前往朝鲜
1469	成化五年	文明元年	尚德九年	福州琉球馆成立
1470	成化六年	文明二年	尚圆元年	金丸继承王位，第二尚氏王统开始
1471	成化七年	文明三年	尚圆二年	申叔舟著《海东诸国纪》，"琉球国图"中出现"九面里"（久米村）
1472	成化八年	文明四年	尚圆三年	亚佳度创建蔡氏祠堂（忠尽堂）
1474	成化十年	文明六年	尚圆五年	琉球由一年多贡变为两年一贡，进京人数受限
1490	弘治三年	延德二年	尚真十四年	进贡使节的进京人数限制得以缓和
1492	弘治五年	明应元年	尚真十六年	创建圆觉寺

续表

时间	中国年号	日本年号	琉球年号	事件
1498	弘治十一年	明应七年	尚真二十二年	梁能、陈义督造圆觉寺放生池石桥
				国王颂德碑建立（其中有梁能、陈义、程琏、郑玖、蔡宝等久米村人的名字）
1506	正德元年	永正三年	尚真三十年	明朝允许琉球一年一贡
1522	嘉靖元年	大永二年	尚真四十六年	明朝再次限制琉球为两年一贡
				闽人郑肇祚、蔡宗贵入籍久米村
1534	嘉靖十三年	天文三年	尚清八年	册封使陈侃来琉册封尚清
1549	嘉靖二十八年	天文十八年	尚清二十三年	郑迵（第一位担任琉球三司官的久米村人）出生（—1611）
1562	嘉靖四十一年	永禄五年	尚元七年	册封使郭汝霖来琉册封尚元
1565	嘉靖四十四年	永禄八年	尚元十年	官生派遣（郑迵、梁炤等四人）
1570	隆庆四年	元龟元年	尚元十五年	东南亚贸易断绝
1573	万历元年	天正元年	尚永元年	梁守德等人入籍久米村
1579	万历七年	天正七年	尚永七年	册封使萧崇业来琉册封尚永
1591	万历十九年	天正十九年	尚宁三年	闽人王立思、阮明入籍久米村
1606	万历三十四年	庆长十一年	尚宁十八年	册封使夏子阳来琉册封尚宁
				郑迵担任三司官
				夏子阳在《使琉球录》中记载久米村的衰退情景
1607	万历三十五年	庆长十二年	尚宁十九年	闽人阮国、毛国鼎入籍久米村
1609	万历三十七年	庆长十四年	尚宁二十一年	日本萨摩藩入侵琉球
1610	万历三十八年	庆长十五年	尚宁二十二年	王舅毛凤仪、长史金应魁向明朝请愿延缓贡期
				蔡坚携孔子画像回琉球（开始祭孔）
1611	万历三十九年	庆长十六年	尚宁二十三年	郑迵坚贞不屈，壮烈牺牲
1612	万历四十年	庆长十七年	尚宁二十四年	明朝将琉球朝贡限为十年一贡
1617	万历四十五年	元和三年	尚宁二十九年	闽人陈华入籍久米村
1622	天启二年	元和八年	尚丰二年	明朝允许琉球五年一贡
1633	崇祯六年	宽永十年	尚丰十三年	琉球派遣谢恩使入明，明朝许可琉球两年一贡
				册封使杜三策来琉册封尚丰
1634	崇祯七年	宽永十一年	尚丰十四年	琉球开始向江户派遣使节

续表

时间	中国年号	日本年号	琉球年号	事件
1645	清顺治二年	正保二年	尚贤五年	孙自昌入籍久米村
1648	顺治五年	庆安元年	尚质元年	浙江漂流民杨明州入籍久米村
1650	顺治七年	庆安三年	尚质三年	久米村人不愿遵从清朝风俗，开始改从琉球风俗
				羽地朝秀编纂《中山世鉴》
1654	顺治十一年	承应三年	尚质七年	久米村强化政策有成效，人口达到九百九十五人
1656	顺治十三年	明历二年	尚质九年	程泰祚、曾志美从首里入籍久米村
1663	康熙二年	宽文三年	尚质十六年	清册封使张学礼来琉册封尚质
				琉球儒学大师程顺则出生（—1734）
1666	康熙五年	宽文六年	尚质十九年	郑职良从中国携带凉伞、五方旗回琉
1667	康熙六年	宽文七年	尚质二十年	杨春枝赴闽学习历法、周国俊赴闽学习地理（风水）
				创建久米村的属地——久茂地村
1669	康熙八年	宽文九年	尚贞元年	魏士哲从首里入籍久米村
1674	康熙十三年	延宝二年	尚贞六年	久米孔子庙竣工
1676	康熙十五年	延宝四年	尚贞八年	久米孔子庙举行第一次释奠
1678	康熙十七年	延宝六年	尚贞十年	接贡船制度建立
				久米村设置讲解师、训诂师
1680	康熙十九年	延宝八年	尚贞十二年	设置中议大夫官位
1682	康熙二十一年	元和二年	尚贞十四年	琉球大政治家蔡温出生（—1761）
1688	康熙二十七年	元禄元年	尚贞二十年	魏士哲到福州学习补唇术
1689	康熙二十八年	元禄二年	尚贞二十一年	琉球设置系图座
				曾益著『执圭堂诗草』
1690	康熙二十九年	元禄三年	尚贞二十二年	久米村人口达1632人
1693	康熙三十二年	元禄六年	尚贞二十五年	程顺则著《雪堂纪荣诗》
1697	康熙三十六年	元禄十年	尚贞二十九年	蔡铎编集《中山世谱》（—1701）
				编集《历代宝案》第一集
1698	康熙三十七年	元禄十一年	尚贞三十年	程顺则在福州出版《雪堂燕游草》
				郑弘良在大领村供奉土帝君像
1699	康熙三十八年	元禄十二年	尚贞三十一年	尚贞王在首里王城宴请通事以上的官吏，庆祝久米村的繁荣

续表

时间	中国年号	日本年号	琉球年号	事件
1708	康熙四十七年	宝永五年	尚贞四十年	蔡温到福州学习地理学（风水）
				程顺则在福州出版《六谕衍义》和《指南广义》
1713	康熙五十二年	正德三年	尚敬元年	蔡温担任琉球国师
				久米村请旨按儒家礼仪祭祀（1719年又恢复为佛式）
1715	康熙五十四年	正德五年	尚敬三年	程顺则任久米村总役，位列三司官座敷
1718	康熙五十七年	享保三年	尚敬六年	久米孔子庙内创建明伦堂
1719	康熙五十八年	享保四年	尚敬七年	册封使海宝、徐葆光来琉册封尚敬
				开始效仿中国释奠礼
1723	雍正元年	享保八年	尚敬十一年	派遣郑秉哲等三位官生到中国留学
1724	雍正二年	享保九年	尚敬十二年	蔡温改订《中山世谱》
1725	雍正三年	享保十年	尚敬十三年	程顺则刊行《中山诗文集》
1728	雍正六年	享保十三年	尚敬十六年	蔡温任琉球三司官
				程顺则任名护间切总地头职
				久米村制定里之子、筑登之的区别
1729	雍正七年	享保十四年	尚敬十七年	久米村人口达到2838人
1732	雍正十年	享保十七年	尚敬二十年	蔡温发布《御教条》
1736	乾隆元年	元文元年	尚敬二十四年	蔡文溥著《四本堂家礼》
1742	乾隆七年	宽保二年	尚敬三十年	久米村设置"汉文组立"职务
1745	乾隆十年	延享二年	尚敬三十三年	郑秉哲等人编著《球阳》
1759	乾隆二十四年	宝历九年	尚穆八年	创建久米岛天后宫
1760	乾隆二十五年	宝历十年	尚穆九年	我谢亲方建议久米村实施"科试"
1781	乾隆四十六年	天明元年	尚穆三十年	久米村役职的选拔受到品级限制
1797	嘉庆二年	宽政九年	尚温三年	蔡世昌任琉球国师
1798	嘉庆三年	宽政十年	尚温四年	首里创建公学校所（后来的国学）
				"官生骚动"事件
1806	嘉庆十一年	文化三年	尚灏三年	郑嘉训担任赴江户庆贺使的仪卫正
1831	道光十一年	天保二年	尚灏二十八年	魏学源等人编集《新集科律》

续表

时间	中国年号	日本年号	琉球年号	事件
1840	道光二十年	天保十一年	尚育六年	阮宣诏作为官生到中国留学
1842	道光二十二年	天保十三年	尚育八年	郑元伟担任赴江户庆贺使的仪卫正
1844	道光二十四年	弘化元年	尚育十年	尚元鲁、郑元伟、魏学贤刊行《东游草》
1853	咸丰三年	嘉永六年	尚泰六年	佩里来航
1861	咸丰十一年	文久元年	尚泰十四年	阮宣诏担任久米村总役（最后的久米村总役）
1866	同治五年	庆应二年	尚泰十九年	册封使赵新来琉册封尚泰（最后的册封使）
1868	同治七年	明治元年	尚泰二十一年	最后一批官生林世功等四人到中国
1871	同治十年	明治四年	尚泰二十四年	宫古岛漂流民54人遭台湾住民杀害
1872	同治十一年	明治五年	尚泰二十五年	琉球派遣维新庆贺使赴东京
				设置琉球藩
1874	同治十三年	明治七年	尚泰二十七年	琉球派遣最后的进贡使臣
1875	光绪元年	明治八年	尚泰二十八年	处分官内务大臣松田道之来琉，命令琉球与清朝断绝关系
1876	光绪二年	同治九年	尚泰二十九年	蔡大鼎、林世功等"脱清人"秘赴清朝寻求救援
1879	光绪五年	明治十二年	尚泰三十二年	琉球处分，废琉球藩，设冲绳县
				久米孔子庙等资产国有化
1880	光绪六年	明治十三年		林世功在北京自杀殉国
1895	光绪二十一年	明治二十八年		中日甲午战争清政府战败
				久米村等"脱清人"放弃复国运动
1912		大正元年		久米村人开展修缮孔子庙和明伦堂的募捐活动，并成立久米崇圣会
1914		大正三年		社团法人久米崇圣会正式成立
1915		大正四年		久米崇圣会获得久米孔子庙、明伦堂的所有权
1944		昭和十九年		久米孔子庙、明伦堂等在那霸大空袭中化为灰烬

续表

时间	中国年号	日本年号	琉球年号	事件
1975		昭和五十年		重建久米孔子庙、明伦堂、天尊庙、天妃宫，并举行了战后第一次释奠
				在孔子庙旧址建立孔子铜像
2013		平成二十五年		建立新久米孔子庙，举行迁座仪式
2014		平成二十六年		久米崇圣会成立100周年纪念展

后 记

本书是在博士学位论文的基础上修改而成。

一书得成,当非易事。在博士论文的选题、构思与撰写过程中,得到许多尊敬的师长和友人的指导与帮助,令我铭记在心,在此表示由衷的感谢!

四年的燕园学习生涯,我的导师金勋教授对我的学习和研究进行了辛勤的指导,付出了艰辛的汗水,我在学术上所取得的每一点进步和收获都凝聚了导师的心血。在博士论文的选题过程中,金老师尊重我的意见和选择,支持我从事自己喜欢的文化人类学方面的研究,并在写作过程中给了我极大的勇气和鼓励,使我找到正确的方向,少走了许多弯路。不仅如此,金老师还教会了我作为研究者必须具备的基本素养和学术人格,在生活上给予我许多关心。在此,对恩师表示深深的感激之情!

在北大学习期间,刘金才教授、滕军教授、潘钧教授、王京副教授等日语系老师在学业上给予我教导与帮助,先生们的治学精神与渊博学识使我受益匪浅。社科院崔世广教授、王青教授和北大历史系宋成有教授、清华大学历史系刘晓峰教授为我的论文选题、论文框架的构建及论文内容的改善提供了宝贵的意见,在此表示衷心的感谢!

在赴日留学期间,庆应义塾大学的铃木正崇教授和国学院大学的渡边欣雄教授在学业及生活上为我提供了各种指导和帮助,两位老师在社会学、民俗学及文化人类学方面对我的教诲使我受益终身。神奈川大学的小熊诚教授为我的博士论文的选题及构思提供了极大的启发和帮助。冲绳国际大学的田名真之教授和石原直教授、筑波大学的武井基晃副教授、明治大学的石川浩之教授、法政大学冲绳文化研究所的伊藤阳寿研究员等各位老师为我在日本收集资料提供了各种方便,并对我的论文构思提供了宝贵意见,对他们深表谢忱!其中,特别感谢冲绳久米崇圣会、梁氏吴江会、久米国鼎会、阮氏我华会、久米同进会、蔡氏门中会等对我在田野调查期间的配合和帮助,他们的亲切与热情为在异国他乡的我提供了向前的动力,他们无偿提供的丰富的内部资料给我的研究带来了极大的帮助。另外,感谢福建省长乐市梁边村村主任梁心玉等人对我实地考察的配合和帮助。

  同时,感谢燕园同窗好友的相伴,和诸位前辈在学习和工作上的关心帮助,有了他们北大的生活才更加多姿多彩。

  最后,对多年来默默支持我鼓励我的父母、爱人浩杰及小儿多多表示感谢!

  由于本人才疏学浅、水平有限,书中难免有谬误和疏漏之处,敬请各位专家、同仁和读者的批评指正!

李凤娟

2019 年 12 月